H. W. Gabriel

MACHT UND EINFLUSS ÜBER ANDERE

H. W. Gabriel

MACHT UND EINFLUSS ÜBER ANDERE

ARISTON VERLAG · GENF

TWENTY STEPS TO POWER INFLUENCE
AND CONTROL OVER PEOPLE

Original English language edition published by Prentice-Hall, Inc.,
Englewood Cliffs, N. J., Copyright © 1962
by Prentice-Hall, Inc.

Aus dem Amerikanischen übertragen von Dr. Wolfgang Maier

Deutsche und französische Ausgabe beim Ariston Verlag · Genf

7. Auflage 1982

Printed in Switzerland
ISBN 3 7205 1009 3

Den Würdigen,
die die hier dargebotene Macht
zum Guten verwenden werden

Inhaltsverzeichnis

Seite

Vorwort

Echte Macht beruht auf der Ausstrahlung der eigenen Persönlichkeit. Jeder Mensch wünscht sich diese Macht und sieht in ihr das Mittel zur Erfüllung seiner Träume. Einige suchen und finden diese Macht, andere finden und verlieren sie wieder, und viele finden sie nie. Und manche dieser rastlos Suchenden sind so besessen von ihrem Wunsch nach Macht, daß sie die Vergeblichkeit ihres Bemühens zum Wahnsinn treibt.

Jeder Mensch, der bewußt nach Persönlichkeitsmacht strebt, möchte nicht nur ihre Geheimnisse ergründen, sondern sucht auch nach einem einfachen und praktischen Weg, sie schnell und sicher zu erreichen. Zum ersten Mal ist nun alles, was Sie dazu wissen müssen, auf gedrängtestem Raum dargestellt worden. Die Geheimnisse der Persönlichkeitsmacht sind in dem vorliegenden Werk »Macht und Einfluß über andere« enthalten. Wir machen zwanzig Schritte: Es sind die einfachen und praktischen Methoden, wie sie von den erfolgreichsten Persönlichkeiten vieler Jahrhunderte entwickelt wurden.

Jedermann hungert nach echter und wirksamer Persönlichkeitsmacht. Auch Sie selbst bilden keine Ausnahme. Anstatt jedoch zu handeln, überlassen sich die meisten ihren unklaren Hoffnungen oder dann ihrer voraussetzungslosen Machtgier. Andere wieder streben nach Macht, weil sie — getrieben von einem verzehrenden Ehrgeiz — in ihr das Mittel sehen, Ansehen, Sicherheit und Gewalt über ihre Umgebung zu erlangen und darüber hinaus den Schlüssel zur Verwirklichung aller Pläne, die sich der Ehrgeiz zum Ziel setzen kann.

Gleichgültig, zu welcher dieser Gruppen Sie gehören mögen; gleichgültig, wie wenig oder viel Persönlichkeitsmacht Sie ersehnen: das Buch »Macht und Einfluß über andere« wird Ihnen zu einem erfüllteren und befriedigenderen Leben verhelfen. Es handelt sich hier um zwanzig Sprossen, die Sie und alle anderen — zumindest teilweise — erklimmen müssen. Und sollten Sie zu jenen gehören, die aus Ehrgeiz nach Persön-

lichkeitsmacht hungern, so stellen diese zwanzig Sprossen eine Leiter dar, auf der Sie schneller, als Sie es sich je erträumten, an Ihr Ziel gelangen werden.
Sie, der Sie bis jetzt beiseitestehen mußten, während weniger bescheidene und manche weniger verdiente Personen Sie überholten und zur Macht gelangten, brauchen Ihren Ehrgeiz nun nicht länger zu zügeln. Die Fähigkeit, Persönlichkeitsmacht und beherrschenden Einfluß zu erlangen, ist Ihnen genauso zu eigen wie allen anderen Menschen. Sie waren diesen an natürlichen Voraussetzungen durchaus ebenbürtig; aber zu irgendeinem Zeitpunkt ihres Lebens erkannten jene anderen, daß sie vor allen Dingen nach Macht strebten, und entwickelten ein »Gefühl« dafür. Das können Sie jetzt auch!
Persönlichkeitsmacht und ihre Früchte gehören nicht zu den Zielen, die große Mühe erfordern, wie dieses Buch bald erweisen wird. Sie können sich Zeit lassen und mit Bedacht Schritt für Schritt zurücklegen, andererseits können Sie aber auch rasch fortschreiten und zwei oder drei Schritte auf einmal nehmen. Ob Sie nun bedächtig oder rasch voranstreben — die zwanzig Schritte dieses Buches stellen sowohl den schnellsten als auch den sichersten Weg dar, Persönlichkeitsmacht zu erlangen. Dabei ist hier alles so einfach dargestellt, daß Ihnen von vornherein jede Entschuldigung genommen ist, die Sie je für Ihre bisherige Erfolglosigkeit gefunden haben mögen.
»Macht und Einfluß über andere« ist ein Buch, das Sie immer begleiten wird und das Sie auch immer wieder von neuem lesen werden. Ob Sie nun ein bestimmtes Ziel verfolgen oder nicht — auf alle Fälle werden Sie sich bald auf eine höhere Ebene des Daseins gehoben fühlen.

KAPITEL 1

Die Geheimnisse echter Persönlichkeitsmacht

> Der Erfolg echter Persönlichkeitsmacht beruht auf vier Geheimnissen:
> Echte Persönlichkeitsmacht fällt sofort auf.
> Echte Persönlichkeitsmacht löst bei anderen das Verlangen aus, sich Ihnen unterzuordnen.
> Echte Persönlichkeitsmacht erweckt in anderen den Wunsch, sich vor Ihnen zu bewähren.
> Echte Persönlichkeitsmacht läßt die anderen Ihre Gesellschaft suchen.

»Der Mann hat etwas an sich!« — Mit diesen Worten drücken Sie aus, was Sie sofort fühlen. Und obwohl Sie dieses »gewisse Etwas« nicht näher bezeichnen können, fühlen Sie sich davon angesprochen und wünschen sich, Sie hätten es auch.

Nennen Sie es beim Namen

Als Sie sagten: »Der Mann hat etwas an sich«, reagierten Sie auf den Betreffenden so, *wie er wollte*, daß Sie reagieren. Er beeindruckte Sie mit seiner Persönlichkeitsmacht!

Und eben dies ist das erste große Geheimnis echter Persönlichkeitsmacht: *sie fällt sofort auf!*

Besitzen Sie *wirkliche* Persönlichkeitsmacht, so wird Ihre Umgebung dies im allerersten Augenblick sehen und fühlen. Das ist genau die Persönlichkeitsmacht, die Sie brauchen. Vielleicht besitzen Sie schon in der einer oder anderen Form Macht — etwa die Wirkung »bei näherem Kennenlernen zu gewinnen«, oder eine Wertschätzung, die auf der Anerkennung Ihrer Fähigkeiten oder Leistungen beruht. Aber dies allein genügt Ihnen nicht, wenn Sie Ihre Persönlichkeit voll zur Geltung bringen und sich rasch durchsetzen wollen. Bestenfalls bringt

Ihnen dies im Laufe der Zeit eine *begrenzte* Persönlichkeitsmacht ein. Was Sie sich aber wünschen, ist doch eine unbegrenzte und voll wirksame Persönlichkeitsmacht, und Sie wollen sie jetzt und nicht später!
Und genau das sollen Sie haben. Die zielführenden Methoden und auch die dazu notwendigen Kunstbegriffe werden Sie bald beherrschen, und dann werden Sie dank Ihrer Persönlichkeit mit der gleichen unmittelbaren Wirkung, die Sie bisher immer nur an anderen bewundert haben, die Menschen Ihrer Umgebung beeindrucken.

Andere müssen sich Ihnen unterordnen

Sie haben genug von dem Gerede, man müsse »nett« sein. Natürlich sind Sie bestrebt, mit den Mitmenschen auszukommen. Aber Sie wollen, daß sich nun einmal die anderen bemühen, es *Ihnen* recht zu machen. Sie haben es auch satt, sich vor den anderen beugen zu müssen, um sie für sich zu gewinnen — Sie möchten, daß sich die anderen nun einmal Ihnen beugen!
Und eben dies werden diese auch tun!
Wiederholen Sie sich immer wieder: »Der andere muß sich mir beugen — ich will es so!« Und sie sagen sich: »Genau dies wird er auch *bestimmt* tun!«
Und nun prägen Sie sich ein, *warum* er sich Ihnen beugen wird. Er wird sich Ihnen beugen, weil Sie ihn dazu veranlassen werden. Und was noch wichtiger ist: Der Eindruck Ihrer Persönlichkeit wird derart sein, daß die anderen sich Ihnen freiwillig und freudig unterordnen werden! Das heißt also, Sie erwecken im anderen den *Wunsch,* sich Ihnen zu beugen.
Nun haben Sie das zweite große Geheimnis echter Persönlichkeitsmacht entdeckt: *Sie löst bei anderen das Verlangen aus, sich Ihnen unterzuordnen!*

Andere müssen sich vor Ihnen bewähren

Besitzen Sie wirkliche Persönlichkeitsmacht, so werden sich die anderen von Ihnen angezogen fühlen und sich wünschen, Sie näher kennenzulernen und Ihnen zu gefallen. Das ist genau die Persönlichkeitsmacht, die Sie brauchen!

Vielleicht haben Sie schon in dieser oder jener Form Macht über andere: etwa dank Ihrer übergeordneten Stellung oder aufgrund einer Ihnen eingeräumten Machtbefugnis, mit deren Hilfe Sie andere zwingen können, Ihren Willen zu tun. Diese Art von »Macht« ist aber unsicher und zweifelhaft; sie besteht nur so lange, wie Sie Ihren Knüppel schwingen. Sie wollen jedoch eine positive Persönlichkeitsmacht, die keines Knüppels und keiner stellungsbedingten Autorität bedarf und immer und überall wirksam ist.
Sie sind es müde, den Unsinn von den »magischen« Worten zu hören, mit deren Hilfe man jemanden für sich gewinnen kann. Sie wollen, daß einmal jene anderen versuchen, Sie für sich zu gewinnen. Sie haben genug von den hochgepriesenen Tricks, die einem die Unterstützung seiner Umgebung oder die Bestellungen seiner Kunden einbringen sollen. Sie wollen, daß diese Ihnen von sich aus ihre Mitarbeit anbieten und ihre Bestellungen aufdrängen!
Und genau dies werden sie tun! Prägen Sie sich ein: »Die anderen müssen mir ihre Mitarbeit aufdrängen — ich will es so!« Und sagen Sie sich: »Genau dies werden sie auch *bestimmt* tun!«
Werden Sie sich klar darüber, *warum* die Betreffenden dies tun werden: weil nämlich Ihre Persönlichkeit sie dazu veranlaßt! Und das Allerwichtigste: Ihre Umgebung wird so handeln, weil sie von sich aus das Verlangen hat, sich vor Ihnen auszuzeichnen!
Damit haben Sie das dritte große Geheimnis wirklicher Persönlichkeitsmacht entdeckt: *Sie erweckt in anderen den Wunsch, sich vor Ihnen zu bewähren!*

Andere müssen Ihre Gesellschaft suchen

Durch echte Persönlichkeitsmacht üben Sie eine hypnotische Wirkung auf Ihre Umgebung aus: Sie werden zum Mittelpunkt und erwecken in den anderen das Gefühl, Ihnen irgendwie verbunden zu sein, und diese Tatsache verleiht Ihnen in den Augen jener eine überragende Bedeutung, die Ihnen nur willkommen sein kann, denn sie ist die Auswirkung eben jener Persönlichkeitsmacht, die Sie brauchen.
Sie haben genug von dem Gerede, man müsse sich mit seinem jeweiligen Partner auf eine Stufe stellen. Sie wollen, daß der andere sich einmal bemüht, Ihr Niveau zu erreichen. Und Sie sind es müde, immer wieder zu hören, man müsse zu seinen Mitmenschen Kontakt herstellen —

Ihrem Wunsch entsprechend sollen jetzt einmal diese den Kontakt zu Ihnen suchen!
Und genau dies werden sie auch tun!
Prägen Sie sich ein: »Nun sollen meine Mitmenschen Kontakt zu mir suchen — ich will es so!« Und sagen Sie sich: »Genau dies werden sie *bestimmt* tun, weil *ich* in ihnen den Wunsch dazu erwecke — ich weiß es!« Am wichtigsten ist auch hier wiederum: Dieser Wunsch wird bei den Betreffenden dadurch ausgelöst, daß Sie von ihnen als bedeutende und wichtige Persönlichkeit eingeschätzt werden.
Nun haben Sie das vierte große Geheimnis echter Persönlichkeitsmacht entdeckt: *Sie läßt die anderen Ihre Gesellschaft suchen!*

Der Preis ist gering

Sobald Sie alle diese vier Wirkungen hervorzurufen vermögen, sind Sie im Besitz echter Persönlichkeitsmacht. Falls es jedoch Ihrer Persönlichkeit auch an einer dieser vier Wirkungen mangelt, so handelt es sich bestenfalls um eine begrenzte, wenn nicht gar um eine falsche Persönlichkeitsmacht. Sie wollen sich aber nicht mit einer begrenzten oder falschen Macht begnügen — davon haben Sie ein für allemal genug! Was Sie wollen, ist *echte* Persönlichkeitsmacht. Die Frage ist nun: Welchen Preis müssen Sie dafür bezahlen?
Seltsam, aber wahr — während Sie eine falsche oder unvollkommene Persönlichkeitsmacht alles mögliche kosten kann, besteht der Preis der echten Persönlichkeitsmacht nur in einem: Sie brauchen lediglich auf einen Teil Ihrer Trägheit und Bequemlichkeit zu verzichten.
Und was gewinnen Sie für diesen geringen Preis? Der Lohn ist groß: Sie werden Ihre Umgebung durch Ihre Persönlichkeit und Ausstrahlung unmittelbar beeindrucken und in anderen den Wunsch erwecken, sich Ihnen unterzuordnen, sich vor Ihnen zu bewähren und Ihre Gesellschaft zu suchen. Das ist allein schon sehr viel — und was mehr könnte man sich wünschen? Und doch wollen *Sie* noch mehr: *alle* Erfolge nämlich, die Sie mittels Ihrer Persönlichkeitsmacht ernten können!

Andere werden Ihnen nachfolgen

Wir wollen jetzt aufhören, uns etwas vorzumachen. Auch sich selbst gegenüber müssen Sie ehrlich eingestehen: Sie suchen weder Beliebtheit

noch das Lob: »Er ist ein wirklich netter Kerl!« Sie suchen Persönlichkeitsmacht — und zwar die echte! Wenn Sie sich jemandem unterordnen oder sich mit ihm auf gleichen Fuß stellen, so kann Sie das zu einem »netten Kerl« machen, aber ein »netter Kerl» wird es nie zu echter Persönlichkeitsmacht bringen. Ebenso kann Sie der »Zauber« gewisser Schmeicheleien bei anderen beliebt machen; diese Beliebtheit kann Ihnen aber niemals echte Persönlichkeitsmacht einbringen! Und Sie wissen dies auch, denn Sie haben es ja schon oft genug versucht!
Sobald Sie einmal wirkliche Persönlichkeitsmacht besitzen, wird jeder Ihnen gegenüber »nett« sein, und jeder wird sich darum bemühen, sich bei Ihnen beliebt zu machen. Sie brauchen dann auch nicht mehr den Weg einzuschlagen, der von den anderen bestimmt wird — die anderen werden Ihnen nachfolgen! Und genau das ist es, was Sie wollen!
Ob Sie nun Industrieller, Politiker, Abteilungsleiter, Verkäufer, Bankier oder Geistlicher sind — die Größe Ihrer Persönlichkeitsmacht wird immer danach gemessen werden, wie viele Ihnen auf Ihrem Wege nachfolgen.

Der wichtigste Zeitabschnitt in Ihrem Leben

Doch genug davon! Nun — ohne daß Sie sich etwas vormachen —, welche Voraussetzungen erfüllen Sie? Sollten Sie sich der Antwort nicht sicher sein, so stellen Sie sich vor einen großen Spiegel und schätzen Sie einmal die Person ein, die da vor Ihnen steht.
Seien Sie sehr kritisch: Zieht diese Persönlichkeit sofort Ihre Aufmerksamkeit auf sich? Würde sie sich aus einer Menge anderer Leute hervorheben? Zwingt diese Persönlichkeit Ihren Blick dazu, auf ihr zu verweilen? Hat sie etwas an sich, das in Ihnen den Wunsch erweckt, sie näher kennenzulernen? Fühlen Sie sich von ihr angezogen? Möchten Sie gerne ihren Beifall finden? — Vergessen Sie nicht, daß diese Wirkung allein von der äußerlichen Erscheinung ausgehen muß, also ohne daß ein Wort gesprochen wurde!
Ist dies die Wirkung Ihres Spiegelbildes?
Falls ja, dann können Sie diese ersten Schritte ziemlich schnell hinter sich bringen und brauchen sich nur den einen oder anderen Punkt wieder ins Gedächtnis zu rufen. Trifft dies aber nicht zu, so müssen Sie die nächsten Kapitel mit äußerster Sorgfalt durcharbeiten, denn in diesem Fall stellen sie die wichtigsten Sprossen Ihrer Leiter zum

Erfolg dar. Es wird Ihnen hier alles gesagt, was Sie über jene ersten sechzig Sekunden wissen müssen, während denen Sie auf Ihr jeweiliges Gegenüber den alles entscheidenden ersten Eindruck machen. Tagein, tagaus stellen jene sechzig Sekunden immer wieder den wichtigsten Zeitabschnitt Ihres Lebens dar. Falls Sie bei den vielhundert oder tausend Malen am Tag, wo Sie auf diese Probe gestellt werden, auch nur einmal versagen, wird Ihnen wirkliche Persönlichkeitsmacht für immer unerreichbar bleiben.

»Mit anderen auskommen« bedeutet niemals, Macht über sie zu haben

Erinnern Sie sich noch einmal an das erste Geheimnis echter Persönlichkeitsmacht: sie fällt sofort auf!

Sie müssen sich zunächst einmal auf diesen einen Faktor echter Persönlichkeitsmacht konzentrieren, denn ehe Sie nicht dieses erste Geheimnis gemeistert haben, sind alle Hinweise betreffs »*Was* man sagt« und »*wie* man es sagt« in den Wind gesprochen. Trotz ihrer Wichtigkeit wären sie in diesem Fall nicht mehr als Ratschläge darüber, wie man mit den anderen »auskommt«.

Dies würde Sie aber niemals zu echter Persönlichkeitsmacht führen, sondern höchstens bewirken, daß Sie bei einer größeren Anzahl von Personen «Anklang» finden und sich Ihre menschlichen Beziehungen verbessern. Sollten Sie selbst diese Erfahrung noch nicht gemacht haben, so fragen Sie jeden, der es je versucht hat. Gleichgültig, wie viele Verfasser oder Vortragsredner Ihnen diese »Schlüssel zur persönlichen Macht« verkaufen wollen — niemals werden Sie diesen Zweck erfüllen. Es ist ein Riesenunterschied, ob man »mit anderen auskommt« oder ob man Macht über sie hat.

Es ist selbstverständlich wichtig, sich mit den anderen zu verstehen. Ja, es ist sogar Voraussetzung dafür, daß auch die anderen den Wunsch haben, sich mit *Ihnen* zu verstehen. Verträglichkeit ist eine notwendige Grundlage echter Persönlichkeitsmacht; sie ist gleichermaßen eine Vorbedingung für echte Persönlichkeitsmacht wie die Stimmbänder für Rhetorik: Beide sind wesentlich, aber Verträglichkeit allein führt genausowenig zu echter Persönlichkeitsmacht, wie nur die Stimmbänder jemanden zu einem bedeutenden Redner machen können.

Das Wort ist nur ein Mittel zur Macht

Soll Ihre Persönlichkeitsmacht sofort auffallen, so muß sie sichtbar sein — sofort sichtbar! Deshalb kann ihre Wirkung auch nicht von dem abhängen, *was* Sie sagen oder *wie* Sie es sagen, denn alles, was von Ihren Worten abhängt, ist dem Auge nicht sichtbar.
Darum noch einmal: Lenken Sie — so wie Sie *jetzt* sind — die Aufmerksamkeit Ihrer Umgebung nicht unmittelbar auf sich, läßt Ihre persönliche Note Sie nicht aus der Masse hervorstechen und Ihre Erscheinung nicht die Blicke auf sich verweilen, zieht Ihr ungewöhnliches Wesen nicht andere an und erweckt in ihnen den Wunsch, Ihnen zu gefallen — dann sind diese nächsten Kapitel für Sie lebenswichtig!
Bis jetzt haben Sie sich in erster Linie doch mehr oder weniger auf die Wirkung Ihrer Worte verlassen (gleichgültig, ob Sie als Verkäufer, Abteilungsleiter oder Dozent tätig waren). Diese Gesichtspunkte sind natürlich bedeutsam, aber von heute ab müssen Sie lernen, in Ihren Worten nicht eine Verkörperung Ihrer Macht über andere zu sehen, sondern sie vielmehr als *Mittel* zur Persönlichkeitsmacht zu gebrauchen.

Meistern Sie das erste Geheimnis zuerst

Sie suchen nach echter Persönlichkeitsmacht. Sie *kennen* ihre vier Geheimnisse, Sie *erkennen* sie und haben beobachtet, daß sie das eigentliche Geheimnis jeder machtvollen Persönlichkeit darstellen, der Sie je begegnet sind. Sie müssen nun darauf abzielen, jene Geheimnisse zu meistern und für Ihre Zwecke einzusetzen. In begrenztem Umfang können Sie das zweite, dritte und vierte Geheimnis auf mehrere Arten bewältigen. Übereilen Sie jedoch nichts! Es gibt nur *einen* Weg, um sie einmal völlig beherrschen zu können: Als *erstes* müssen Sie zwangsläufig auch das *erste* Geheimnis echter Persönlichkeitsmacht erlernen.

Das Mosaik sichtbarer Macht

An diesem Punkt lassen die meisten, die nach Persönlichkeitsmacht streben, den Mut sinken. Sind auch Sie so wie diese anderen, dann können Sie sich zwar vorstellen, wie Sie das zweite, dritte und vierte Geheimnis der Persönlichkeitsmacht meistern, aber Sie zweifeln daran, daß Ihnen dies beim ersten gelingt. Präziser gesagt: Sie bezweifeln, eine hervorstechende Persönlichkeit aus sich machen zu können!

Vielen anderen ist dies schon gelungen; sehen Sie also ebenfalls den Tatsachen ins Gesicht: Können Sie jenes erste Geheimnis echter Persönlichkeitsmacht meistern? Selbstverständlich können Sie das! Prägen Sie sich jetzt ein für allemal ein, daß Sie — gleichgültig, wer oder was Sie sind — weit mehr Voraussetzungen dafür mitbringen als viele der berühmtesten Menschen, die dieses Ziel erreichten!
Betrachten wir nur einige jener Erfolgreichen: Ein des Landes verwiesener Schwächling von nur 1,45 Meter schaffte es und wurde der bedeutendste Mann in der Geschichte Roms. Ein Krüppel setzte sich durch und wurde die mächtigste politische Gestalt der Welt. Ein lächerlich ausschauender, ungebildeter, clownhafter Niemand erreichte sein Ziel und wurde so mächtig, daß es des vollen Einsatzes der ganzen Welt bedurfte, um ihn niederzuzwingen. — Es könnten Hunderte solcher Beispiele angeführt werden! Und genau wie Sie hatten alle zunächst Zweifel an sich und machten Fehler.
Dies sind die ersten Sprossen auf der Leiter zu echter Macht: Als erstes müssen Sie sich darüber klarwerden, *was* Macht für Sie bedeutet und genau *welche* Art von Persönlichkeitsmacht Sie sich wünschen. *Jetzt* ist der Augenblick für diesen Entschluß gekommen — jetzt, und nicht erst morgen!

ZUSAMMENFASSUNG

1. Der Preis echter Persönlichkeitsmacht besteht einzig und allein in dem Verzicht auf hinderliche Trägheit!

2. Ihre Persönlichkeitsmacht muß sichtbar sein und darf nicht von dem abhängen, was Sie sagen!

3. An der Zahl derer, die Ihnen nachfolgen, können Sie den Umfang Ihrer Persönlichkeitsmacht ermessen!

4. Der einzige Schlüssel zu wirklicher Persönlichkeitsmacht liegt darin, daß man als erstes das erste Geheimnis meistert!

5. Sie haben weit bessere Voraussetzungen dafür, echte Persönlichkeitsmacht zu erringen, als viele der berühmten Menschen, die dieses Ziel vor Ihnen erreichten!

KAPITEL 2

Wert und Ziele der Macht

Echte Persönlichkeitsmacht ist der Lohn erfolgreicher Menschenbehandlung.

Das Hofieren anderer versperrt den Weg zu echter Persönlichkeitsmacht.

Falsche Persönlichkeitsmacht ist nur eine mittelbare Macht, die entweder stellungsbedingt ist oder auf dem Besitz eines Druckmittels beruht.

Echte Persönlichkeitsmacht hängt einzig und allein von der Wirkung der Persönlichkeit ab und ist somit rein individuell.

Um eine echte Machtpersönlichkeit zu werden, brauchen Sie für Ihr Vorhaben zunächst einmal einen Ausgangspunkt und ein festes Ziel. Es ist ähnlich wie beim Bau eines Hauses: Man braucht zuerst ein sorgfältig vorbereitetes Fundament und einen Plan vom Aufbau und Aussehen des Bauwerks.

Warum Sie eine Machtpersönlichkeit sein wollen

Da Sie sich zu einer Machtpersönlichkeit entwickeln wollen, interessieren Sie sich auch für Menschenbehandlung. Dies ist nur eine logische Folgerung, denn Persönlichkeitsmacht — sei sie nun echt oder falsch — existiert niemals als abstrakte Macht, sondern nur dann, wenn sie über andere ausgeübt wird.

Machen wir uns wiederum nichts vor: Sie haben eigennützige Gründe dafür, eine Persönlichkeitsmacht aus sich zu machen. Träfe dies nicht zu, so würde Ihnen dieses Ziel nicht wichtig genug erscheinen, um seinetwegen irgendwelche Anstrengungen auf sich zu nehmen.

Fassen wir also zusammen: Sie sind nur deswegen daran interessiert,

Persönlichkeitsmacht zu entwickeln, weil Sie den *eigennützigen* Wunsch haben, diese Macht auf die Menschen Ihrer Umgebung auszuüben.
Haben Sie sich einmal soviel eingestanden, so müssen Sie auch noch folgendes zugeben: Aus *eigennützigen* Gründen ist eine erfolgreiche Menschenbehandlung von allergrößter Bedeutung für Sie.
Schämen Sie sich nicht, ja zu sagen. Wenn dieses Bekenntnis nicht wahr wäre, würden Sie sich nicht die Mühe machen, sich zu einer echten Machtpersönlichkeit zu entwickeln. Und nur wenn Sie sich zu dieser Tatsache — zumindest sich selbst gegenüber — bekennen, werden Sie auch fähig sein, echte Persönlichkeitsmacht zu erringen.

Verträglichkeit und Menschenbehandlung

Sobald Sie sich einmal eingestanden haben, daß eine erfolgreiche Menschenbehandlung für Sie aus eigennützigen Gründen von größter Wichtigkeit ist und dies allein Sie veranlaßt hat, eine Machtpersönlichkeit zu werden, stehen Sie einer weiteren Tatsache gegenüber: Sie erkennen, daß die Verwirklichung Ihres Zieles (eben jenes persönlichen, eigennützigen Motivs) von Ihrem Vermögen, andere richtig zu behandeln, abhängt. (Zielsetzungen, die dessen nicht bedürfen, erfordern auch keinen Einsatz von Persönlichkeitsmacht.)
Aus diesem Grunde ist das Fundament jeder Persönlichkeitsmacht die *richtige Behandlung* der Mitmenschen. Sie müssen also zunächst einmal dieses Fundament vorbereiten, das heißt: lernen, ihre Umwelt richtig zu behandeln.
Dies läuft ganz einfach darauf hinaus, daß Sie mit den anderen »auskommen« müssen.
Vielleicht *sind* Ihre Umweltsbeziehungen bereits befriedigend. Falls ja, um so besser! Sie haben damit einen bedeutenden Vorsprung. Dessen ungeachtet kann eine Überprüfung der von Ihnen angewandten Methoden der Menschenbehandlung nur zu Ihrem Vorteil sein.

Ziehen Sie Ihre Hörner ein und ignorieren Sie die der anderen

Sie werden immer darauf angewiesen sein, mit Ihren Mitmenschen auszukommen. In dem Maße, wie Sie sich zu einer Machtpersönlichkeit entwickeln, wird dieses Problem zurücktreten, denn dann werden es die anderen darauf anlegen, sich mit Ihnen gutzustellen. Bis dahin aber

bleibt es vorwiegend Ihre Aufgabe, sich mit Ihrer Umwelt zu vertragen — gleichgültig, ob den anderen etwas daran liegt mit Ihnen auszukommen, oder nicht.
Da Sie gerade dabei sind, eine Machtpersönlichkeit aus sich zu machen, und weil die zwanzig Schritte zu diesem Ziel Methoden darstellen, Ihre Mitmenschen so zu behandeln, daß diese es Ihnen rechtzumachen wünschen, müssen Sie in Ihrem Umgang mit anderen zunächst zwei Punkte beachten:

1. Ziehen Sie Ihre *eigenen* Hörner ein bißchen ein. Versuchen Sie nicht so sehr, forsch zu sein, sondern legen Sie mehr Gewicht auf Freundlichkeit und Willigkeit; unterlassen Sie aber jede unaufrichtige Anbiederung! Vermeiden Sie allzu große Bestimmtheit in Wort und Tat und bekunden Sie statt dessen in dem, was Sie sagen und tun, Ihre Bereitwilligkeit zur Mitarbeit und zur Verfolgung gemeinsamer Interessen. Und vor allem: Sprechen weniger Sie selbst, sondern hören Sie lieber zu!

2. Ignorieren Sie die Hörner *der anderen* und lassen Sie sich nicht durch deren Grobheit, Unhöflichkeit und Rücksichtslosigkeit aus der Ruhe bringen — zumindest sollte man Ihnen Ihre Verstimmung nicht anmerken! Sie dürfen sich auch von niemandem zum Widerspruch reizen lassen, mag die Ihnen gegenüber geäußerte Meinung noch so falsch sein. Und besonders wichtig ist (mit Ausnahme von wirklichem Unrecht): Schließen Sie Ihre Augen und Ohren vor allem, was Sie mißbilligen!

Der erste Schritt, andere anzuziehen, ist, sie nicht zu hofieren

Sie ziehen also Ihre Hörner ein und ignorieren die der anderen. Gleichzeitig sollten Sie jene Gewohnheiten, die darauf hinzielen, es den anderen rechtzumachen, weitgehend ablegen. Denken Sie daran: Sie sind dabei, sich zu einer Machtpersönlichkeit zu entwickeln.
Wie Sie zweifellos wissen, ist unter gewöhnlichen Umständen (abseits also auch des eben jetzt gesteckten Ziels, eine Machtpersönlichkeit zu werden) das Hofieren anderer durch Schmeichelei, Liebedienerei, übertriebene Ehrerbietung usw. ein weitverbreitetes Mittel, um sich mit seiner Umwelt gutzustellen. Verzichten Sie ab sofort auf solche ganz ungeeignete Methoden! Sie wollen doch Ihre Mitmenschen dazu

bringen, Ihnen gegenüber gefällig zu sein. Dies jedoch können Sie nicht erreichen, solange Sie selbst noch schmeicheln.

Ihr Verzicht auf jegliche unaufrichtige Schmeichelei bedeutet aber keineswegs, Sie müßten von nun an auch jede Wärme und Freundlichkeit ablegen! Genausowenig dürfen Sie jemandem wohlverdientes Lob und schuldigen Respekt vorenthalten! Ganz im Gegenteil: Äußerungen solcher Art sollten gerade dadurch einen echteren Klang bekommen, daß sie jeder schmeichlerischen oder unterwürfigen Übertreibung entbehren.

Jeder Versuch, sich einzuschmeicheln, läßt den Schmeichler als unterwürfig erscheinen und die anderen glauben, sie seien für ihn wichtig — niemals umgekehrt. Beachten Sie daher immer das vierte Geheimnis jeder echten Persönlichkeitsmacht: Anstatt zu zeigen, daß Sie Kontakt suchen, müssen Sie in Ihrem Gegenüber den Wunsch erwecken, Verbindung mit Ihnen aufzunehmen.

Diese Regel gilt für die Leitung eines Unternehmens, im Verkauf, in der Finanzwelt und in der Politik ebenso wie in allen anderen Lebensbereichen. Die dramatischsten Beispiele aber liefern uns die führenden Machtpersönlichkeiten des zweiten Weltkrieges: Nachdem Mussolini Jahre darauf verwendet hatte, eine Machtpersönlichkeit aus sich zu machen, verlor er seine starke Position, als er sich um Hitlers Gunst bemühte, anstatt diesen dazu zu bringen, sich um seine Freundschaft zu bemühen. Denselben Fehler machte Stalin. Später büßte Roosevelt seine Stärke ein, als er Stalin hofierte. Die Nachfolger Stalins wiederum haben aus dessen Fehler Hitler gegenüber gelernt und sich seitdem geweigert, um irgend jemandes Gunst zu buhlen. Indem er niemandem schmeichelte, ist es Tito indessen gelungen, eine unangetastete Machtpersönlichkeit zu verkörpern, der niemand zu schmeicheln wagt, weil jedermann von vornherein weiß, daß ein solches Verhalten Titos Macht nur steigern würde.

Dasselbe ereignet sich in den gegenseitigen Beziehungen großer Unternehmen, insbesondere bei Verschmelzungen, und ebenso bei Einzelpersönlichkeiten auf allen Sprossen der Leiter zur Macht. Ihre Persönlichkeitsmacht hängt immer davon ab, ob Sie fähig sind, in anderen den Wunsch zu erwecken, Kontakt mit Ihnen zu suchen. Bei den nächsten Schritten werden Sie lernen, wie man hierbei vorgeht — Sie müssen sich jedoch darauf vorbereiten, indem Sie *sofort* aufhören, um die Gunst anderer zu werben. (Diesen Trick beherrschen die Frauen schon seit undenklichen Zeiten!)

Das Was, das Warum und das Wie

Darüber hinaus müssen Sie das Terrain auch noch in anderer Weise vorbereiten. Vor allem müssen Sie sich eine realistische Anschauung vom Wesen der Persönlichkeitsmacht aneignen.

Sicher haben Sie nur allzuoft voll Ehrfurcht zu einer echten Machtpersönlichkeit aufgeschaut und eine solche Macht als eine komplexe, starke und gottgegebene Kraft angesehen, wie sie nur wenigen Auserwählten verliehen ist. Diese Ansicht ist völlig falsch! Genau das Gegenteil trifft zu: Trotz ihrer großen Wirkung handelt es sich um eine erstaunlich einfache, konzentrierte und selbstverständliche eine *erworbene* Fähigkeit, die sich *jeder,* der genügend Zielstrebigkeit und Energie aufbringt, aneignen kann.

Da Sie nun nach dieser echten Persönlichkeitsmacht streben und diese — einmal in Ihrem Besitz — auch behalten wollen, sollten Sie diese Tatsache immer im Auge behalten. Sobald Sie beginnen, dies zu ignorieren und sich als einen »Günstling der Götter« zu betrachten, wird jemand anderer mit offeneren Augen Ihre Macht beiseitefegen und Sie entthronen!

Sie können Ihre Position noch weiter stärken, indem Sie sich mit dem Wesen der Persönlichkeitsmacht vertraut machen. Sie müssen wissen, *wer* danach strebt und *warum.* Und vor allem sollten Sie wissen, weshalb *Sie selbst* danach streben.

Die Begierde nach Macht ist so alt wie die Geburt des zweiten Menschen. Einige haben sie erreicht, anderen ist dies nie gelungen, und vielen wird es auch nie gelingen; die wirklichen Machtpersönlichkeiten aber haben sich emporgearbeitet und ihr Ziel erreicht, weil sie den Mut hatten, die Persönlichkeitsmacht als das zu sehen, was sie ist. Das müssen auch Sie tun!

Streben Sie wirklich nach Persönlichkeitsmacht, so werden Sie dieses Ziel auch erreichen, denn die hier dargelegten Methoden machen es Ihnen leicht — einfach deshalb, weil sie Ihnen gleichzeitig ein gründliches Verständnis der dabei maßgeblichen Faktoren vermitteln. Falls Sie irgendeine der hier erklärten Techniken anwenden, ehe Sie voll und ganz ihren Sinn verstanden haben, so wird die betreffende Methode zum Bumerang und wirkt sich zu ihrem Nachteil aus. Stets und überall bemühen sich Tausende von Menschen um Persönlichkeitsmacht — meistens jedoch vergeblich. Um einen solchen Fehlschlag von vornherein auszuschließen, erfahren Sie nun, *was* Persönlichkeitsmacht ist, *warum* es sie gibt und welcher Art ihre *Voraussetzungen* sind.

Sowohl falsche als auch echte Macht kann mißbraucht werden

Sie können von persönlicher Macht in den erhabensten und idealistischsten Worten sprechen, aber trotzdem müssen Sie sich eingestehen, daß Sie sich — wie jeder andere — hauptsächlich oder sogar ausschließlich nur aus eigennützigen Gründen dafür interessieren. Persönlichkeitsmacht — sei sie nun echt oder falsch — ist keineswegs ein nur für ehrenwerte, ehrliche und gewissenhafte Menschen reserviertes Instrument, denn sonst wäre unsere Welt das reinste Paradies. Leider ist Persönlichkeitsmacht für einen skrupellosen Verbrecher genauso leicht zu erreichen wie für jeden anderen auch.

Und noch eine weitere Tatsache müssen Sie sich eingestehen: Es handelt sich immer um *dieselbe* Art von Persönlichkeitsmacht, wo immer Sie ihr auch begegnen; stets sind es die gleichen Geheimnisse und Bestandteile, die ihr Wesen ausmachen und ihre Wirkung bestimmen. Unterschiedlich ist nur die Art, wie die Macht gebraucht und für welche Zwecke sie eingesetzt wird.

Denken Sie nur einmal darüber nach, wie manche Ihrer Bekannten ihr winziges Bißchen an falscher Persönlichkeitsmacht einsetzen. Der eine ist zum Beispiel ein Angeber. Gehen Sie mit ihm essen, so macht es ihm einen Riesenspaß, sich einen Anschein von »Bedeutung« zu geben, indem er die Bedienung hin und her hetzt. — Unter Ihren Bekannten finden Sie zweifellos auch den Wichtigtuer jenes Schlages, der sich mit seinen »Beziehungen«, die er angeblich zu einflußreichen Personen hat, aufspielt, und mit diesem ebenso alten wie platten Bluff bringt er es fertig, daß jeder nett zu ihm ist (man kann ja nie wissen...). Wenn Sie sehen, mit welchem Triumph und welcher Schadenfreude Millionen dieser »gernegroßen« Leute alle möglichen kleinen und falschen Machtpositionen ausnützen, dann können Sie sicher nicht mehr überrascht noch entsetzt darüber sein, daß manche andere große und echte Persönlichkeitsmacht mißbrauchen. Sind Sie ganz sicher, daß Sie dagegen gefeit sind?

Falsche Persönlichkeitsmacht ist mittelbare Macht aus zweiter Hand

Halten wir nun ein für allemal den Unterschied zwischen falscher und echter Persönlichkeitsmacht fest. Man begegnet ihr ständig, tausendmal öfter allerdings der falschen als echter Macht. Und da das Thema dieses Buches eine häufige Verwendung dieser Begriffe mit sich bringt, ist eine genaue Unterscheidung unbedingt notwendig.

Zunächst einmal ist falsche Macht nie und nimmer Persönlichkeitsmacht! Es handelt sich vielmehr um eine mittelbare Macht, die der betreffende Machtträger nur deshalb besitzt, weil er

a) auf einer bestimmten Sprosse der Leiter steht (nach gesellschaftlichen, politischen oder beruflichen Kriterien),
b) die Zügel in der Hand hat (als Geldgeber, Lieferant oder Ehepartner) oder
c) die Peitsche schwingen kann (als Vorgesetzter, durch Androhung von Gewalt, Enthüllungen usw.).

Obwohl also der Betreffende Macht verkörpert und diese in seiner Person zur Wirkung kommt, entspringt diese Macht *nicht* seiner Persönlichkeit, sondern seiner Stellung oder Funktion.

Wenn Sie sich einer solchen Person unterordnen, so tun Sie das nicht aus freudiger Ehrerbietung, sondern weil ein anderes Verhalten nur Nachteile nach sich zöge. Gingen aber dereinst Peitsche, Zügel oder Sprosse verloren, so wäre dies das Ende Ihrer Achtung, und vielleicht würden Sie die gleiche Person dann sogar verachten oder als »absolute Null« völlig ignorieren.

Falsche Macht ist daher *niemals persönlicher Natur.* Tritt ein solcher Mensch auf den Plan, so weist ihn zunächst gar nichts als Machtpersönlichkeit aus. Seine Macht wird erst erkennbar und respektiert, wenn Peitsche, Zügel oder Sprosse sichtbar werden. Und selbst dann noch versagt diese Macht, wo ihre Requisiten keinen Eindruck machen. Oder werden Sie einen Götzen vergöttern?

Die einzige echte Macht geht von der Persönlichkeit aus

Die echte Persönlichkeitsmacht ist — wie schon gesagt — *sofort* sichtbar und fällt *jedem* auf, noch ehe bekannt ist, wer und was Sie sind oder ob Sie im Besitz irgendeiner Peitsche oder sonstiger Druckmittel sind.

Einer solchen echten Persönlichkeit werden sich andere Menschen gerne unterordnen, weil sie sich von ihr zwingend angezogen fühlen — nicht etwa aus der Erwägung, daß ein gegenteiliges Verhalten ihnen schaden könnte. *Sie persönlich* sind es, dem sie sich unterordnen, *nicht* Ihrer Peitsche, Ihren Zügeln oder Ihrer Stellung.
Echte Macht wird immer nur von Ihrer Persönlichkeit ausgestrahlt. Ganz offensichtlich sind Sie *selbst* (und nicht irgendein zufälliges Machtinstrument) Ursache und zugleich Verkörperung der Macht.
Da diese Persönlichkeitsmacht sich so sehr von falscher Macht unterscheidet (weil sie sichtbar ist; sofort auffällt; andere anzieht und zur Unterordnung zwingt; in ihnen den Wunsch erregt, Kontakt mit Ihnen herzustellen, sich vor Ihnen zu bewähren und Ihnen nachzufolgen — weil sie einzig und allein auf Ihrer Persönlichkeit beruht!), bedarf es einer eindeutigen Bezeichnung, die für immer jede Verwechslung mit der falschen, nämlich nur *mittelbaren Macht* ausschließt. Aus diesem Grund bezeichnen wir die echte persönliche Macht, deren Wirkung einzig und allein von der Persönlichkeit des Betreffenden ausgeht, als *»Persönlichkeitsmacht«*.

Lernen Sie, die Wirkung Ihrer neuen Macht einzuschätzen

Wir kennen nun den großen Unterschied zwischen Persönlichkeitsmacht und mittelbarer Macht. Damit Sie sich aber ein Bild von der Wirkung der Ihnen künftig zur Verfügung stehenden Persönlichkeitsmacht machen können, rufen Sie sich einmal ins Gedächtnis, was Sie bisher unter Einsatz Ihrer mittelbaren Macht — über die Sie in der einen oder anderen Form sicher verfügt haben — erreichten. Unterziehen Sie sich dieser Selbstprüfung *jetzt* und wiederholen Sie sie oft in Zukunft. Sie werden es nämlich zehnmal schwerer finden, sich in einen Idealisten zu verwandeln, *nachdem* Sie eine Machtpersönlichkeit geworden sind, als jetzt. Sollten Sie daher (wie ich und die ganze Welt hoffen) idealistische Ziele verfolgen, so legen Sie sich *jetzt* darüber Rechenschaft ab, wie Sie bis heute Ihre Macht verwendet haben. Notfalls ist gerade noch Zeit, Ihre Wandlung zum Idealisten zu vollziehen.
Vor kurzem wurde mit einer Gruppe von acht Herren und drei Damen ein Experiment durchgeführt, um festzustellen, wie sich diese in einer Machtposition verhalten würden. Eine der Damen war Geschäftsfrau,

die zweite Akademikerin und die dritte Hausfrau. Die Gruppe der Männer war ebenso unterschiedlich zusammengesetzt und reichte vom Elektromonteur bis zum Universitätsprofessor. Neben einer gewissen allgemeinen Beliebtheit und einer höchst bescheidenen mittelbaren Macht besaßen all diese Männer und Frauen nicht die geringste Spur von Persönlichkeitsmacht. Niemand von ihnen wußte, daß er an einem Experiment teilnahm.

Nacheinander wurden diese elf Testpersonen auf einen ehrenamtlichen Posten in öffentlichen Organisationen berufen, und jeder dieser Posten verschaffte den Betreffenden beträchtlichen persönlichen Einfluß (mittelbare Macht). Zwei von den elfen (ein Makler und die Hausfrau) waren es schnell müde, von allen Seiten gedrängt zu werden, ihren »Einfluß« für bald diesen, bald jenen geltend zu machen — und traten deshalb zurück. Drei andere (ein Verkäufer, ein Großhändler und die Akademikerin) nahmen ihre Aufgaben und Pflichten sehr ernst und lehnten es ab, sich unter Druck zu irgendeinem schwerwiegenden Mißbrauch ihrer neugewonnenen Macht verleiten zu lassen. Die restlichen sechs wurden von der Macht, die ihnen plötzlich zur Verfügung stand, vollkommen verdorben und kosteten sie gierig aus. Vier von ihnen verwendeten sie (auf verschiedene Art und Weise) wie Schieber oder Gangster, ein fünfter mißbrauchte sie zu betrügerischen Geschäften und der sechste nützte sie aus, sowohl um sich zu rächen als auch um wertvolle Gegenleistungen einzuhandeln.

Das Experiment wird hier nur aus einem einzigen Grund erwähnt: um Ihnen nämlich bei Ihrer Gewissenserforschung über Ihre Verwendung der Macht zu helfen. Auch Sie sind nur ein Mensch, wie jene elf Testpersonen, und mit großer Wahrscheinlichkeit ist einer von Ihnen, was die Ausnützung der Macht betrifft, ihr genaues Gegenstück. Keiner von ihnen war, wie Sie sehen, ein *reiner* Idealist. Drei waren verantwortungsbewußt, aber keine Idealisten; drei waren Idealisten, aber keine Puritaner; die übrigen waren schlechthin reine Opportunisten.

ZUSAMMENFASSUNG

1. Sie interessieren sich für Menschenbehandlung!
2. Sie wollen eine Machtpersönlichkeit werden, um aus eigennützigen Gründen Macht über die Menschen Ihrer Umwelt auszuüben!

3. Um andere erfolgreich zu behandeln, müssen Sie zuerst mit ihnen „auskommen"!

4. Seien Sie weniger empfindlich!

5. Ignorieren Sie die Fehler Ihrer Mitmenschen!

6. Hofieren Sie niemanden!

7. Lernen Sie, andere anzuziehen!

8. Ihre Umwelt wird nicht von mittelbarer Macht angezogen, sondern nur von Persönlichkeitsmacht!

9. Legen Sie sich Rechenschaft darüber ab, wie Sie Ihre Macht verwendet haben, und wiederholen Sie diese Selbstkontrolle in der Zukunft immer wieder!

KAPITEL 3

Die Selbsterzeugung der Macht

> Die fünf wesentlichen Bestandteile richtiger zwischenmenschlicher Beziehungen sind echte Zuvorkommenheit, aufrichtige Achtung, respektvolle Unterordnung, echte Höflichkeit und tadellose Umgangsformen. Diese Schlüsselfaktoren sind (wenn völlig frei von Unterwürfigkeit!) die Grundlage menschlicher Größe und *echter* Macht.
>
> Eine sorgfältige Beachtung des eigentlichen Wesens dieser Grundlagen bereitet die *Nivellier-Technik* vor.
>
> Die *Nivellier-Technik* zieht die Aufmerksamkeit Ihrer Umgebung auf Sie und veranlaßt diese, Ihnen einen höheren Rang einzuräumen.
>
> Der volle Einsatz der *Nivellier-Technik* vermittelt Ihnen ein Gefühl für echte Macht und leitet die Selbsterzeugung der Persönlichkeitsmacht ein.

Bis jetzt waren Sie sich wohl kaum oder überhaupt nicht bewußt, wieviel Botmäßigkeit in Ihren Anstrengungen lag, mit Ihren Mitmenschen »auszukommen«. Da Sie nun aufhören, andere zu hofieren, wurde ein Teil dieser Unterwürfigkeit bereits ausgelöscht. Sobald Sie auch noch gelernt haben, die Ungehörigkeiten anderer zu übersehen, haben Sie einen weiteren großen Fortschritt in dieser Richtung gemacht. Trotzdem müssen Sie noch viele Gewohnheiten dieser Art ablegen.

Gutes Benehmen erfordert niemals Unterwürfigkeit

Schon als Kind sind Ihre Vorstellungen in bezug auf den Umgang mit anderen völlig verfälscht worden, da fast alle Belehrungen auf einer Verwirrung der Begriffe Zuvorkommenheit, Achtung, Unterordnung,

Höflichkeit und gute Umgangsformen gründeten und Ihnen darüber hinaus eingeschärft wurde, Unterwürfigkeit bilde einen notwendigen Bestandteil all dieser Verhaltensweisen. Dies ist aber völlig unrichtig! Ehe wir nun daran gehen, diese Selbsterniedrigung als negativen Bestandteil Ihres Verhaltens anderen gegenüber auszumerzen, wollen wir jede der obenerwähnten Verhaltensformen für sich untersuchen und genau festhalten, was sie jeweils von Ihnen erfordert. Sie sind alle zusammen wesentlich für ein gutes Verhältnis zu Ihren Mitmenschen. Wollen Sie aber eine echte Machtpersönlichkeit werden, so müssen Sie sich bemühen, daß jede dieser Verhaltensweisen stets frei von Unterwürfigkeit bleibt.

Die Grundsteine menschlicher Größe und echter Macht

In den folgenden Ausführungen finden Sie die *fünf Grundregeln* richtiger Menschenbehandlung:

1. Um mit Ihren Mitmenschen auskommen und sie gleichzeitig anzuziehen, ist *Zuvorkommenheit* Ihrerseits unbedingt notwendig. Das bedeutet nun aber nicht — weder im wörtlichen oder übertragenen Sinn noch in Wort oder Tat —, vor den anderen dienern oder Knickse machen zu müssen; es bedeutet einzig und allein eine freundliche und taktvolle Rücksichtnahme Ihrer Umwelt gegenüber, und zwar willig und freudig — nicht in der Art einer unangenehmen Pflicht! Antworten Sie sofort, wenn Sie angesprochen werden; achten Sie die Rechte, Ansichten und Gefühle anderer usw.!

2. Um mit Ihren Mitmenschen auszukommen und sie gleichzeitig anzuziehen, müssen Sie ihnen auch die gebührende *Achtung* erweisen. Das heißt aber keinesfalls, Sie sollten nun die anderen über sich selbst erheben. Statt dessen müssen Sie die Menschen Ihrer Umgebung in ihrem vollen Wert anerkennen und ihnen zeigen, daß Sie sich ihrer Existenz und Individualität voll bewußt sind. Ehren Sie den Betreffenden als Menschen, achten Sie seine Individualität, seine Leistungen, respektieren Sie das Amt, das er innehat, usw.!

3. Um mit anderen auszukommen und sie gleichzeitig anzuziehen, müssen Sie sich in gewissem Maße auch *einordnen,* was nicht bedeutet, daß Sie Ihrer Umwelt immer nachgeben oder sich ihr gar unterwerfen sollen. Aber Sie müssen den Meinungen der anderen,

ihrem Wissen, ihrer Autorität, ihren Fähigkeiten usw. die schuldige Achtung schenken und dies in Ihrem Verhalten auch zum Ausdruck bringen. Ist zum Beispiel jemand damit beauftragt, den Verkehr zu regeln, so folgen Sie seinen Anordnungen; wurde ein Installateur gerufen und Sie haben keine Fachkenntnisse, dann versuchen Sie nicht, ihm dreinzureden, usw.!

4. Um mit Ihrer Umgebung auszukommen und sie gleichzeitig anzuziehen, ist *Höflichkeit* ebenfalls unbedingt notwendig. Das heißt wiederum keinesfalls, Sie müßten vor den anderen kriechen. Sie sollen nur taktvolles Verständnis für deren Stellung, Handlungsweise, Sitten und Anschauungen zeigen und sich den jeweiligen Gegebenheiten Ihrer Umwelt anpassen — also das tun, was eine gute Erziehung unter den gegebenen Umständen erfordert. Bedanken Sie sich für ein Entgegenkommen oder eine Dienstleistung, selbst wenn es sich um einen Teil der beruflichen Aufgabe des Betreffenden handelt. Helfen Sie anderen beim An- und Ausziehen, lassen Sie sie ausreden, legen Sie die Schuhe ab, wo dies üblich ist, usw.!

5. Um mit Ihren Mitmenschen auszukommen und sie gleichzeitig anzuziehen, sind auch *gute Manieren* erforderlich. Sie sollen aber nicht etwa vor anderen dienern oder ihnen nachgeben, sondern einfach Haltung bewahren und sich nicht seitens derer, mit denen Sie zu tun haben (denen Sie begegnen, die sich in Ihrer Nachbarschaft oder Gesellschaft befinden usw.), dem Vorwurf aussetzen, Sie seien ungehobelt oder beleidigend. Die Hauptsache ist, Sie beachten in Ihrem Verhalten die Regeln des Anstandes und machen sich nie der Rücksichtslosigkeit schuldig. Bringen Sie selbst Menschen einfacher Herkunft und niedrigsten Ranges nicht in Verlegenheit, indem Sie sie in der Gegenwart anderer zurechtweisen; essen, trinken und tanzen Sie dezent; drängen Sie sich nicht vor; schneiden Sie keine Themen an, die für manche Anwesende peinlich oder gar beleidigend sind, usw.!

Die hier aufgeführten fünf Grundregeln richtiger Menschenbehandlung können ohne weiteres als das Fundament jeder menschlichen Größe und Persönlichkeitsmacht bezeichnet werden. Das Ausmaß des damit erzielbaren Erfolges hängt davon ab, inwieweit Sie Ihr Verhalten von Unterwürfigkeit befreien können.

Lassen Sie nie jemanden auf sich herunterschauen

Die fünf Grundelemente richtiger Menschenbehandlung wurden hier so ausführlich dargelegt, weil Sie sich diese Regeln gründlich einprägen und sie sorgfältig beachten müssen, ehe Sie zur Anwendung Ihrer ersten Machttechnik schreiten: der *Nivellier-Technik.*
Es sei noch einmal betont, daß Unterwürfigkeit nichts mit echter Zuvorkommenheit, wirklicher Achtung, Unterordnung, Höflichkeit und guten Manieren zu tun hat. Sobald sich in diesen Verhaltensweisen irgendwie Botmäßigkeit spürbar macht, werden diese zu kriecherischen Praktiken herabgewürdigt. In diesem Fall schauen dann die anderen auf Sie herab — gleichgültig, welchen Titel sie selbst haben mögen.
Ihr erstes Ziel muß es nun sein, Ihre Umwelt dazu zu bringen, Sie als gleichrangig oder — noch besser — als höherrangig zu betrachten, welche Titel immer die Betreffenden selbst auch haben mögen.

Legen Sie besonderen Nachdruck auf die fünf Grundverhaltensweisen

Als Kind wurden Ihnen die fünf Grundregeln zwischenmenschlicher Beziehungen mehr oder weniger nachdrücklich eingeprägt. Unglücklicherweise lehrte man Sie gleichzeitig *Unterwürfigkeit.* Das eigentliche Unglück liegt nun nicht darin, daß man von Ihnen Gehorsam verlangte, sondern daß man Gehorsam mit Unterwürfigkeit verwechselte und Ihnen letztere zusammen mit den fünf Grundverhaltensweisen beibrachte.
Als Kind wurden Sie von Ihren Eltern angehalten, sich älteren und vorgesetzten Menschen unterzuordnen und sich deren Überlegenheit (an Alter, Wissen und Autorität) zu beugen, deren Anordnungen hinzunehmen und zu befolgen und auf deren Fragen höflich zu antworten. Als Kind waren Sie Ihren Eltern auch Unterwerfung und Gehorsam schuldig! Denjenigen Menschen, denen gegenüber Sie sich in einem Verhältnis der Abhängigkeit oder Unterordnung befinden, schulden Sie auch heute noch Gehorsam — aber sonst niemandem!
Weil Unterwürfigkeit mit Gehorsam verwechselt und Ihnen gleichzeitig mit den fünf Grundverhaltensweisen eingeschärft wurde, glaubten Sie, diese Art von Selbsterniedrigung gehöre immer dazu, Sie gewöhnten sich an, Nachgiebigkeit anderen gegenüber mit Zuvorkommenheit, guten Manieren und Höflichkeit gleichzusetzen, und

kamen zu der Überzeugung, Unterwürfigkeit sei mit Achtung und Gehorsam identisch. Jetzt aber haben Sie ein festumrissenes Bild der fünf wirklich korrekten Grundverhaltensweisen.
Da Ihnen nun die Unterschiede vertraut sind, müssen Sie auch eine *saubere Trennung der Begriffe* herbeiführen. Sind Sie in abhängiger Stellung (und die allermeisten sind das), so schulden Sie auch heute noch den Ihnen übergeordneten Personen Gehorsam — aber niemals Unterwürfigkeit! Trotzdem und während Sie diesen Gehorsam leisten, müssen Sie Ihre Zuvorkommenheit, Achtung, Unterordnung, Höflichkeit und Umgangsformen von jeder Spur von Unterwürfigkeit befreien und unter diesem Gesichtspunkt auf Ihr Verhalten besser achten als je zuvor. Diese Selbstbefreiung von jeder Knechtseligkeit ist Grundvoraussetzung und wichtigster Bestandteil der *Nivellier-Technik.*

Der Kern der Nivellier-Technik

Unterwürfigkeit ist nur einer von drei Verhaltensfehlern, die andere dazu veranlassen, auf Sie herabzuschauen. Auch die beiden anderen Fehler müssen Sie — und gerade jenen gegenüber, denen Sie Gehorsam schuldig sind — vermeiden. Dies wird dazu führen, daß Sie selbst von denjenigen höher geachtet werden, denen gegenüber Sie sich in einem abhängigen oder untergeordneten Verhältnis befinden.
Der zweite Bestandteil der *Nivellier-Technik* besteht darin, sich abzugewöhnen, *»jawohl«* in Verbindung mit irgendeinem Namen oder Titel zu sagen.
Verwenden Sie statt dessen die Worte »ja« und »nein« in Zusammenhang mit dem betreffenden Namen oder Titel und verbunden mit einem kurzen Satz. Ersucht man Sie zum Beispiel: »Würden Sie heute wohl etwas früher zum Essen gehen?«, so antworten Sie darauf keinesfalls plump: »Jawohl, Herr Direktor!«, vielmehr sagen Sie statt dessen: »Ja, gern, Herr Direktor!«
Vergessen Sie auch nicht, den Namen oder Titel des Betreffenden mit einem kurzen Satz zu verbinden! Dafür gibt es einen wichtigen Grund: Ihre Antwort könnte sonst nämlich leicht vorlaut oder brüsk klingen. Sobald Sie aber einen kurzen Satz anfügen (je kürzer, desto besser!), kann dies nicht geschehen — es sei denn, Sie beabsichtigen es.
Diese Dinge mögen geringfügig und unwichtig erscheinen — tatsächlich sind aber diese scheinbaren »Kleinigkeiten« sehr wichtig und machen

einen völlig anderen Menschen aus Ihnen. Darüber hinaus haben sie noch andere bemerkenswerte Wirkungen. Überzeugen Sie sich selbst, indem Sie es einmal einen Tag lang versuchen.

Durch die Verwendung kurzer Antwortsätze und die Ausschaltung des »Jawohl!« erzielen Sie gleichzeitig drei grundlegende Wirkungen:

a) Sie befreien sich unmittelbar von einem Symbol der Unterwerfung und dem bewußten oder unbewußten Zugeständnis eines »Rangunterschiedes«.

b) Sie nehmen Ihrem Gegenüber von vornherein jede Möglichkeit, auf einen »Rangunterschied« zu pochen, und zwingen somit Ihren Partner, Sie als gleichrangig anzuerkennen und zu behandeln. Oder aber er macht sich selbst lächerlich, indem er irgendeine andere Trennwand aufrichtet, von der er sich erhofft, sie könne sein schwindendes Prestige noch schützen.

c) Sie zeigen damit allen Anwesenden, daß Sie keinem Menschen irgendeinen »höheren Rang« einräumen.

Als unmittelbare Folge dieser drei grundlegenden Wirkungen schaffen Sie eine vierte Voraussetzung, eine Machtpersönlichkeit zu werden: Die Menschen Ihrer Umwelt werden sofort auf Sie und den Eigenwert Ihrer Persönlichkeit aufmerksam.

Diese vierte Wirkung auf Ihre Umgebung ist aber der eigentliche Grund, warum Sie sich das »Jawohl« und andere devote Ausdrucksweisen abgewöhnen müssen. In diesem Licht betrachtet, stellen sich nun die ersten drei Wirkungen als Lösung dar, wie auch diese vierte und zugleich wichtigste Wirkung auf Ihre Umwelt erzielt wird.

Sie machen sicher bald und mit absoluter Gewißheit die Erfahrung, daß die anderen sofort aufmerksamer auf Sie werden. Fragt Sie zum Beispiel ein Kunde, ob Sie noch vor Ende des Monats liefern können, so antworten Sie darauf niemals: »Jawohl, mein Herr!«, sondern sagen Sie: »Ja, Herr Konrad, das kann ich!« Und sollte Sie der Direktor Ihrer Firma anbrüllen und Sie fragen, ob Sie ein Idiot sind, so antworten Sie darauf nicht mit: »Nein, Herr Direktor!«, sondern sagen Sie: »Keinesfalls, Herr Braun!« In diesen und allen anderen Fällen erreichen Sie auf diese Weise, daß Ihre Umwelt auf den Wert Ihrer Persönlichkeit aufmerksam wird, und dies wiederum wird sich sofort zu Ihrem Gunsten auswirken.

Fragen Sie jeden, der eine Machtpersönlichkeit aus sich gemacht hat: Alle werden Ihnen bestätigen, sie hätten zum ersten Mal ein Gefühl für ihren eigenen Wert bekommen und die ersten Anzeichen ihrer Macht verspürt, als sie zum ersten Mal taten, was Sie nun tun wollen. Darin liegt der Kern der *Nivellier-Technik,* und da dies gleichzeitig Ihr »Macht-Werkzeug« ist, müssen Sie es auch schnellstens einsetzen.

Das dritte Element der Nivellier-Technik

Der dritte Faktor der *Nivellier-Technik* ist ebenso wichtig und einfach wie die beiden ersten, obwohl Sie sich vielleicht schwerer dazu entschließen können, ihn anzuwenden. Es bleibt Ihnen aber keine andere Wahl!

In diesem Zusammenhang müssen Sie sich zwei Tatsachen ins Gedächtnis rufen: Es ist nicht der Zweck der *Nivellier-Technik,* irgend jemanden »kleinzukriegen« oder unter seiner Würde zu behandeln, sondern ganz im Gegenteil: Sie sollen mit ihrer Hilfe instand gesetzt werden, mit Ihren Mitmenschen besser auszukommen, während Sie gleichzeitig die vermehrte Aufmerksamkeit Ihrer Umwelt auf sich ziehen und Ihre Umgebung dazu veranlassen, Ihnen einen höheren Rang einzuräumen (gleichgültig, *wie hoch* Ihr Rang bereits sein mag).

Falls Sie in einem Betrieb arbeiten oder im Verkauf tätig sind, werden Sie wahrscheinlich Ihre unmittelbaren Mitarbeiter mit dem Vornamen anreden, und die anderen werden Sie ebenfalls Hans, Fritz, Karl, oder wie immer Sie heißen mögen, rufen. Diese Gewohnheit müssen Sie sofort ablegen, ohne deshalb Gefahr zu laufen, »eingebildet« zu sein.

Es geht hier nicht darum, ob Vertraulichkeit zu Geringschätzung führen kann oder nicht, sondern für Sie ist nur die Tatsache von Bedeutung, daß Vertraulichkeit kurzsichtig und schwer abzugewöhnen ist.

Ich denke dabei an einen ganz bestimmten Fall: Ein junger und sehr tüchtiger Mann namens Georg wurde Direktor des Unternehmens, als sein Vater unerwartet starb. Bis zu jenem Tag war er für jeden Betriebsangehörigen — von den anderen Direktoren bis hinunter zum Hausmeister — einfach der kleine »Schorschi« gewesen. Und der kleine Schorschi blieb er auch.

Er war hervorragend begabt und (wie es sich später erwies) sogar noch tüchtiger als sein Vater. Trotzdem — und ungeachtet seines Titels —

sah weiterhin jeder in ihm nur den kleinen Schorschi und nahm folglich weder ihn noch seine Anordnungen besonders ernst.
Weniger fähige Männer hätten gedacht, dies werde sich mit der Zeit von selbst geben. Weniger vernünftige Männer hätten in großem Umfang die alten Mitarbeiter durch neue ersetzt. Georg jedoch war der Lage gewachsen.
Wahrscheinlich ist Ihre Lage anders als die Georgs — aber Sie sehen sich im Prinzip dem gleichen Problem gegenüber: Sie müssen Ihre Umwelt dazu bringen, Sie höher zu achten. Sie dürfen nicht zulassen, daß Ihnen andere zu nahe auf die Haut rücken, sondern müssen sie dazu erziehen, einen gewissen *Abstand* zu wahren — einzig und allein auf diese Weise wird Ihre Umgebung lernen, in Ihnen eine Persönlichkeit und nicht nur einen Betriebsangehörigen zu sehen.
Dasselbe gilt für die Kunden, denen Sie etwas verkaufen, für die Geschäftsleute, denen Sie etwas abkaufen, und für jeden anderen. Aber Sie müssen diese Änderung *sofort* einführen, und zwar als erstes bei Ihren Arbeitskollegen. Um andere davon abzubringen, Sie beim Vornamen zu nennen, müssen Sie zuallererst selbst aufhören, Ihre unmittelbaren Vorgesetzten mit dem Vornamen anzusprechen oder in dieser Form auf sie Bezug zu nehmen. Ab sofort dürfen Sie auch Ihre Sekretärin und andere weibliche Betriebsangehörige nicht mehr mit ihren Vornamen ansprechen. Die Reaktionen darauf werden unterschiedlich sein, aber wenn Sie die Anrede »Herr«, »Frau« oder »Fräulein« ebenso natürlich gebrauchen wie früher die betreffenden Vornamen, dann wird Ihr Verhalten sicher nicht ungünstig aufgenommen werden und bald als ganz selbstverständlich erscheinen.
Der zweite Schritt besteht darin, daß Sie keine Vornamen mehr verwenden, wenn Sie zu oder von Geschäftsfreunden, Kunden und dergleichen sprechen. In der ersten Zeit wird vielleicht der eine oder andere Ihrer Geschäftsfreunde unwillig darüber sein oder es als Scherz betrachten, gebrauchen Sie die neue Anrede aber weiterhin ganz natürlich und ohne lange Erklärungen, so wird es jedem bald als ganz normal erscheinen.
Es kann durchaus geschehen, daß der eine oder andere Geschäftsfreund Sie um eine Erklärung bittet; mit wenigen Ausnahmen kommt es jedoch nur deshalb zu solch einer Reaktion, weil *Sie* die Anrede »Herr« nicht in natürlichem Ton gebraucht haben oder sich neben der Anrede auch Ihr Verhalten gegenüber dem Betreffenden geändert hat.

Sollte jemand Sie tatsächlich darauf »festnageln« wollen, warum Sie ihn plötzlich nicht mehr mit dem Vornamen anreden, so lassen Sie sich auf keine Erklärung oder Auseinandersetzung ein, sondern sagen Sie einfach: »Meiner Meinung nach steht Ihnen diese Anrede zu!« Gibt er sich damit nicht zufrieden und dringt weiter mit Fragen auf Sie ein, so können Sie ohne weiteres entgegnen: »Ich glaube, daß Ihnen eine solche Anrede geschäftlich nur von Nutzen sein kann, da sie Ihre Stellung im Betrieb unterstreicht!« Und falls der Betreffende daraufhin fragt: »Und wahrscheinlich wollen Sie von mir auch mit »Herr« angeredet werden?«, so entgegnen Sie darauf: »Nur wenn Sie glauben, ich hätte Anspruch darauf!«
Dieselbe Methode wenden Sie an, falls Ihre Sekretärin oder irgend jemand anderer um eine Erklärung in Sie dringt. Von ausschlaggebender Bedeutung ist dabei, daß Sie Ihre Antwort in die Form einer reinen Feststellung kleiden und den Eindruck vermeiden, es handle sich um eine Erklärung oder gar Verteidigung. Und vergessen Sie nie: Es hängt vorwiegend von Ihrem eigenen Verhalten ab, ob man Sie um eine Erklärung bittet oder nicht. Betrachten Sie also jeden solchen Fall als ein Warnsignal, daß Sie nicht nur die Verwendung der Vornamen aufgeben, sondern gleichzeitig auch Ihr Verhalten geändert haben!
Als drittes müssen Sie sofort aufhören, sich selbst mit Ihrem Vornamen zu melden oder zu bezeichnen. Rufen Sie selbst jemanden an, dann sagen Sie nicht: »Hier ist Paul.« Vermeiden Sie sogar, zu sagen: »Hier ist Paul Kraft.« Melden Sie sich einfach mit: »Hier spricht Kraft.« Dasselbe gilt auch, wenn Sie angerufen werden. Sagen Sie niemals »Hier spricht *Herr* Kraft.« In jedem Fall ist auch sorgfältig abzuwägen, ob die Vorstellung unter Nennung eines Titels oder gar einer Berufsstellung angebracht ist (»Doktor«, »Professor«, »Oberst«, »Direktor« und dergleichen). Im Zweifelsfall werden Sie dies unterlassen und sich schlicht vorstellen: »Mein Name ist Kraft.« Auf diese Weise werden Sie, ohne deshalb irgendwie eingebildet zu wirken, Ihre Persönlichkeit unterstreichen und jedenfalls erreichen, daß man Sie nicht mehr mit dem Vornamen anredet.
Genau dieselben Regeln und Verhaltensweisen sind auch von Damen zu beachten, die sich zu Machtpersönlichkeiten entwickeln wollen — mögen sie im Geschäftsleben, in der Politik oder in einem akademischen Beruf tätig sein. Da Sie eine Machtpersönlichkeit werden wollen, trifft jede Regel, die für die Männer gilt, auch auf Sie als Frau

zu. Andere Frauen vor Ihnen haben sich geweigert, diese Tatsache anzuerkennen, und aus diesem Grund haben die Frauen nie fertiggebracht, was den Männern zu Hunderten geglückt ist. Noch eine Tatsache müssen Sie sich — ob Mann oder Frau — vor Augen führen: Die anderen werden zunächst nicht aufhören, Sie mit dem Vornamen anzureden, auch wenn Sie selbst keine Vornamen mehr gebrauchen! Je nachdem, wie natürlich und selbstverständlich Sie aber die drei oben dargelegten Schritte vollziehen, wird es nur einige Tage oder höchstens ein paar Wochen dauern, bis jeder sich daran gewöhnt hat, Sie mit Ihrem Familiennamen anzusprechen. Und wenn Sie gleichzeitig Ihr Verhalten den anderen gegenüber nicht im geringsten ändern, wird Ihr Benehmen auch keinerlei Unwillen hervorrufen und jedem bald als völlig normal erscheinen.

Sie stehen am Scheideweg

Die drei Bestandteile der *Nivellier-Technik* sind einfach anzuwenden und bilden eine wesentliche Voraussetzung für Ihre Entwicklung zur Machtpersönlichkeit. Wie jedoch schon eingangs erwähnt, werden Sie wahrscheinlich die dazu notwendigen drei Schritte nur ungern vollziehen.

Es sei Ihnen deshalb noch einmal erklärt: Eine Machtpersönlichkeit ist ein weitaus bedeutenderer und völlig anderer Mensch als jemand, der »mit anderen Leuten auskommt«. Die Formeln und Methoden, mit deren Hilfe man Persönlichkeitsmacht erlangt, unterscheiden sich völlig von jenen, mit denen man sich Freunde macht, sich bei Kunden einschmeichelt und ähnliches. Aber — *das eine verträgt sich nicht mit dem anderen!*

Beides sind Wege zu Beliebtheit und Erfolg — aber sie führen zu Beliebtheit und Erfolg grundverschiedener Art. Sie stehen am Scheideweg und müssen sich *jetzt entscheiden,* ob Ihr erstrebtes Ziel auf dem Wege der Gleich- und Unterordnung erreicht werden kann (indem Sie andere hofieren, ihnen schmeicheln, sich ihnen beugen und gemeinschaftliche Sache mit ihnen machen) oder ob einzig und allein Persönlichkeitsmacht zu Ihrem Ziel führt.

Erwarten Sie sich vom Leben nicht mehr als Beliebtheit bei Ihren Mitmenschen, so sollten Sie den bequemen Weg der Gemeinschaftlichkeit gehen und darauf verzichten, sich zu einer Persönlichkeitsmacht auszubilden. Sollten Sie aber andererseits nur glücklich werden können, indem Sie die Macht besitzen, Ihre Umwelt zu veranlassen, sich Ihnen unterzuordnen und sich vor Ihnen zu bewähren, dann müssen Sie den Weg der Gleich- und Unterordnung verlassen und sich zu einer Machtpersönlichkeit entwickeln. Sie können nicht beide Wege gehen — denn sie laufen niemals parallel, sondern führen in entgegengesetzte Richtungen.

Persönlichkeitsmacht als schnellster Weg zu jedem Erfolg

Jeder, der zu Persönlichkeitsmacht gelangt ist, und all die vielen, die sich dagegen entschieden haben, werden übereinstimmen, daß die Ihnen hiermit aufgezwungene Entscheidung die wichtigste ist, die Sie je zu treffen haben werden. Denn ist sie einmal getroffen, so haben Sie damit Ihrem Leben eine bestimmte Richtung gegeben und die Beziehungen zu Ihrer Umwelt festgelegt.

Eine Anzahl führender Persönlichkeiten wurde um ihre Meinung über diese Entscheidung befragt und um Rat gebeten. Der größte Teil davon waren Industrielle (denn die meisten Menschen suchen Persönlichkeitsmacht um ihrer selbst willen), aber unter ihnen befand sich auch ein früherer Präsident der Vereinigten Staaten, ein berühmter Prediger, ein Wissenschaftler, ein früherer Verleger und der Generaldirektor einer Einzelhandels-Organisation. Jeder von ihnen erklärte als erstes, daß die überwältigende Mehrzahl aller Männer und Frauen einer solchen Entscheidung weder ins Auge sieht noch sie vollzieht. Der Grund dafür: Die meisten Leute sind mit ihrem Leben zufrieden, solange sie sich die Unterbringung, Ernährung, Kleidung und Erholung leisten können, die sie von Kindheit an als normal zu betrachten gelernt hatten. Dies — und sogar etwas mehr — können Sie ganz einfach erreichen, indem Sie sich »in Ihrer Stellung halten«.

Als nächstes wurde erklärt, daß von den wenigen Menschen, die eine solche Entscheidung überhaupt treffen, fast alle den Weg der Gemeinschaftlichkeit wählen. Der Grund hierfür: Die meisten ehrgeizigen Menschen streben zuallererst nach Anerkennung und Billigung und schätzen deshalb — bewußt oder unbewußt — das dadurch erreichte Prestige höher ein als alle anderen Interessen, Ziele oder Überzeugungen. Sie bemessen ihren Erfolg eher nach der Größe der ihnen zuteil werdenden Anerkennung und Billigung als nach irgendeinem anderen

Maßstab, und deshalb sind Anerkennung und Billigung (und *nicht* Interessen, Ziele oder Überzeugungen) die treibenden Kräfte in allem, was sie tun.

Und als dritter Punkt wurde hervorgehoben: Die äußerst geringe Anzahl von Persönlichkeiten, die sich für den Weg zur Machtpersönlichkeit entscheiden und diesem Entschluß auch treu bleiben, tun dies, weil sie unter dem *Zwang einer tiefen Überzeugung* handeln, so daß unter diesem Gesichtspunkt alles andere als unrichtig erscheint.

Übereinstimmend erklärten die obengenannten Persönlichkeiten weiterhin, es seien einzig und allein Tiefe, Stärke und Zwang einer solchen Überzeugung, die die Beharrlichkeit des Strebens nach Persönlichkeitsmacht bestimmen; ohne eine derartige Überzeugung könne daher niemand eine Machtpersönlichkeit werden oder auch nur danach streben. Dies bedeutet nicht, daß Sie in diesem Fall überhaupt auf Macht verzichten müssen; Sie sollen nur nicht nach einer sinnlosen Machtausübung drängen, solange Sie keine bestimmten Ziele haben. Statt dessen sollten Sie die Methoden der Persönlichkeitsmacht erlernen und verwenden, um sich Anerkennung und Ansehen in einem Maß zu sichern, das weit über alles hinausgeht, was Sie je auf dem Wege der Gemeinschaftlichkeit erreichen könnten. Und dies ganz einfach darum, weil Sie dank dieser Methoden eine *Selbstsicherheit und Aufrichtigkeit* erwerben werden, wie diese bei Menschen, die ihr Glück mehr oder weniger geschickt auf dem Wege der Gleich- oder Unterordnung suchen, so selten sind.

Abschließend wurde übereinstimmend folgende Meinung zum Ausdruck gebracht: Streben Sie *unbedingt* nach Persönlichkeitsmacht, wenn Sie fähig sind, die notwendigen Methoden zu erlernen und anzuwenden! Warum? Weil der Einsatz dieser Methoden Ihnen ein höheres Maß an Selbstachtung und damit an allgemeiner Wertschätzung einbringen wird, als Sie auf irgendeinem anderen Weg je erreichen können.

Verwenden Sie besonders viel Zeit und Aufmerksamkeit auf die Nivellier-Technik

Da die *Nivellier-Technik* ein Mittel zur Selbsterzeugung der Macht ist, müssen Sie sie vollkommen beherrschen, ehe Sie sich anderen Methoden

zuwenden. Alle drei Bestandteile sind von gleicher Bedeutung und sobald auch nur ein Element fehlt, ist die ganze Methode wirkungslos.
Der schwerste Fehler wäre es nun, vorschnell die nächsten Schritte zur Persönlichkeitsmacht zu unternehmen, noch ehe Sie die *Nivellier-Technik* genau durchdacht haben. Beginnen Sie mit den fünf richtigen Verhaltensweisen, die ihr zugrunde liegen, und halten Sie diese frei von jeglicher Unterwürfigkeit. Nur dann wird die Anwendung der *Nivellier-Technik* nicht zu einem Mißklang mit Ihrer Umgebung führen. Falls sich Ihre Erziehung und Lebenserfahrung nicht grundlegend von denen anderer Menschen unterscheiden, wird Ihnen besonders die Ausschaltung aller Zeichen der Unterwürfigkeit schwerfallen. Sie müssen sich aber unbedingt die Zeit nehmen, diese Fähigkeit zu erwerben!
Ehe Sie die folgenden Schritte zur Persönlichkeitsmacht unternehmen, müssen Sie zuerst das Gefühl für diese Macht in sich erwecken. In einer ganz bestimmten und besonderen Weise müssen Sie sich Ihrer Eigenpersönlichkeit bewußter werden und auch Ihre Umwelt zu einer größeren Beachtung Ihrer selbst veranlassen. Damit sind Sie auf dem Weg zur Selbsterzeugung der Macht, und die *Nivellier-Technik* wird Ihnen dabei helfen. Sparen Sie weder Zeit noch Mühe! (Leute, die dies taten, haben sich deshalb schon zu Narren gemacht.) Vergewissern Sie sich, daß Sie die grundlegende Bedeutung dieser Technik verstanden und die Anwendung ihrer drei Elemente voll beherrschen gelernt haben.

ZUSAMMENFASSUNG

1. Zuvorkommenheit, Achtung, Unterordnung, Höflichkeit und gute Manieren sind notwendig, um mit anderen Menschen auszukommen! Gleichzeitig bilden diese Verhaltensweisen die Grundlage der *Nivellier-Technik.*
2. Ihre zwischenmenschlichen Beziehungen müssen völlig frei von Unterwürfigkeit sein!
3. Zuvorkommenheit bedeutet nichts anderes als willige und taktvolle Rücksichtnahme auf andere Menschen!
4. Achtung bedeutet nichts anderes als die Anerkennung anderer Persönlichkeiten und ihrer Wesensart!
5. Unterordnung bedeutet nichts anderes als Achtung vor den Meinungen, dem Wissen, der Autorität, den Fähigkeiten und anderen positiven oder

überlegenen Eigenschaften des Gegenübers! Auch dieser Haltung muß man überzeugenden Ausdruck verleihen!

6. Höflichkeit bedeutet nichts anderes als kultivierte Rücksichtnahme auf Stellung, Handlungsweise, Sitten und Überzeugungen anderer Menschen, also die Verpflichtung, sich nach den Erfordernissen der Zeit, des Ortes und der jeweiligen Umstände zu richten und die Regeln des Anstandes zu befolgen.

7. Gute Manieren bedeuten nichts anderes als Haltung zu bewahren und sich so zu benehmen, daß man sich niemals dem Vorwurf aussetzt, man sei ungezogen oder gar beleidigend. Vor allem aber darf man es niemals an Rücksicht auf andere fehlen lassen.

8. Der Zweck der *Nivellier-Technik* ist es, Ihren Rang zu erhöhen, wobei nicht etwa anderen deren Rang streitig gemacht werden soll.

9. Vermeiden Sie den Gebrauch von »jawohl« und verwenden Sie stattdessen den betreffenden Namen oder Titel in Verbindung mit einem kurzen Satz.

10. Reden Sie niemanden mehr mit dem Vornamen an. Dann werden Sie auch die anderen davon abbringen, Sie selbst bei Ihrem Vornamen zu nennen.

11. Falls Sie nur dann glücklich werden können, wenn Sie die Macht besitzen, in anderen den Wunsch zu erwecken, sich Ihnen unterzuordnen und sich vor Ihnen zu bewähren, so ist Persönlichkeitsmacht der einzige Weg zum Ziel.

12. Nur alles durchdringende Überzeugung, daß eines Ihrer Interessen oder eines Ihrer Ziele an Wichtigkeit alles andere in den Schatten stellt, ist die wahre Triebkraft zur vollen Entfaltung Ihrer Persönlichkeitsmacht.

13. Ob Sie nun eine Machtpersönlichkeit aus sich machen oder nicht: Die Anwendung der Techniken der Persönlichkeitsmacht wird Ihnen größere Anerkennung, höhere Achtung und Selbstachtung und allseitigere Beliebtheit einbringen, als Sie auf irgendeinem anderen Weg erreichen können.

KAPITEL 4

Ziehen Sie aller Augen auf sich

> Sie müssen Ihre Umwelt auf sich aufmerksam machen!
>
> Ihre Anziehungskraft muß so beschaffen sein, daß Sie sofort sichtbar und unverwechselbar Ihre Eigenpersönlichkeit offenbart!
>
> Die einzige Persönlichkeit, die über diese spontan wirkende Anziehungskraft verfügt, ist die Machtpersönlichkeit.
>
> Die *Sehen-und-Sein-Technik* schafft den Eindruck einer Machtpersönlichkeit.
>
> Dieser Eindruck der Persönlichkeitsmacht bewirkt, daß jeder Mensch auf Sie aufmerksam wird.

Indem Sie Ihre Unterwürfigkeit abgelegt und die Beziehung zu Ihrer Umwelt neu gestaltet haben, sind Sie zu einem anderen Menschen geworden. Dies hat Ihnen vermehrten Auftrieb gegeben, der Ihre Persönlichkeit unterstreicht. Die Menschen Ihrer Umgebung fühlen diese Veränderung und schenken Ihnen größere Beachtung. Das ist aber noch nicht genug. Jetzt müssen Sie noch erreichen, nicht nur Ihre Umgebung, sondern *jedermann* in unverwechselbarer und völlig neuer Weise auf sich aufmerksam zu machen.

Macht steht im Mittelpunkt des Interesses

Wenn Sie wollen, daß Ihre Umgebung sich Ihrer Persönlichkeit voll bewußt wird, so müssen Sie die Aufmerksamkeit auf sich ziehen. Vor dieser Tatsache dürfen Sie nicht die Augen verschließen. Ob Sie sich nun unter einer Menge fremder Leute befinden oder in der Gesellschaft von Kollegen, mit denen Sie Tag für Tag arbeiten — kein Mensch wird Ihnen je ohne zwingende Veranlassung Ihrerseits bewußt Beachtung schenken.

Sobald Sie nun die Aufmerksamkeit für sich gewonnen haben, wird das Bild, das sich die anderen von Ihnen machen, durch deren Reaktion auf den ihr Interesse herausfordernden Umstand bestimmt sein. Falls Sie durch eine Handlung, eine Haltung, ein Auftreten, eine Ausdrucksweise oder besonders modische Kleidung auffallen und dies als abstoßend, lächerlich oder gar ungezogen empfunden wird, so werden Sie als Verkörperung eben dieser negativen Eigenschaft betrachtet. Stechen Sie aber andererseits durch lobenswerte Eigenschaften hervor — sei dies nun Anstand, Intelligenz, Zuvorkommenheit oder ähnliches —, so werden Sie dementsprechend mit dieser positiven Eigenart identifiziert. Also wohlgemerkt: *Sobald die bewußte Beachtung anderer sich auf Sie konzentriert, werden Sie als Verkörperung dessen betrachtet, womit Sie deren Aufmerksamkeit erregt haben!*
Sie müssen noch einer weiteren Tatsache ins Gesicht sehen: Der Bewußtseinsgrad, mit dem andere Sie beachten und als *was* jene Sie sehen, hängt davon ab, auf welch eindrucksvolle und einzigartige Weise Sie das Interesse auf sich lenken.
Halten Sie sich dies vor Augen; denn jetzt ist der Augenblick gekommen, Ihr ganzes Denken völlig auf das erste Geheimnis der Persönlichkeitsmacht zu konzentrieren. Sie erinnern sich: Das erste Geheimnis der Persönlichkeitsmacht — der *echten* Persönlichkeitsmacht — ist, daß sie *sofort auffällt!*
Sie sind nun mit der vierten unbestreitbaren Tatsache vertraut, und daraus ergibt sich die unbedingte Notwendigkeit des folgenden: Um die Augen aller auf sich zu lenken und somit als eine Machtpersönlichkeit gesehen zu werden, müssen Sie die Aufmerksamkeit Ihrer Umwelt durch den eindrucksvollen und unverwechselbaren Einsatz von Persönlichkeitsmacht auf sich ziehen!
Damit aber stehen Sie vor einer Schwierigkeit: Diese Macht müssen Sie ja erst noch erwerben.

Erst Schein, dann Sein

Sie wollen eine Machtpersönlichkeit werden, haben sich aber noch nicht dazu ausgebildet. Um sich aber zu einer solchen zu erziehen, müssen Sie bereits *jetzt* Persönlichkeitsmacht einsetzen. Sie müssen also sofort beginnen, etwas zu verwenden, was Sie noch gar nicht besitzen. Das ist durchaus nicht so unmöglich, wie es klingt (Sie geben ja auch jetzt

schon das Geld aus, das Sie erst noch verdienen müssen), und wenn Sie Persönlichkeitsmacht erlangen wollen, *bleibt Ihnen gar keine andere Wahl!*
Dies erfordert, daß Sie das erste Geheimnis der Persönlichkeitsmacht in seine Bestandteile zerlegen und es dann Stück für Stück wieder zusammensetzen, so daß Ihnen am Schluß eine Technik zur Verfügung steht, die es Ihnen erlaubt, mittels Persönlichkeitsmacht Aufmerksamkeit zu erregen, obwohl Sie diese noch gar nicht besitzen.

Eine sofort sichtbare und unverwechselbare Persönlichkeit bildet die erste Anziehungskraft

Bedeutung und Wirkungsweise des ersten Geheimnisses der Persönlichkeitsmacht sind Ihnen bereits vertraut. Sie wissen, daß ein Mensch im Besitze dieser Macht den anderen sofort auffällt — gleichgültig, ob Sie ihn schon einmal gesehen haben oder nicht. Die Wirkung dieser Persönlichkeitsmacht hängt also nicht davon ab, ob die anderen irgend etwas von Ihnen wissen (Namen, Titel, Stellung oder Vermögen), sondern dieser Eindruck wird nur durch die Ausstrahlung Ihrer Persönlichkeit — einer ganz besonderen Art von Persönlichkeit — hervorgerufen.
Eine Macht, die auf *jedermann* einen so unmittelbaren und günstigen Einfluß ausüben soll, muß Eigenschaften besitzen, die jeden Menschen entsprechend prompt und vorteilhaft auf Ihre Person aufmerksam machen. Überlegen Sie noch einmal, erinnern Sie sich, wodurch Sie eine solche Macht beeindruckt hat: Der Anblick irgendeines Fremden zwang Sie, von ihm Notiz zu nehmen, Sie konnten Ihren Blick nicht von ihm wenden und sagten sich dann: »An dem Mann ist etwas Besonderes!« Was hat Sie zuallererst angezogen? Nur dies: *Seine sofort sichtbare und unverwechselbare Persönlichkeit!*

Die Entwicklung zur Persönlichkeit ist der schwierigste Schritt auf dem Weg zur Persönlichkeitsmacht

Genau genommen wirkten drei verschiedene Faktoren zusammen, daß Sie den Mann als »etwas Besonderes« einschätzen mußten. Zunächst aber geht es für Sie nur um den ersten dieser drei Faktoren: nämlich um die sofort sichtbare, unverwechselbare Persönlichkeit. Genau das

brauchen auch Sie! Und Ihre Aufgabe besteht nun darin, sich darauf zu konzentrieren und Ihre Eigenpersönlichkeit zu entwickeln.
Machen wir uns nichts vor: Die Aufgabe, sich zu einer sofort auffallenden und unverwechselbaren Persönlichkeit zu entwickeln, ist der schwierigste Schritt auf dem Weg zur Persönlichkeitsmacht. Er wird Ihnen nur dann gelingen, wenn Ihre *Nivellier-Technik* voll wirksam ist — doch damit haben Sie dann bereits gleichzeitig eine zweite Technik erworben. Aus all diesen Gründen müssen Sie *sich selbst* davon überzeugen, daß nur ein einziger Teil Ihres Wesens diese so ungeheuer wichtige, sofort sichtbare und unverwechselbare Persönlichkeit ausstrahlen kann.

Aus den Bestandteilen erkennen Sie das Wesen des Ganzen

Betrachten Sie das erste Geheimnis der Persönlichkeitsmacht, und Sie werden feststellen, daß ihr Hauptbestandteil eben »Persönlichkeit« ist. Aus diesem Grunde müssen Sie vor allem etwas an sich haben, das Sie von allen Durchschnittsmenschen unterscheidet. Dieses »Etwas« muß nämlich dazu führen, daß man Ihnen eine hervorstechende Einzelpersönlichkeit sieht und nicht das Mitglied einer Gruppe, den Vertreter einer Schicht, den Teil einer Menge.
Die äußere Erscheinung ist der nächste Faktor. Deshalb muß das »Etwas«, das Sie von den anderen unterscheidet, klar sichtbar sein. Es kann sich weder um Ihre Stimme handeln, noch um das, was Sie sagen, auch nicht darum, wer Sie sind, oder um irgendwelche Eigenschaften dieser Art. Es muß zu *sehen* sein, und zwar *deutlich!*
Die Unverwechselbarkeit ist ein weiteres Glied in dieser Kette. Deshalb muß, was immer Sie auch *deutlich sichtbar* von Ihrer Umwelt unterscheidet, außergewöhnlich — eben unverwechselbar sein. Die sichtbare Persönlichkeit muß also einen ungewöhnlichen, einzigartigen Charakter haben.
Die augenblickliche Wirksamkeit ist der letzte Bestandteil. Deshalb muß das, was Sie sofort sichtbar und völlig unverwechselbar von Ihren Mitmenschen unterscheidet, sich unmittelbar zeigen! Darum muß es also *andauernd* vorhanden sein, so daß es in jedem Augenblick — deshalb ununterbrochen — sichtbar ist. Sie können es nicht erst »einschalten«, wenn andere Sie sehen. Es muß da sein, noch *ehe* diese Sie sehen können. Damit haben Sie das unerläßliche, bewußte »Etwas«

wiederum aus seinen Bestandteilen zusammengesetzt: Es ist eine deutlich sichtbare, hervorstechende und unverwechselbare Eigenschaft, die *immer* sichtbar ist und Sie *sofort* von allen anderen unterscheidet. So muß es sein. Ihre Aufgabe ist es nun, diese Eigenschaft zu finden und zu entwickeln.

Attrappen sind kein Ersatz

Da das »gewisse Etwas« stets deutlich erkennbar sein muß, muß es über Ihren Schultern liegen. Wäre es nicht in diesem Bereich zu finden, so wäre es ja nicht sichtbar, wenn Sie sich in einer Gruppe oder Menge anderer Menschen befänden oder bewegten. Es wäre ebenfalls unsichtbar, sobald Sie zum Beispiel im Theater, im Taxi oder an Ihrem Schreibtisch säßen.
Ehe nun Ihr geistiges Auge einen Reigen aller möglichen Bärte, Brillen, Frisuren und dergleichen mehr heraufbeschwört, die Sie sich als das gewisse Etwas zulegen könnten, sollten Sie daran denken, daß andere schon alles mögliche dieser Art versucht haben und es sich hierbei niemals um das Etwas handeln kann, das Sie brauchen. Denn wenn Sie mittels einer Attrappe die Aufmerksamkeit auf sich ziehen wollen, so werden die Leute nicht *Sie*, sondern das *äußerliche Mittel* beachten.

Wenn schon, denn schon

Trotz des Obengesagten ist es nicht zu leugnen, daß viele überragende Machtpersönlichkeiten die Unverwechselbarkeit ihrer Individualität *unter anderem* einem derartigen Merkmal verdanken (einer besonderen Form des Bartes oder der Brille, einem Monokel, einer ausgefallenen Frisur, einer Zigarettenspitze oder einer bestimmten Kragenform). Viele, und zwar besonders einige führende Politiker, verstanden mit der Kombination solcher Merkmale zu imponieren, wie zum Beispiel Franklin D. Roosevelt, Winston Churchill, Adolf Hitler und andere. Bei manchen von ihnen prägten sich angeborene Körpereigenschaften zu solchen Wesensmerkmalen aus (beispielsweise bei John L. Lewis, Benito Mussolini und anderen). Keine dieser Persönlichkeiten verließ sich aber auf die Wirkung solcher Äußerlichkeiten als Ersatz für das gewisse Etwas; sie benutzten diese Merkmale nur gleichsam als »Markenzeichen«.

Sollten Sie glauben, Sie bedürfen eines solchen äußerlichen Kennzeichens, um das gewisse Etwas zu entwickeln und auszustrahlen, so wählen Sie sich ruhig etwas Passendes aus. In diesem Fall muß es sich aber um Ihr *eigenes* unverwechselbares Merkmal handeln und nicht um die Nachahmung des Kennzeichens irgendeines anderen. Und benutzen Sie es nur als moralischen Rückhalt — keinesfalls als Mittel, um die Aufmerksamkeit auf sich zu ziehen! Noch ein Rat: Eine solche charakteristische Besonderheit muß so ungewöhnlich sein, daß sie *herausfordernd* wirkt.

Nur Haltung kann das »gewisse Etwas« ausstrahlen

In dem Wort »herausfordernd« liegt ein weiterer Schlüssel zu dem gewissen Etwas. Versuchen Sie einmal, die genaue Bedeutung festzuhalten.

Jedes Merkmal der körperlichen Erscheinung kann höchstens zusätzlich als äußeres Mittel eingesetzt werden, um die Aufmerksamkeit auf sich zu lenken. Aus diesem Grunde kann das gewisse Etwas — sei es nun der Wahl oder der Art nach gut oder schlecht — auch nicht in Ihrer körperlichen Erscheinung liegen. Nachdem somit besondere Erkennungsmerkmale und die körperliche Erscheinung ausscheiden, bleiben nur zwei Möglichkeiten: Gesichtsausdruck und Haltung. Der Gesichtsausdruck scheidet hier aber aus; denn Ihr Gesicht würde maskenhaft wirken, wenn Sie immer ein und denselben Ausdruck beibehalten wollten. Demzufolge kann nur eines, nämlich Ihre Haltung, das gewisse Etwas ausstrahlen. Konzentrieren wir uns also auf die Haltung. Und bedenken Sie: Um sich von anderen Leuten zu unterscheiden, müssen Sie, deutlich sichtbar und unverwechselbar, stets die gleiche hervorstechende Haltung zur Schau tragen!

Sie müssen diese Machthaltung mit Leben erfüllen

Alle möglichen Methoden wurden bisher schon versucht und angewendet. Aber nur wenige sind als Grundlage für die echte Machthaltung geeignet. Diese Methoden wurden hier bereits beschrieben. Und selbst diese werden fehlschlagen, wenn Sie nicht *genau* begriffen haben, woraus Ihr gewisses Etwas bestehen muß, und warum einzig und allein Ihre Haltung dies ausstrahlen kann.

An diesem Punkt müssen Sie sich um Verständnis für ein weiteres Kennzeichen der Persönlichkeitsmacht bemühen. Es handelt sich um eine *lebendige Kraft.* Infolgedessen muß Ihre Machthaltung wirklich *gelebt* werden, sie kann also nicht nur nachgeahmt oder gespielt werden. (Den schlüssigsten Beweis hierfür liefert Ihnen die Tatsache, daß selbst die besten Bühnen- und Filmschauspieler noch nie vermocht haben, sie überzeugend darzustellen.)

Ehe Sie diese Machthaltung verkörpern und entwickeln können, müssen Sie sich das *Gefühl für Persönlichkeitsmacht* aneignen und die ersten Regungen dieser Macht in sich verspürt haben. So weit müßten Sie durch den Einsatz der *Nivellier-Technik* bereits gekommen sein, sofern Sie diese wirklich beherrschen.

Die weiteren Voraussetzungen für diese Machthaltung sind, daß Sie

a) sich über jegliche Schmähung erhaben fühlen,
b) vor keiner Herausforderung zurückweichen und
c) sich allem und jedem gewachsen fühlen.

Die Sehen-und-Sein-Technik

Nachdem die *Nivellier-Technik* bereits die erste Voraussetzung geschaffen hat, können Sie sich nunmehr auf das zweite zur Begründung Ihrer Machthaltung wesentliche Erfordernis konzentrieren.

Dutzende von Methoden wurden zur Bewältigung dieser weiteren Anforderung ersonnen und angewendet. Wahrscheinlich haben Sie sogar selbst einige davon versucht. In ihren Grundzügen gleichen sie einander und wollen alle dasselbe: daß Sie sich nämlich einreden, Sie seien über jede Schähmung erhaben (»Was macht mir das schon aus?«) und würden vor keiner Herausforderung zurückweichen (»denn nicht der Angriff, sondern die Niederlage ist zu fürchten«) und ähnliches mehr. Sind Sie bereits derartige Wege gegangen, so kennen Sie schon selbst deren Unwirksamkeit. In der Theorie klingt alles wunderschön. Was Sie aber brauchen, ist eine einfachere und sicherere Methode, die *wirklich funktioniert.*

Die bisher einzige, sowohl einfache als auch zuverlässige Technik, die wirklich zu der gewünschten Machthaltung verhilft, ist die *Sehen-und-Sein-Technik.* Soweit uns bekannt ist, gelangte jede erfolgreiche Machtpersönlichkeit immer erst dank der wirkungsvollen Anwendung dieser Technik ans Ziel.

Der *Sehen-und-Sein-Technik* liegt keine komplizierte Theorie zugrunde, kein Hokuspokus und keine Notwendigkeit, sich etwas einzureden. Sie besagt ganz einfach folgendes: Sie werden sich zu einer Machtpersönlichkeit heranbilden, also zu einer Persönlichkeit eigener Art. Dies ist Ihnen klar. Und zielbewußt vergegenwärtigen Sie sich bereits in Ihren Vorstellungen diese hervorragende Art der von Ihnen erstrebten Macht: Persönlichkeitsmacht!

Sie stellen sich diese Persönlichkeitsmacht vor und sehen sich bereits als den, der Sie sein werden, sobald Sie diese Macht besitzen. Sie sehen sich selbst als eine Persönlichkeit, von der alle Menschen Notiz nehmen und die Sie mit Wohlwollen und Bewunderung betrachten werden, deren Bekanntschaft und Beifall sie suchen und in denen Sie den Wunsch erregen, sich mit Ihnen verbunden fühlen zu dürfen. Diese Vision steht vor Ihrem geistigen Auge. Der Gegenstand dieser Vision ist eine Persönlichkeit, die über die Zungen und Meinungen dieser Welt erhaben ist, die vor keiner Herausforderung zurückweicht und die jedermann und allem gewachsen ist.

Im Geiste sehen Sie das Bild der Persönlichkeit, die Sie eines Tages sein werden. Mit anderen Worten: Sie vergegenwärtigen sich die entsprechenden Eigenschaften und Kennzeichen. Nun aber müssen Sie Ihren Blickwinkel ändern und statt dieser imaginären Person sich selbst im vollen Besitz dieser Eigenschaften und Kennzeichen erblicken!

Dies bedeutet ganz einfach, Sie müssen sich in Gedanken schon jetzt mit diesen Wesensmerkmalen ausstatten, müssen diese *leben* — andernfalls werden Sie es *nie* lernen, die notwendigen Voraussetzungen zu erfüllen. Anstatt also Ihren Blick auf die erforderlichen Eigenschaften und Kennzeichen zu lenken, *betrachten Sie sich selbst* und sehen sich im tatsächlichen Besitz aller Eigenschaften einer Machtpersönlichkeit. Sie wissen selbstverständlich, daß Sie diese noch nicht besitzen — aber außer Ihnen weiß es niemand! Leben Sie also diese Eigenschaften und Attribute ganz so, als ob Sie schon darüber verfügten!

Es ist genauso, als würden Sie nach dem Besitz eines modernen und schöneren Hauses streben: Sie leisten eine Anzahlung und ziehen ein! Sie allein wissen, daß Ihnen das Haus noch nicht gehört. Aber all die anderen, die Sie darin sehen, *wissen es nicht*. Und so »leben« Sie in Ihrem neuen Heim, als ob es *tatsächlich* schon Ihnen gehörte — und inzwischen bezahlen Sie Rate um Rate, bis es endlich wirklich Ihr Eigentum ist.

Sie werden Persönlichkeitsmacht besitzen. Sie haben Ihre »Anzahlung« geleistet. Leben Sie nun diese Macht! Werden Sie ein anderer Mensch, sehen Sie sich selbst als anderen Menschen — *sehen und seien Sie nur das, was Sie einmal sein wollen auch sein werden!*

Jeder wird sich Ihrer neuen Machthaltung bewußt

Das ganze »Geheimnis« dieser Technik offenbart sich mit ihrer Anwendung: Wenn Sie sich als den sehen, der Sie sein werden, so weichen Sie *tatsächlich* vor keiner Herausforderung zurück, sind Sie *tatsächlich* über jede Schmähung erhaben und ab *sofort* jedem und allem gewachsen! Sofort betrachten Sie infolgedessen die Welt und Ihre Mitmenschen mit anderen Augen, Ihre Haltung verändert sich, und deshalb erscheinen auch Sie Ihrer Umwelt in einem völlig neuen Licht.
Ganz von selbst und ohne jede bewußte Anstrengung werden Sie Ihren Kopf so hoch tragen, als blickten Sie immer auf den Horizont. Auch Ihre Augen werden — ohne daß Sie sich besonders darum bemühen — klarer und scharfsichtiger werden. Ebenso wird Ihr Geist hellwach! Die Zeit, wo Sie mit offenen Augen träumten, ist nahezu vorbei, und auch wenn Sie einmal geistesabwesend sein sollten, wird sich kein Schleier über Ihr Gesicht legen und Ihre Augen trüben.
Dies sind die Bestandteile echter Machthaltung, Eigenschaften, welche die anderen nicht aufweisen können. Ihre Machthaltung wird deshalb um so eindrucksvoller werden, je stärker diese Kennzeichen ausgeprägt sind. Und in dem Maße, wie Ihre Haltung machtvoller wird, werden die Menschen Ihrer Umgebung darauf aufmerksam. Echte Machthaltung fällt sofort auf — denn es handelt sich um eine deutlich sichtbare, hervorstechende und unverwechselbare Haltung, die Sie sofort von allen anderen Menschen unterscheidet!

Ihre Anziehungskraft beginnt zu wirken

Ihre Machthaltung zieht die Aufmerksamkeit auf sich. Selbst Fremde nehmen von Ihnen wohlwollende Notiz. Menschen, die Sie vordem kaum eines Blickes würdigten, werden sich nun Ihrer Persönlichkeit bewußt und beginnen Sie plötzlich beifällig zu betrachten, wann immer sie Ihren Weg kreuzen. Und selbst Ihre Mitarbeiter und Geschäftsfreunde werden staunen und Sie auf einmal in einem ganz neuen Licht

sehen. Sie selbst werden all dies empfinden, aber — was noch wesentlich wichtiger ist — *dieses Gefühl strahlt auch auf alle anderen aus!*
Sie sind nun schon weit vorangekommen, und das in bemerkenswert kurzer Zeit. Sie haben bereits den größten und schwierigsten Teil des Weges zur Persönlichkeitsmacht hinter sich gebracht. Alle Machtpersönlichkeiten, die vor Ihnen ans Ziel gelangt sind, werden diesen Schritt als eine unabdingbare Voraussetzung für den Erfolg bezeichnen. Andererseits bestätigen sie aber auch: Sobald Sie ihn zurückgelegt haben, ist die echte Persönlichkeitsmacht bereits in greifbare Nähe gerückt!
Da der Schritt, den Sie nun getan haben, so bedeutend ist, könnte man darüber fast seinen eigentlichen Zweck vergessen. Prägen Sie sich darum den eigentlichen Sinn der Machthaltung noch einmal ein: *Sie muß sofort auffallen, und zwar allen, so daß sich jeder bewußt wird, daß Sie eine Machtpersönlichkeit sind!* Gleichzeitig damit beginnt Ihre Anziehungskraft auf andere zu wirken.

ZUSAMMENFASSUNG

1. Ihre Mitmenschen werden nie bewußt von Ihnen Notiz nehmen, wenn Sie nicht deren Aufmerksamkeit auf sich zu ziehen vermögen!
2. Ihre Umwelt sieht Sie als die Verkörperung jener Eigenschaft, mit der Sie ihre Aufmerksamkeit erregt haben!
3. Der Umfang, in dem sich die anderen Ihrer Persönlichkeit bewußt werden, hängt von der Stärke des Eindrucks ab, den Sie machen!
4. Um eine unmittelbare und starke Wirkung auf Ihre Umwelt zu erzielen, müssen Sie eine sofort sichtbare und unverwechselbare Individualität besitzen!
5. Diese Individualität muß Sie stets von anderen unterscheiden, also deutlich sichtbar, hervorstechend, unverwechselbar und gleichbleibend vorhanden sein!
6. Attrappen und äußerliche Merkmale sind dazu ungeeignet! Sie könnten die Wirkung Ihrer Eigenpersönlichkeit übertreffen und die Aufmerksamkeit — von Ihrer Persönlichkeit weg — auf sich selbst ablenken.
7. Nur eine echte Machthaltung kann Ihnen zu der notwendigen Ausstrahlung verhelfen!
8. Machthaltung muß eine lebendige Wahrheit darstellen; sie kann nicht einfach nur vorgetäuscht oder gespielt werden — Sie müssen sie leben!

9. Machthaltung erfordert von Ihnen ein Gefühl für Persönlichkeitsmacht; Sie müssen die ersten Regungen dieser Macht in sich verspüren und über jede Schmähung erhaben sein, Sie dürfen vor keiner Herausforderung zurückweichen und müssen sich jedermann und allem gewachsen fühlen!
10. Die *Sehen-und-Sein-Technik* ist der einfachste und zuverlässigste Weg zur Machthaltung!
11. In dem Maße, wie sich Ihre Machthaltung entwickelt, werden Sie auch die Aufmerksamkeit Ihrer Umwelt auf sich ziehen!

KAPITEL 5

Jeder sucht Ihre Bekanntschaft

Aufmerksamkeit zu fesseln ist viel schwieriger als Aufmerksamkeit zu erregen.

Interesse wird nicht geschenkt — man muß es erwecken.

Ihre Anziehungskraft muß auf alle wirken, nicht nur auf irgendeine Klasse oder Gruppe.

Die *Einstellungstechnik* erweckt das Interesse Ihrer Umwelt.

Wenn Sie die anderen dazu bringen, sich auf Ihre »Welle« einzustellen, erwecken Sie gleichzeitig in ihnen den Wunsch, Sie kennenzulernen und sich mit Ihnen zu verstehen.

Die Aufmerksamkeit, die Sie bei anderen erregen, muß den Wunsch erwecken, Sie kennenzulernen. Nur so nähern Sie sich Schritt für Schritt der Persönlichkeitsmacht. Fremde müssen sich wünschen, Ihre Bekanntschaft zu machen, und Ihre Bekannten müssen den Wunsch empfinden, Sie noch besser kennenzulernen.

Sie müssen die Schutzschale Ihrer Mitmenschen offenhalten

Es ist für Sie von äußerster Wichtigkeit, die anderen Menschen auf sich aufmerksam zu machen und sie durch Ihre Persönlichkeit sofort zu beeindrucken. Echte Persönlichkeitsmacht verlangt aber noch wesentlich mehr von Ihnen, als daß die Umwelt sich Ihrer bewußt wird.

Alle Menschen — mit Ausnahme solcher, die in völliger Abgeschiedenheit leben — besitzen eine »Schale«, die sie davor schützt, alles, was sie sehen, bewußt wahrzunehmen. Andernfalls könnte sich niemand in die flutenden Menschenmassen hinauswagen! Müßte man von allem bewußt Notiz nehmen, so würde man in eine genauso hoffnungslose und entsetzliche Verwirrung gestürzt, wie sie ein einsamer Inselbewohner empfinden müßte, der sich plötzlich in das Zentrum einer Weltstadt versetzt sähe. Der menschliche Verstand wäre einer solchen Flut von Eindrücken nicht gewachsen! Aus diesem Grund bewahrt uns also diese Schale davor, sogar von den Menschen, mit denen wir täglich zu tun haben, mehr als nur oberflächliche Notiz zu nehmen. Die Schutzhülle öffnet sich nur dann, wenn man einer völlig außergewöhnlichen Persönlichkeit begegnet.

Alles Ungewöhnliche kann diese Schale öffnen, und in Ihrem Fall verwenden Sie Ihre Machthaltung zu diesem Zweck. Aber Sie müssen diese Schale auch offenhalten! Andernfalls schnappt diese nämlich genauso schnell und plötzlich wieder zu, wie sie sich öffnet. Mit dem richtigen Trick oder der geeigneten Methode können Sie dies jedoch verhindern.

Nur Interesse hält die Schale offen

Obwohl Sie die schwierigste Wegstrecke bereits zurückgelegt haben, werden Sie noch vielen unerbittlichen Tatsachen ins Gesicht sehen müssen, ehe Sie am Ziel sind. Hier ist gleich wieder eine davon: Das erfolgreiche Ergebnis Ihrer Bemühungen, Ihre Mitmenschen auf sich aufmerksam zu machen, bedeutet noch lange nicht, daß diese auch willens sind, Ihnen diese Aufmerksamkeit von sich aus zu *schenken*. Wenn Sie die anderen »wachzurütteln«, müssen Sie gleichzeitig in ihnen ein bleibendes Interesse erwecken, denn sonst ist die Aufmerksamkeit flugs wieder verloren.

Würde die schützende Schale beim Öffnen und Schließen Geräusche machen, so müßte man ein andauerndes Klick-Klack hören, denn alle möglichen Dinge erregen momentan Aufmerksamkeit. Ihre Machthaltung ist dabei nur eine unter vielen Ursachen. Eine ungewöhnlich schöne Frau, ein ungewöhnlich dicker Mann, ein ungewöhnlich verrückter Hut — sie alle erregen Aufmerksamkeit; sie ist aber äußerst kurzlebig, falls nicht *gleichzeitig ein bleibendes Interesse geweckt wird.* Eine Frau, die Aufmerksamkeit erregt, verfügt über eine Reihe von Mitteln, auch verschiedene Interessen zu wecken. Ähnliche Möglichkeiten haben auch Sie. Mit einigen ihrer Methoden wird es einer Frau gelingen, in dem einen oder anderen Menschen den Wunsch wachzurufen, sie kennenzulernen. *Sie* jedoch wollen nicht nur vereinzelt Interesse auslösen, Sie müssen in *allen* den Wunsch hervorrufen, Sie kennenzulernen. Die Absichten einer Frau zielen auf bestimmte Gruppen ab, *Sie* aber streben nach Persönlichkeitsmacht, die nur dann voll wirkt, wenn Sie *allen* erkennbar ist.

Die Einstellungstechnik

Um in allen den Wunsch zu erwecken, Ihre Bekanntschaft zu machen, müssen Sie die Aufmerksamkeit aller auf sich ziehen. Und um dieses Interesse dann wachzuhalten, müssen Sie ein Mittel einsetzen, das jeden Menschen — ob Mann, Frau oder Kind — anspricht. Diese Wirkung aber können Sie nur mit einem einzigen Mittel erzielen: *Sie müssen aller Welt zeigen, daß Sie »auf Empfang eingestellt« sind!*

Sie müssen deutlich zeigen, daß Sie sich Ihrer Umwelt voll und ganz bewußt sind. Ihr Gesichtsausdruck und Ihre ganze Verhaltensweise müssen es zum Ausdruck bringen. Ihr Geist, Ihre Ohren und Ihre Augen nehmen die Umwelt im allgemeinen und die Menschen im besonderen mit regem Interesse in sich auf.

Hüten Sie sich also davor, eine ausdruckslose Miene zur Schau zu stellen. Ihr Gesicht darf nicht verraten, wie gedankenverloren Sie in Wirklichkeit sind. Wo immer Sie sich befinden — auf der Straße, im Büro, im Lift, im Restaurant — halten Sie sich immer vor Augen, daß andere Menschen da sind und in jedem Augenblick etwas geschieht oder getan wird. Seien Sie sich dessen nicht nur unterschwellig, sondern *wirklich bewußt.* Erziehen Sie Ihre Augen dazu, die Menschen und Dinge ringsumher wirklich zu sehen, erziehen Sie Ihre Ohren dazu, die Menschen und Dinge um Sie her zu hören! Dann wird Ihr Gesichtsausdruck auch zeigen, daß Sie das alles auch tatsächlich sehen und hören. Mit einem Wort: *Gestatten Sie sich nie den Luxus einer Flucht in die eigene Gedankenwelt, während Sie sich unter Menschen befinden!*

In dem Augenblick, in dem Sie jegliche Geistesabwesenheit ausschalten, werden Sie ganz von selbst ein waches und reges Interesse für Ihre Umwelt gewinnen und *zur Schau stellen.* Alle Welt sieht dann in Ihnen eine Persönlichkeit, deren Geist, Ohren und Augen alles bewußt registrieren, einen Menschen, der »auf Empfang eingestellt« ist.

Sie können sich darauf verlassen: Sobald die anderen Ihre Kontaktfreudigkeit bemerken, flackern ihre Neugierde und ihre Aufmerksamkeit auf. Und wenn sie dann noch feststellen, daß Sie nicht nur auf Ihre materielle, sondern auch auf Ihre menschliche Umgebung eingestellt sind, vermehrt sich das Interesse, und es entsteht in ihnen der *Wunsch, sich ebenfalls auf Sie einzustellen.*

Was müssen Sie dazu tun? Zunächst ist Wachheit erforderlich, und zwar nicht nur eine zur Schau gestellte, sondern eine wirkliche. Sie dürfen niemals geistesabwesend wirken! Darüber hinaus bedarf es immer noch einiger Kleinigkeiten: ein Lächeln in Ihren Augen, kein kaltes Beobachten, sondern warmes Erkennen, womit Sie beweisen, daß Sie von der Existenz anderer Menschen — mit einem Lächeln oder freundlichen Nicken — Notiz nehmen.

Die offensichtliche Wachheit Ihrer Sinne und das die Mitmenschen erkennende Lächeln in Ihren Augen kennzeichnen Sie sofort als eine außergewöhnliche Persönlichkeit. Und sobald Sie dieses Merkmal mit Ihrer Machthaltung verschmelzen, sehen alle anderen Menschen in Ihnen unter Millionen sofort die eine große Ausnahme, die jeder gern selbst sein möchte.

Vervollkommnen Sie Ihre Einstellungstechnik bei jeder Gelegenheit

Da Ihre Umwelt in Ihnen eine Persönlichkeit sieht, die von ihren Mitmenschen Notiz nimmt, brauchen Sie sich nicht auf jeden einzelnen einzustellen. Es genügt schon, daß man sieht, daß Sie auf die Menschen im allgemeinen abgestimmt sind, um in jedem das Gefühl zu erwecken, Sie seien auch auf den einzelnen abgestimmt oder könnten es zumindest sofort sein. Wird Ihre Umgebung darüber hinaus noch Zeuge, wie Sie auf einzelne Menschen eingehen, so wird sich jeder noch mehr veranlaßt fühlen, sich seinerseits auf Sie einzustellen.

Ein Beispiel: Wenn Ihre Augen deutlich zum Ausdruck bringen, daß Sie gerade jenen Menschen freundliche Beachtung schenken, deren Existenz im allgemeinen als selbstverständlich betrachtet oder übersehen wird (Gepäckträger, Botenjungen, Platzanweiserinnen, Stenotypistinnen, kleine Angestellte, Reinigungspersonal usw.), so werden alle Menschen sofort empfinden, daß Sie jedem Beachtung schenken — also auch ihnen.

Um die Tatsache Ihrer Empfangsbereitschaft für Umwelteindrücke zur vollen Geltung zu bringen, muß von Ihren Augen abzulesen sein, daß Sie den Gegenstand Ihrer Betrachtung mit demselben freundlichen Wohlwollen ansehen wie dessen Besitzer. Sehen die Betreffenden zum Beispiel, wie Sie ein Kind, die Arbeit oder das Besitztum eines Mit-

menschen beifällig betrachten, so werden sie Sie (vielleicht sogar neiderfüllt) noch anziehender finden.
Als letzte Vervollkommnung Ihrer Empfangsbereitschaft muß Ihr Augenausdruck auch zeigen, daß Sie andere *hören,* besonders wenn man Sie unmittelbar anspricht. Während Ihr Gegenüber seine Gedanken, Theorien, Probleme und Meinungen darlegt, muß an Ihren Augen ablesbar sein, daß Sie zumindest aufmerksam zuhören — gleichgültig, ob das Gesagte Ihre Billigung findet oder nicht, und selbst wenn Sie keinen Kommentar dazu geben.

Der Erfolg jeder Technik beruht auf einem Geheimnis oder Trick

Der Erfolg einer jeden Technik, somit auch der Machttechnik, hängt — genau wie etwa beim Fußball oder Rudern — von irgendeinem besonderen Trick ab. Konzentrieren Sie Ihre Auferksamkeit auf diesen jeweils zugrunde liegenden Trick — und alles andere geht meist von selbst.
Und dies ist das ganze Geheimnis der *Einstellungstechnik:* Sie müssen sich Ihrer Umwelt und Mitmenschen so klar bewußt sein, daß jedem die Wachheit Ihrer Sinne sofort auffällt. Diese Tatsache darf nicht erst aus dem hervorgehen, was Sie sagen. Die Menschen Ihrer Umgebung müssen diese Eigenschaft sofort bemerken, sobald Ihre Machthaltung auf Sie aufmerksam macht.
Üben Sie dies *nicht* vor einem Spiegel und versuchen Sie *nicht,* diese Wachsamkeit vorzutäuschen, indem Sie andauernd Ihre Augen herumwandern lassen oder sonstwie eine übertriebene Aufmerksamkeit zur Schau stellen. Sie müssen sich nur stets bemühen, mit wachem Bewußtsein zu beobachten. Sobald Sie dies tun, werden Ihre Augen, Ihr Geist und Ihre Ohren sich von selbst auf Ihre Umwelt und Mitmenschen einstellen, und diese Tatsache wird den anderen augenblicklich auffallen. Durch diese Wahrnehmung fühlt sich Ihre Umwelt *sofort* dazu veranlaßt, sich ihrerseits auf Sie einzustellen.
Sehen Sie sich nach diesen Merkmalen jede Machtpersönlichkeit an, die Ihnen je begegnet: *Nie* wird der Betreffende sich den Luxus einer Flucht in die eigene Gedankenwelt erlauben, solange er sich in Gesellschaft befindet; denn er weiß bereits, was auch Sie lernen und stets beachten müssen: Die *Einstellungstechnik* ist der wirksamste »Menschen-Magnet«, über den eine Machtpersönlichkeit verfügt!

Persönlichkeitsmacht bedeutet Sein und nicht Schein

Noch ein Wort zum Erfolg der *Einstellungstechnik:* Ist sie ebenso echt wie Ihre Machthaltung, dann wird es Ihnen keinesfalls je schwerfallen, unerwünschte Gefühle zu verbergen, und Sie werden sich auch niemals versucht fühlen, Ihre Haltung zu übertreiben oder Gefühle zu zeigen, die Sie in Wirklichkeit gar nicht empfinden.
Denken Sie immer daran: Sie sind im Begriff, sich zu einer Machtpersönlichkeit heranzubilden. Um eine solche zu sein, muß Ihre Umwelt von Anfang an sehen, daß sie »echt« sind — im guten wie im schlechten Sinne. Als Grundregel für Ihre zwischenmenschlichen Beziehungen gilt: immer Sein, niemals Schein!
Einem Menschen, der nur so tut »als ob«, wird man stets mit Mißtrauen begegnen, wenn er auch im übrigen ein Heiliger zu sein scheint — das können Sie aufgrund Ihrer eigenen Erfahrungen bestätigen. Andererseits fühlt sich jedermann von Echtheit magisch angezogen, selbst wenn diese Echtheit Teufelshörner trägt.

Andere stellen sich auf Sie ein, weil sie Ihre Bekanntschaft suchen und sich mit Ihnen verstehen wollen

Wie schon ganz zu Beginn dieses Buches gesagt wurde, ist es immer wichtig, sich mit seiner Umwelt zu verstehen. Gleichzeitig wurde aber darauf hingewiesen, daß Sie als Machtpersönlichkeit unter anderem darauf abzielen müssen, in Ihren Mitmenschen den Wunsch zu erwecken, *sich mit Ihnen zu verstehen.* Die *Einstellungstechnik* ist der erste große Schritt in dieser Richtung.
Wie die *Sehen-und-Sein-Technik* Ihre Geschäftsfreunde und Bekannten dazu gebracht hat, Sie in einem völlig anderen Licht zu sehen, erweckt die *Einstellungstechnik* in den Menschen Ihrer Umgebung ein völlig neues Interesse für Sie. Aus diesem Grund betrachtet Ihre Umwelt sie nun mit anderen Augen, nähert sich Ihnen respektvoller als früher und hat selbst ihre Ausdrucksweise Ihnen gegenüber geändert. Auch beginnt man allmählich, Ihnen die eine oder andere kleine Höflichkeit zu erweisen.
Sobald Sie diese Dinge beobachten und empfinden, dürfen Sie keinesfalls den verhängnisvollen Fehler begehen, darauf so zu reagieren, wie Sie noch gestern darauf reagiert hätten. Fühlen Sie sich dadurch nicht

geschmeichelt — und denken Sie vor allem keinesfalls, Sie müßten diese Dinge erwidern! Die Menschen Ihrer Umgebung beginnen — vielleicht ganz unbewußt —, Sie ebenso zu hofieren, wie Sie selbst noch vor einigen Tagen andere hofiert haben.
Als Machtpersönlichkeit werden Sie schon morgen irgendwie von allen Menschen umworben werden. Reagieren Sie denen gegenüber, die Ihnen heute zu schmeicheln beginnen, so, wie Sie wissen, daß Sie morgen darauf reagieren *müssen.* Nehmen Sie davon freundliche Notiz, aber zeigen Sie sich weder geschmeichelt noch herablassend. Nehmen Sie dieses Hofieren als einen Tribut, der Ihnen zusteht.

ZUSAMMENFASSUNG

1. In demselben Augenblick, in dem Sie die Aufmerksamkeit anderer auf sich ziehen, müssen Sie auch ihr bleibendes Interesse erregen!
2. Die Erweckung dieses Interesses können Sie nicht dem Zufall überlassen; Sie brauchen dafür ein zuverlässiges Mittel.
3. Dieses Mittel muß alle Menschen anziehen, nicht nur gewisse Typen oder Gruppen!
4. Die *Einstellungstechnik* ist das einzige Mittel, das jederzeit jeden Menschen anzieht.
5. Ihre Empfangsbereitschaft für Mitmenschen und Umwelt führt dazu, daß sich die anderen auf Sie einstellen.
6. Gleichgültig, um welche Technik es sich handeln mag: konzentrieren Sie sich grundsätzlich auf den ihr zugrunde liegenden Trick, und alles andere wird sich mehr oder weniger von selbst ergeben.
7. Der ganze Trick der *Einstellungstechnik* beruht in der so sichtbar zur Schau getragenen Wachsamkeit Ihrer Sinne, daß jedermann daraus sofort auf Ihre Empfangsbereitschaft schließen muß.
8. Ihre Empfangsbereitschaft muß echt und ununterbrochen sein.
9. Soll diese Technik Erfolg haben, so dürfen Sie sich niemals den Luxus leisten, sich in Gegenwart anderer in die Welt Ihrer eigenen Gedanken und Träume zu flüchten.
10. Die *Einstellungstechnik* ist der wirksamste »Menschen-Magnet«.
11. Seien Sie auch in Wirklichkeit derjenige, als der Sie erscheinen!
12. Reagieren Sie schon heute auf Ihre Umwelt so, wie Sie es morgen tun müssen — und nicht, wie Sie es gestern noch getan hätten!

KAPITEL 6

Wie man die Herzen gewinnt

Um anhaltendes Interesse zu wecken, muß man die anderen für sich gewinnen.

Man muß die Herzen aller, nicht nur der Mehrzahl, für sich gewinnen.

Die *Rückstrahler-Technik* ist das einzig sichere Mittel, alle für sich zu gewinnen.

Die *Rückstrahler-Technik* macht Ihre Mitmenschen empfänglich für die Persönlichkeitsmacht, durch die sie auf Sie aufmerksam wurden.

Mit Ihrer Machthaltung erregten Sie die Aufmerksamkeit Ihrer Umwelt. Jedermann nimmt beim ersten Blick sofort bewußt Notiz von Ihnen. Gleichzeitig damit erwecken Sie auch ein andauerndes Interesse. Sie halten die schützenden Schalen der anderen offen. Während sich nun jene auf Sie einstellen, müssen Sie ein weiteres Mittel zum Einsatz bringen, mit dem Sie alle Herzen gewinnen und Ihre Mitmenschen dazu veranlassen, Ihnen voll Zuversicht und Vertrauen entgegenzukommen.

Die üblichen Tricks sind nichts für Sie

Sobald Sie einmal die Aufmerksamkeit und das Interesse Ihrer Umwelt erregt haben, gibt es viele Möglichkeiten, Ihre Mitmenschen für sich einzunehmen. Verkäufer, Vertreter, Werbefachleute, Conférenciers und Redner haben alle Ihre eigenen Tricks, um dieses Ziel zu erreichen. Politiker, Rechtsanwälte und Leiter von Konferenzen bedienen sich wiederum anderer Methoden. Und Mädchen benutzen den einen Trick, und Jungen schwören auf einen anderen. Klatschbasen beiderlei Geschlechts verstehen es ebenfalls, das Interesse zu wecken. Auch Sie — wie oder was Sie bis jetzt auch gewesen sein mögen — kannten und verwendeten eine Reihe solcher Techniken, die ja im Grunde alle dem gleichen Prinzip folgen. Solange Aufmerksamkeit und Interesse noch frisch und lebendig sind, wird schnell durch gewisse Worte, Handlungen oder ein bestimmtes Verhalten irgend etwas versprochen oder in Aussicht gestellt (ein günstiges Angebot, ein Geschenk, eine Enthüllung oder irgend etwas anderes, wovon zu erwarten ist, daß das Gegenüber darauf »anspringt«).

Diese Tricks funktionieren. Sie selbst haben sie angewendet und ihre Wirksamkeit festgestellt. Sie wissen aber auch, daß sie nur bei einem großen Prozentsatz Ihrer Mitmenschen ankommen, jedoch bei weitem nicht bei allen. Gleichgültig also, wie gut diese Tricks sind und wie geschickt Sie sie bisher gehandhabt haben, es erfüllt keiner von ihnen den jetzigen Zweck. Als schnellreifende Machtpersönlichkeit müssen Sie die Herzen *aller* Menschen gewinnen, und nicht nur die der Mehrzahl.

Zwar verwendeten auch viele Machtpersönlichkeiten Tricks dieser Art, bedenken Sie aber, daß die Betreffenden erst dann zu solchen Methoden griffen, als sie bereits Machtpersönlichkeiten waren und die Stadien der Ausbildung hinter sich hatten. Jedoch selbst als Machtpersönlichkeiten bedienten auch sie sich solcher Tricks nur dann, wenn sie plötzlich von ihren alten Minderwertigkeitskomplexen und mangelndem Selbstvertrauen überwältigt wurden. Immer aber büßte ihre Persönlichkeitsmacht mit dem Rückgriff auf solche Methoden an Stärke ein. Sofern sie überhaupt ihren Einfluß behaupten konnten, waren sie nunmehr darauf angewiesen, immer mehr Leuten immer mehr Versprechungen zu machen.

Verwenden Sie eine unnachahmbare Technik

Da Sie die Herzen aller Menschen gewinnen müssen, und nicht nur die einer großen Mehrzahl, bedürfen Sie einer Technik, mit deren Hilfe dieses Ziel erreicht wird, ohne daß dazu irgend etwas versprochen werden müßte. Darüber hinaus müssen Sie ohne Ausnahme alle Ihre gewohnten Tricks *völlig* aufgeben, damit sich die Wirkung Ihrer Persönlichkeitsmacht *vollkommen* frei davon entfalten kann. Sobald Sie solche Methoden auch nur andeutungsweise verwenden, schwächen diese Ihre

Persönlichkeitsmacht. Das Persönlichkeitselement wird in zunehmendem Maße durch Versprechungen ersetzt. Es ist letztlich ein vergebliches Bemühen, über andere volle Macht bekommen zu wollen, indem man Hoffnungen in ihnen erweckt. Hingegen gibt es zwei Mittel, mit denen man die Herzen seiner Mitmenschen ohne ausgesprochene oder unausgesprochene Versprechungen gewinnen kann; eines davon ist aber für Sie nutzlos. Dieses für Sie unzweckmäßige Mittel besteht in der Hauptsache darin, Ihrer Umwelt übertriebene Beachtung zu schenken (übertriebene Höflichkeit und Zuvorkommenheit, Überbetonung der Umgangsformen usw.). Da dies zwangsläufig mit der Rückkehr zu Ihrer früheren Unterwürfigkeit verbunden wäre und damit Ihre ganzen bisherigen Fortschritte zur Persönlichkeitsmacht zunichte machen würde, müssen Sie diese und alle ähnlichen Methoden um jeden Preis vermeiden.

Daher bleibt Ihnen nur noch ein Mittel, um Ihre gesamte Umwelt für sich zu gewinnen. Es ist jedoch einfach und zuverlässig und wirkt auf *jeden.* Darüber hinaus hat es einen ungeheuren Vorzug: nur Sie selbst können dieses Mittel einsetzen; es ist völlig unnachahmbar!

Die Methode, mit der Sie die Herzen *aller* Menschen gewinnen werden, ist die *Rückstrahler-Technik.* Sie allein können dieses Mittel einsetzen, und es wird auf alle wirken. Aber kein anderer kann es verwenden oder nachahmen, der nicht Ihre Machthaltung und Ihre Empfangsbereitschaft für Mitmenschen und Umwelt besitzt.

Die Rückstrahler-Technik

In dem Augenblick, in dem Sie die Aufmerksamkeit und das Interesse irgendeines Menschen erregen, wird der Betreffende Sie bewußt betrachten. Er wird Sie nicht nur mit seinen Blicken streifen, sondern seine Augen werden Sie prüfend mustern.

Fühlt sich jemand auf diese Weise beobachtet, so kann er auf verschiedene Weise reagieren: entweder bemerkt er es und ignoriert es ganz bewußt oder er macht einen vergeblichen Versuch, es zu ignorieren, und wird dadurch nur verwirrt. Vielleicht versucht er den musternden Blick zurückzugeben oder zu überbieten, indem er seinerseits zurückstarrt, oder er fühlt sich belästigt und gibt das zu verstehen. Möglicherweise fühlt er sich aber auch geschmeichelt und versucht, noch mehr Interesse auf sich zu ziehen.

Für Sie persönlich gilt es, Mitmenschen und Umwelt mit wachen Augen zu beobachten und stets auf sie eingestellt zu sein. Aus diesen Gründen sind Sie sich der Blicke, die Sie auf sich ziehen, wohl bewußt. Sie *brauchen* diese Blicke, und Sie *müssen* sich ihrer bewußt sein. Fühlen Sie sich deshalb nicht durch sie belästigt und insbesondere: *ignorieren Sie sie nicht!* Nehmen Sie andererseits diese Blicke auch hin, ohne sich dadurch geschmeichelt zu fühlen. *Vor allem aber starren Sie niemals Ihrerseits jemanden an, der Sie interessiert betrachtet!* Bestätigen Sie vielmehr die bewußten Blicke der anderen, indem Sie Ihre Augen ein gleichfalls bewußtes und kurzes Erkennen zurückstrahlen lassen; *keinesfalls* aber dürfen Sie zurücklächeln oder grinsen.

Wie Sie wissen, erwecken Ihre Machthaltung und Ihre Einstellungstechnik Aufmerksamkeit und Interesse. Aus diesem Grund wissen Sie auch, daß die anderen Sie bewußt beobachten. *Deshalb dürfen Sie niemals darauf warten, einen solchen Blick zu erhaschen* — Sie müssen von vornherein annehmen, in allen Augen, die Ihnen begegnen, liege ein Interesse bekundender Blick. *Deshalb müssen Ihre Augen jedem Menschen, den Sie erblicken, ein bewußtes und kurzes Erkennen entgegenstrahlen!*

Der Trick besteht in bewußtem Erkennen

Aufgrund Ihrer bisherigen Erfahrungen haben Sie die Überzeugung gewonnen, es sei schwierig, die Herzen anderer zu gewinnen, und es könne Ihnen selbst bei geschicktestem Einsatz von Versprechungen und Aufmerksamkeit nur in etwa zehn Prozent aller Versuche Erfolg beschieden sein. Soweit es sich um den Einsatz *dieser* Methoden handelt, trifft dies auch völlig zu. Sobald Sie jedoch die *Rückstrahler-Technik* verwenden, werden Sie die Herzen der anderen schnell und leicht gewinnen und hundertprozentig Erfolg haben, ohne dafür besondere Erfahrung oder Geschicklichkeit zu benötigen.

Ihr Erfolgstrick ist ganz einfach: Sie brauchen nur jeden Menschen, der Ihnen begegnet, ganz kurz so anzuschauen, als ob Sie ihn wiedererkennen würden! Bei diesem kurzen Aufleuchten des Erkennens muß in Ihren Augen derselbe Ausdruck liegen, den sie haben, wenn sich Ihnen ein angenehmer Anblick bietet.

Das Aufleuchten Ihrer Augen macht Ihre Mitmenschen zugänglich

Obwohl Ihre Augen Ihre Mitmenschen mit einem kurzen Aufleuchten des Wiedererkennens begrüßen, geben Sie damit nicht vor, die Betreffenden tatsächlich zu kennen. Sie zeigen damit nur, daß Sie das Interesse der anderen bemerkt haben und billigen. Und genauso fassen es diese auch auf. Weil Ihre Mitmenschen den Blick Ihrer Augen so deuten, erscheinen Sie ihnen als eine Persönlichkeit, die offen und zugänglich, also nicht im geringsten abweisend oder zurückhaltend ist. Ja, noch mehr: Man zieht daraus den Schluß, daß Sie auf Umwelt und Mitmenschen *reagieren.*

Diese Eigenschaften sind äußerst selten. Um sich sowohl von dieser Tatsache als auch von der nahezu magischen Wirkung der *Rückstrahler-Technik* zu überzeugen, sollten Sie einmal im Geiste die Massen von Menschen vorbeiziehen lassen, die Ihnen jeden Tag begegnen: Versuchen Sie darunter nur einen zu finden, der diese Eigenschaften besitzt. Gerade dadurch wird der Eindruck des Außergewöhnlichen, der die Aufmerksamkeit und das Interesse der anderen erregt hat, noch vermehrt und verstärkt. Sie erweisen sich somit als ein Mensch, der alle trennenden Schranken zwischen sich und seiner Umwelt niedergerissen und sein Herz für seine Umwelt geöffnet hat. Aus diesem Grund gehen auch alle anderen Menschen Ihnen gegenüber aus ihrer Abwehrstellung heraus. Kurz: *Ihre Mitmenschen werden für eben jene Persönlichkeitsmacht empfänglich, mit der Sie von Anfang an die Aufmerksamkeit erregt haben!*

Erkennen Sie jeden wieder, den Sie sehen

Wenn eine Technik gut sein soll, so muß sie ihren Zweck unfehlbar erfüllen und auch einfach genug sein, so daß jeder, für den sie gedacht ist, sie anwenden kann. Jede hier dargelegte Methode erfüllt diese Erfordernisse. Sollten Ihnen einige davon — wie zum Beispiel die *Rückstrahler-Technik* — als außergewöhnlich einfach erscheinen, so dürfen Sie keinesfalls glauben, der Wert dieser Technik werde durch ihre Einfachheit beeinträchtigt.

Die *Rückstrahler-Technik* ist eine der notwendigen Voraussetzungen, um eine Machtpersönlichkeit zu werden. Es wurde schon oft genug betont, daß die Einstellungstechnik Ihr stärkster Menschen-Magnet ist.

Die *Rückstrahler-Technik* jedoch ist nicht etwa nur Ihre wirksamste Methode, die Herzen anderer für sich zu gewinnen, sondern auch die einzig mögliche. Halten Sie sich immer vor Augen, daß Sie, sobald Sie erst einmal das Interesse erweckt haben, Ihre Mitmenschen für sich gewinnen müssen! Nur so machen Sie Ihre Umwelt zugänglich für die Persönlichkeitsmacht, mit der Sie die Aufmerksamkeit auf sich zogen. Und prägen Sie Ihrem Geist unauslöschbar ein: *Die Rückstrahler-Technik ist das einzige Mittel, das diesen Zweck erfüllen kann!* Verwenden Sie es! Lassen Sie Ihre Augen Wiedererkennen ausstrahlen und aufleuchten, wann immer Sie in die Augen eines anderen blicken!

ZUSAMMENFASSUNG

1. Sie müssen die Herzen der anderen für sich gewinnen!
2. Nur mit einem außergewöhnlichen Mittel können Sie alle Ihre Mitmenschen dazu bringen, sich Ihnen voll Vertrauen und Zuversicht zu nähern!
3. Der Einsatz der üblichen Tricks (Versprechungen und dergleichen) würde Ihnen nur schaden.
4. Die *Rückstrahler-Technik* erwärmt unfehlbar die Herzen aller Menschen und macht sie zugänglich.
5. Der Trick besteht darin, daß Ihre Augen wiedererkennend aufleuchten.
6. Ihre Augen müssen strahlendes Wiedererkennen ausdrücken, wann immer Sie jemanden anblicken.
7. Dieses Aufleuchten der Augen kennzeichnet Sie als einen Menschen, der zugänglich und offenherzig ist.
8. Ihre Zugänglichkeit lockt die anderen aus ihrer abwartenden Haltung hervor.
9. Durch die *Rückstrahler-Technik* schaffen Sie die nötige Empfänglichkeit für Ihre Persönlichkeitsmacht.
10. Das Aufleuchten des Wiedererkennens muß *immer* in Ihren Augen liegen, wenn Sie jemanden betrachten. Dies ist der einzige »Herzenerwärmer«, über den eine Machtpersönlichkeit verfügt.

KAPITEL 7

Wie man sich Freunde macht

> Auf Freundschaft kann man nicht warten — man muß sie gewinnen!
>
> Konzentrieren Sie sich völlig auf den »ersten Zoll Freundschaft«!
>
> Die *Erste-Zoll-Technik* läßt Sie durch Ihr erstes Wort Freundschaft gewinnen.
>
> Die *Technik des Vornsprechens* läßt die freundschaftliche Reaktion andauern.
>
> Indem Sie natürlich, passend und maßvoll sprechen, verstärken Sie die freundschaftliche Reaktion.
>
> Wenn Sie die Gesprächigkeit den anderen überlassen, können Sie sich deren Freundlichkeit um so sicherer sein.

In schneller Aufeinanderfolge haben Sie nun Aufmerksamkeit erregt, Interesse geweckt und Beifall gewonnen. Sie haben sich damit die Herzen Ihrer Mitmenschen geöffnet. Und dies alles haben Sie fertiggebracht, ohne ein einziges Wort zu sagen! Sie sind ein Mann geworden, von dem die Leute bereits auf den ersten Blick sagen: »An dem Mann ist etwas Besonderes!« Nun müssen Sie den nächsten Schritt unternehmen und freundschaftliche Gefühle erwecken, und Sie werden die Welt bald »in die Tasche stecken« können.

In Sekunden und ohne ein Wort öffnen sich die Herzen

Werfen Sie einen Blick zurück auf die Schritte, die Sie bereits getan haben, insbesondere auf die letzten drei.

Ihre Machthaltung beeindruckt Ihre Umwelt auf den ersten Blick und zwingt sie im selben Moment dazu, von Ihnen Notiz zu nehmen. Gleichzeitig wirkt sich *innerhalb der ersten oder zweiten Sekunde, in der man Sie erblickt,* Ihre Empfangsbereitschaft aus und ruft das Interesse hervor. Daraufhin, und zwar *gerade während das Interesse Ihrer Umwelt seinen Höhepunkt erreicht hat,* zerstreut das warme Aufleuchten Ihrer Augen alle möglichen Bedenken und öffnet die Herzen der anderen für Sie.

Drei Kapitel waren nötig, um Ihnen die entsprechenden Techniken und Tricks zu vermitteln, aber ihr Einsatz erfordert nicht mehr als 50 bis 60 Sekunden. Nachdem Sie nun eine Machtpersönlichkeit geworden sind, bringen Sie die erstaunliche Leistung zustande, alle diese Wirkungen in den ersten Sekunden hervorzurufen, in denen der Blick auf Sie fällt — und ohne bis dahin ein einziges Wort gesagt zu haben!

Ein Mittel, um andere anzuziehen

Nun, da sich die Herzen Ihrer Mitmenschen für Sie geöffnet haben, brauchen Sie ein Mittel, sie noch näher an sich zu ziehen. In der Tat stehen Ihnen nun alle Tore offen, und Sie könnten darauf zugehen. Dies wäre aber aus zwei Gründen völlig falsch!

Sobald Sie — im übertragenen Sinn — auf die anderen zugehen (das heißt, den ersten Schritt tun), werden die Betreffenden sofort wachsam, und wenn sie die Tore bereits noch so weit geöffnet hatten. Die Tatsache, daß *Sie* den ersten Schritt machten, läßt sie vermuten, Sie verfolgten damit einen Zweck, der in erster Linie Ihnen selbst — und nicht den anderen — Vorteile bringt.

Der zweite Grund, warum es falsch für Sie wäre, Ihren Mitmenschen entgegenzugehen, ist der, daß Sie damit Ihr eigentliches Ziel verfehlen würden. Sie wollen ja die anderen dazu bringen, *auf Sie zuzukommen.* Da Sie also Ihre Umwelt noch mehr anziehen wollen, müssen Sie wieder ein entsprechendes Mittel finden: Sie müssen in den Betreffenden etwas wachrufen, mit dessen Hilfe Sie Ihre Anziehungskraft geltend machen können.

Gewinnen Sie Freundschaft

Man kann Mitgefühl, Mitleid, Mildherzigkeit und Großzügigkeit nebst einer Reihe anderer derartiger Gefühle erregen, um andere Menschen anzuziehen. Für Ihre Zwecke kommt aber keine dieser Möglichkeiten in Frage, denn solche Empfindungen richten sich immer von oben nach unten; sie werden dem gegenüber gezeigt, der ihrer bedürftig erscheint. Das Gefühl aber, das Sie wachrufen wollen, muß aus Ihrer Überlegenheit und nicht etwa aus Ihrer Bedürftigkeit entspringen.

Normalerweise ist Freundschaftlichkeit für diesen Zweck am schwersten zu erwecken und zu verwenden. Andererseits ist sie aber das *einzige* »Seil«, mit dem Sie die anderen dorthin ziehen können, wo Sie sie »in die Tasche stecken« können. Die wenigsten Menschen bieten von vornherein ihre Freundschaft an. Aus diesem Grund brauchen Sie nunmehr eine Technik, womit sie solche freundschaftlichen Gefühle erwecken und diese dann als Mittel einsetzen können, um Ihre Mitmenschen noch näher an Sie heranzuziehen.

Ihre Technik muß auf den »ersten Zoll« Freundschaft abzielen

Ein orientalischer Philosoph hat einmal gesagt: »Gleichgültig, worum es sich handeln mag: der erste Zoll ist immer der wichtigste und gleichzeitig der mißachtetste, weil es am schwersten ist, ihn in den Griff zu bekommen!« Derselbe Gedanke wurde auch mit folgenden Worten formuliert: »Sobald Sie ein erstes Stück in den Griff bekommen haben, so ziehen Sie mit aller Kraft — der Rest ist dann leicht!«

Als Philosophie oder Teil einer solchen mögen Ihnen diese Sätze unerheblich erscheinen. Aber als guter Rat, wie man Freundschaft erwirbt, verdienen sie Beachtung. Sicher ist es wahr, daß der Rest von selbst geht, sobald man den ersten Zoll Freundschaft erlangt hat.

Aus diesem Grund muß jede von Ihnen angewendete Technik darauf abzielen, diesen ersten Zoll freundschaftlicher Gefühle fest in die Hand zu bekommen — und zwar mit dem *allerersten Wort*, das Sie sprechen.

Die Erste-Zoll-Technik

Sobald Sie einmal die Aufmerksamkeit und das Interesse Ihrer Umwelt gewonnen und sich Ihnen alle Herzen geöffnet haben, sollen der Klang Ihrer Stimme und die Art und Weise, in der Sie Ihr erstes Wort äußern, eine sofortige magische Wirkung auf die anderen ausüben.

Wenn auch Sie und die anderen sich dessen nicht bewußt sein mögen —

Ihr Gegenüber wartet mit unbewußter Spannung darauf, wie Ihre Stimme klingen wird. Folglich werden Sie als Persönlichkeit in großem Umfang danach eingeschätzt, inwieweit der Klang Ihrer Stimme diesen unbewußten Erwartungen entspricht.

Ist der erste Ton nicht so, wie ihn die anderen »von Ihnen erwartet« hatten, so verlieren sie sofort das Interesse. Wenn der Klang Ihrer Stimme zwar nicht enttäuscht, aber eben nur »wie erwartet« ist, so bleiben zwar Interesse und Zugänglichkeit bestehen, aber nicht in besonders ausgeprägtem Maße — Sie sind eben doch »nichts Außergewöhnliches«.

Übertrifft aber andererseits der Klang Ihres ersten Wortes mehr oder weniger alle Erwartungen, ist er eindeutig und überraschend wohlklingend, so bieten Ihnen Ihre Mitmenschen ihre Freundschaft mit offenen Händen an; sie geben Ihnen einen Vertrauensvorschuß — einen »Zoll«, der zehn Meter lang ist.

Um diesen ersten Zoll zu gewinnen, muß Ihre Stimme den richtigen Klang haben. Gleichzeitig, ob Sie singen, sprechen oder pfeifen: sie muß wohlklingend sein. Um die Wichtigkeit dieses Punktes besonders zu unterstreichen, müssen Sie sich einprägen, daß es Tausende von Ihrer Stimme abträglichen Eigenschaften gibt. Sie soll nicht rauh, barsch, laut oder jovial sein, nicht kehlig, mürrisch, zu hoch usw. *Klar, lebendig und wohlklingend* muß sie sein!

Ob Sie nun aber »Hallo«, »Guten Abend«, »Danke«, »Meine Damen und Herren«, »Herr Sowieso« oder was auch immer sagen: der Klang muß auch noch einen ihm entsprechenden Hintergrund haben und unverwechselbar sein. Sie müssen deshalb Ihre Aufmerksamkeit in gleichem Maße und gleichzeitig auf zwei Dinge richten: **den Klang** und seinen Hintergrund.

Diesen *Hintergrund bietet Ihr Gesicht.* Der Gesichtsausdruck soll lebhaft und vor der Gewohnheit, zu lächeln, geprägt sein, er soll zu dem erkennenden Aufleuchten der Augen passen und darf keine Züge aufweisen, die der angestrebten Anziehung Ihres Partners entgegenwirken.

Der Klang Ihrer Stimme muß eine Tönung haben, die eine Mischung von Klarheit, Lebendigkeit und Wohlklang ist, so daß sie dem Ohr Ihrer Zuhörer als die einzige Möglichkeit, gerade so und nicht anders zu sein, erscheint.

Dies ist nicht ganz so schwierig, wie es zunächst klingen mag. Einige Hinweise werden Ihnen helfen: Zunächst einmal sollte Ihr erstes Wort nicht mit einem »O« beginnen. Fangen Sie deshalb nicht mit Wörtern wie »oh«, »obwohl«, »offenbar« und dergleichen an. Warum? Schauen Sie doch einmal in den Spiegel, lächeln Sie und sagen Sie dabei irgendein Wort, das mit einem »O« beginnt: Sie werden feststellen, daß die dafür nötige Mundstellung Ihr Lächeln restlos verschwinden läßt.

Und der zweite Tip, den wir Ihnen geben möchten: Wählen Sie als erstes Wort auch keines, das mit »B« beginnt. Wörter wie »bitte«, »bis«, »beachten«, »bleiben« usw. zerstören ein Lächeln, außer man macht eine bewußte Anstrengung, trotzdem weiterzulächeln. Auch diese Tatsache wird Ihnen der Spiegel beweisen.

Als drittes raten wir Ihnen, eingangs sorgfältig alle diejenigen Wörter zu vermeiden, die nur schwer oder gar *nicht mit einem Lächeln* ausgesprochen werden können, wie zum Beispiel: »Gegenseitigkeit«, »ungeachtet«, »hinsichtlich«, »trotzdem«, »planmäßig« usw. Auch Wörter dieser Art würden den überaus wichtigen Hintergrund des richtigen Gesichtsausdruckes verzerren und somit die Wirkung Ihrer ersten Äußerung vermindern — gleichgültig, wie vollkommen sie nach allen anderen Kriterien sein mag.

Der vierte Tip besteht darin, daß Sie die Augen Ihrer Zuhörer beachten, während Sie zu sprechen beginnen. Dies ist ohnehin notwendig, aber achten Sie insbesondere darauf, ob deren Augen voll Interesse aufleuchten, Ist dies nicht der Fall, bleibt also der Augenausdruck unverändert oder trübt er sich gar, dann »kommen Sie nicht an«. Werden aber die Augen Ihrer Zuhörerschaft hell, so haben Sie den richtigen Eindruck gemacht: dann bietet sich Ihnen jener »erste Zoll«. Greifen Sie zu!

Der Ton macht die Musik

Machen Sie niemals den Fehler, die Äußerung Ihres ersten Lautes als ein Detail zu betrachten, das zu unwichtig ist, um soviel Aufmerksamkeit zu verdienen. Diese »Kleinigkeit« stellt in der Tat einen so überragend wichtigen Faktor dar, daß viele Machtpersönlichkeiten dem Klang des ersten Wortes mehr Aufmerksamkeit schenken als allen anderen Faktoren. (Franklin D. Roosevelt hielt diesen Punkt für so

wichtig, daß er eine Zeitlang die nur um dieses Detail bemühte richtige Technik berühmt machte.)
Der notwendige Trick, um diese Technik wirksam einzusetzen, macht Ihnen anfänglich vielleicht einige Schwierigkeiten, weil Sie dazu erst einmal eine alte Gewohnheit ablegen müssen. Das Geheimnis besteht ganz einfach darin, daß sich weder Ihr Gesichtsausdruck noch Ihr Verhalten ändern darf, während Sie das erste Wort sprechen. (Gewöhnlich verändern sich sowohl Ihr Verhalten als auch Ihr Gesichtsausdruck in dem Augenblick, in dem Sie zu sprechen beginnen — oder zu singen bzw. zu pfeifen.)
Es wurde bereits betont, daß das erkennende Aufleuchten Ihrer Augen nicht erlöschen darf und den Hintergrund bilden muß für den ersten Ton, den Sie äußern. Soll aber Ihr Bemühen, die überaus wichtige erste freundschaftliche Reaktion hervorzurufen, von vollem Erfolg gekrönt sein, so müssen Sie auch Ihre Machthaltung und Ihre Empfangsbereitschaft für Mitmenschen und Umwelt völlig unverändert beibehalten. Scheuen Sie weder Zeit noch Mühe, Ihr *erstes Wort richtig sprechen zu lernen,* ohne daß dabei irgendeine Veränderung an Ihnen bemerkbar wird. Ist diese Schwierigkeit gemeistert, so haben Sie bereits den »ersten Zoll« in der Hand.

Die Technik des Vornsprechens

Sobald Sie einmal diese freundliche Anfangsreaktion bewirkt haben, sollte es Ihnen nicht schwerfallen, diese Reaktion auch aufrechtzuerhalten und zu vertiefen. Die dazu erforderliche Technik ist wiederum einfach, bedingt aber ebenfalls den Bruch mit einer alten Gewohnheit. Die *Technik des Vornsprechens* verlangt, daß Ihre Augen ihr Leuchten bewahren und Sie gleichzeitig die Laute ganz vorn im Mund bilden. *Dies ist möglich!* Falls Sie jedoch wie die meisten Leute gewohnt sind, »hinten« zu sprechen (velare Artikulationsbasis), so werden Sie diese neue Sprechtechnik am besten zunächst einmal für sich allein in einem stillen Winkel erlernen müssen.
Es sei noch einmal darauf hingewiesen, daß »vorn« sprechen nichts anderes bedeutet, als die Worte vorn zu bilden. Verfügen Sie beim Sprechen oder Singen bereits über eine gute Atemtechnik (zum Beispiel die sogenannte Zwerchfell- oder Bauchatmung), dann wird die Wirkung des Vornsprechens noch vermehrt. Wenn Sie Sprechunterricht oder

eine Stimmausbildung genossen haben, so werden Sie sich erinnern, daß dabei besonderer Wert auf klare Aussprache und Deutlichkeit der Artikulation gelegt wurde, die den vollen Einsatz der Lippen, Zähne und Zungenspitze erfordern. Bei der *Technik des Vornsprechens* handelt es sich um nichts anderes als um eine besondere Betonung und Beachtung dieser Grundvoraussetzungen deutlicher Sprechweise.

Wäre jedermann gewohnt, immer deutlich zu sprechen, so müßte man nicht auf die Notwendigkeit hinweisen, die Laute vorn im Mund zu bilden. Ganz allgemein aber schenken die Leute (selbst solche, die sich bemühen, in der Öffentlichkeit deutlich zu sprechen), dieser Tatsache kaum Beachtung — gleichgültig, ob es sich um geschäftliche oder gesellschaftliche Gespräche handelt oder etwa um eine alltägliche Unterhaltung. Aus diesem Grunde verfallen sie in die Gewohnheit, beim Sprechen ihre Lippen, Zähne und Zungenspitze wenig zu gebrauchen und die Worte vorwiegend hinten im Mund zu bilden. Oft genug gibt es sogar Fälle von nasaler Artikulation. Für einen Bauchredner sind solche Sprechweisen ideal; da Sie aber eine Machtpersönlichkeit werden wollen, müssen Sie diese Gewohnheit *sofort* ablegen. Falls Sie Ihre Worte nicht da bilden, wo sie »gesehen« werden können, verhindern Sie damit von vornherein, daß Ihre Äußerungen als völlig offen und ehrlich gemeint aufgenommen werden. Genauso müssen aber Ihre Worte verstanden werden, wenn Sie ein freundliches Eingehen auf Ihre Äußerungen erzielen wollen.

Die *Technik des Vornsprechens* besteht also darin, beim Sprechen die Lippen, Zähne und die Zungenspitze voll einzusetzen. Dies ist keineswegs schwierig, sondern erfordert nur Aufmerksamkeit. Sollte Ihnen auch dies noch als zu mühsam erscheinen, so denken Sie an folgendes: Es ist wesentlich einfacher, den Trick des Vornsprechens zu beherrschen, als ohne diese Technik eine freundschaftliche Reaktion hervorzurufen!

Machen Sie sich das Vornsprechen zu einer neuen und festen Gewohnheit. Falls Sie dies tun und dabei gleichzeitig die anderen Kennzeichen einer Machtpersönlichkeit bewahren, werden Sie die freundliche Reaktion Ihrer Zuhörerschaft nicht nur aufrechterhalten, sondern sogar vermehren!

Sprechen: ja — Schwätzen: nein

Von jetzt an werden Ihr Verhalten, Ihre Stimme und Ihre Worte immer mehr als Ausdrucksformen Ihrer Persönlichkeit beachtet werden. Wenn Sie jetzt nicht gehemmt werden (und an diesem Punkt *werden* viele Leute gehemmt), so wird es ein leichtes für Sie sein, »gut anzukommen«. Sollten Sie aber wirklich unsicher werden, so finden Sie das einfach nur komisch: Lächeln Sie und beginnen Sie von neuem! Wann immer Sie mit jemandem ein Gespräch oder eine Unterhaltung führen oder andere Sie ansprechen, müssen Sie Ihren Gesprächspartner so anschauen, daß er merkt, es liegt Ihnen etwas an ihm. Sie dürfen ihn weder interesselos anblicken noch durch ihn hindurchschauen. Und sprechen Sie den Betreffenden immer *direkt* an!

Es gibt alle möglichen Entschuldigungsgründe, die von manchen Leuten gern für den unangenehmen Klang ihrer Stimmen vorgebracht werden. Wie immer aber Ihre Stimme sein mag: Sie können ein angenehmes und wohlklingendes Organ daraus machen. Der Klang Ihrer Stimme wird durch die Stimmbänder bestimmt und wird — mag Ihre Stimmlage hoch oder niedrig sein — nur dann rauh, barsch, kreischend, piepsend oder sonstwie unangenehm, wenn Sie Ihre Sprechmuskulatur verkrampfen. *Entspannen Sie Ihre Muskeln!* Nervosität, Angst, Erregung und viele andere Gefühlszustände können beinahe bei jedem Menschen zu einer Verkrampfung der Muskeln führen, und Muskelspannungen dieser Art sind nur schwer zu vermeiden. Andererseits ist eine Anspannung der Muskeln beim Sprechen bei vielen Menschen nur eine schlechte Gewohnheit und kann ohne allzu große Anstrengung vermieden werden. Konsultieren Sie nötigenfalls einen Arzt. Aber auch auf dem Wege der Selbsthilfe läßt sich in den allermeisten Fällen leicht Abhilfe schaffen. Bekanntlich sind gewisse Selbsthypnose-Übungen und auf Autosuggestion beruhende Methoden ebenso wie die Yoga-Atemübungen und Yoga-Stellungen hervorragend geeignet, Muskelverkrampfungen, nervöse Spannungen, Angstzustände und überhaupt Erkrankungen psychosomatischer Natur und die diesen zugrunde liegenden Komplexe abzubauen. Lernen Sie also, richtig zu sprechen, und vermeiden Sie jegliche Verkrampfung. Lassen Sie Ihre Stimme nie zu laut anschwellen und vor allem: Sprechen Sie vorn!

Vermeiden Sie alles Gezwungene — eine Stimme klingt um so angenehmer, je natürlicher sie ist. Auch hier kann Ihnen eine gute Atemtechnik von Nutzen sein. Und als letzten Rat: Sprechen Sie — aber seien Sie nicht geschwätzig! Überlassen Sie es den anderen, gesprächig zu sein — um so freundlicher werden dann die Betreffenden Ihnen gegenüber gestimmt sein.

ZUSAMMENFASSUNG

1. Ignorieren Sie die Tatsache, daß sich Ihnen die Herzen geöffnet haben, und begegnen Sie Ihrer Umwelt auf der Basis, daß Sie zugänglich sind.
2. Ihr Ziel ist es, Ihre Mitmenschen dazu zu bringen, den ersten Schritt zu tun. Keinesfalls dürfen *Sie* auf die anderen zukommen.
3. Erwecken Sie freundschaftliche Gefühle, denn dies ist das am besten geeignete »Seil«, die Mitmenschen noch näher an uns zu ziehen.
4. Konzentrieren Sie alle Ihre Anstrengungen zunächst darauf, den ersten »Zoll« dieser freundlichen Reaktion in den Griff zu bekommen.
5. Unter Einsatz der *Ersten-Zoll-Technik* müssen Sie sich der freundschaftlichen Reaktion durch den Klang Ihres ersten Wortes sichern.
6. Der erste Ton Ihrer Stimme muß die Erwartungen nicht nur erfüllen, sondern übertreffen. Ihre Stimme muß klar, lebendig und wohlklingend sein.
7. Ihr erstes Wort muß leicht mit einem lächelnden Gesicht auszusprechen sein.
8. Der Trick der *Ersten-Zoll-Technik* liegt darin, daß bei Ihrer ersten Äußerung keine Veränderung von Ausdruck oder Haltung wahrnehmbar ist.
9. Benutzen Sie die *Technik des Vornsprechens,* um die freundliche Reaktion der Zuhörerschaft aufrechtzuerhalten und zu vermehren.
10. Bewahren Sie die sichtbaren Kennzeichen einer Machtpersönlichkeit, während Sie sprechen oder sich unterhalten.
11. Wenn Sie merken, daß Sie gehemmt werden, so lächeln Sie einfach darüber und beginnen Sie von neuem.
12. Betrachten Sie Ihren Gesprächspartner immer so, daß er sieht, es liegt Ihnen etwas an ihm.
13. Sprechen Sie stets natürlich und zur Sache! Werden Sie aber nie geschwätzig!
14. Überlassen Sie es den anderen, gesprächig zu sein!

KAPITEL 8

Auch Zuhören ist eine Waffe

Zuhören ist eine Verteidigungswaffe, wenn unser Gegenüber das Sprechen als Angriffswaffe benutzt.

Die Art Ihres Zuhörens bestimmt die Tonart des anderen. Die *Leih-Technik* ist Ihre Hauptwaffe.

Die *Überprüfungstechnik* verweist jeden in seine Schranken, der Ihre Autorität untergraben will.

Die *Dämpfer-Technik* vereitelt jeden Versuch, sich über Sie zu erheben.

Die *Durchkreuzungstechnik* entwaffnet alle, die versuchen, Macht über Sie auszuüben.

Ihr Verhalten und Ihre Sprachgewandtheit üben einen bestimmenden Einfluß auf die Einstellung und das Denken Ihrer Gesprächspartner aus.

Sie sind nun nicht mehr darauf angewiesen, daß andere Ihnen ihre Freundschaft anbieten, sondern Sie erwecken von Anfang an in jedem Menschen freundschaftliche Gefühle. Damit üben Sie bereits Macht über Ihre Mitmenschen aus und »stecken sie in die Tasche«, im Sport würde man sagen, Sie »sind am Ball«. Ihre nächste Aufgabe besteht darin, diesen Ball nicht fallen zu lassen, sondern festzuhalten und ins Tor zu bringen.

Richtig Zuhören ist eine Waffe

Am Ende des letzten Kapitels rieten wir Ihnen, es lieber den anderen zu überlassen, redselig zu sein. Wenn Sie aber ein Höchstmaß an Persönlichkeitsmacht erreichen wollen, müssen Sie gleichzeitig auch darauf

achten, daß Ihre Gesprächspartner Sie als *Höhergestellten* ansprechen. Anderenfalls würden Sie nämlich bald feststellen, daß eine allzu unbeschränkte Redefreiheit Ihr Gegenüber dazu verleitet, sich Ihnen überlegen zu fühlen und dies sogar zu zeigen.
Wahrscheinlich hat Ihre eigene Erfahrung Sie bereits gelehrt, daß Sprechen eine Waffe ist, die Ihre Gesprächspartner bei jeder Gelegenheit einsetzen, um entweder a) sich auf die gleiche Stufe mit Ihnen zu stellen, b) sich über Sie erheben, c) Sie herabzusetzen oder d) den Ihnen zukommenden Status zu zerstören (gleichgültig, ob dieser auf Ihrer Autorität, Ihrem Ansehen, Ihrem Wissen, Ihrer Macht oder auf irgendeinem anderen Umstand beruht). Deshalb müssen Sie also einerseits Ihre Gesprächspartner redselig sein lassen und ein guter Zuhörer sein, andererseits dürfen Sie sich aber keinesfalls in eine passive Rolle drängen lassen. Setzen Sie darum das Zuhören als Gegenwaffe ein, sobald jemand versucht, Sie mit der Waffe des Gesprächs anzugreifen.

Sie selbst bestimmen den Ton, in dem man mit Ihnen spricht

Als Zuhörer wird Ihre Persönlichkeitsmacht auf die erste ernsthafte Probe gestellt. Ob Sie den entscheidenden Schritt zur echten Machtpersönlichkeit vollziehen können, hängt ohne Übertreibung allein davon ab, was Sie sich sagen lassen und wie Sie zuhören.
Deshalb müssen Sie unverzüglich solche Methoden des Zuhörens entwickeln und einsetzen, mittels derer *Sie* die Art und Weise bestimmen können, in der Ihr Gegenüber zu Ihnen spricht.

Verwenden Sie die besonderen Techniken des Zuhörens

Es gibt vier grundlegende Techniken des Zuhörens, und jede hat ihre eigene Aufgabe:

1. Die *Leih-Technik* bestimmt die Art Ihres Zuhörens.
2. Die *Überprüfungstechnik* hält jeden auf Distanz, der Ihren Status zerstören will.
3. Die *Durchkreuzungstechnik* richtet sich gegen alle, die versuchen, Sie herabzusetzen.
4. Die *Dämpfer-Technik* weist diejenigen in ihre Schranken, die sich über Sie erheben wollen.

Die *Leih-Technik* ist immer und sofort einzusetzen, sobald jemand das Wort an Sie richtet, und muß ununterbrochen angewendet werden, solange Sie zuhören.
Auch die drei anderen Methoden sind für den Zuhörer gedacht. Jedoch erst die Wortwahl, der Ton und das Verhalten Ihres Gesprächspartners verraten Ihnen, welche der drei Gegenwaffen einzusetzen ist. Sobald dies aber feststeht, dürfen Sie keine Sekunde mehr zögern, die entsprechende Technik anzuwenden.
Zum leichteren Verständnis ziehen wir es vor, die hier in Frage kommenden Abwehrmethoden nicht lange zu erklären, sondern *praktische Anwendungsbeispiele* zu geben. Im Bedarfsfall wissen Sie dann sofort, was zu tun ist.

Zuhören: ja! — Jemandem »lauschen«: nein!

Außer bei gemütlichen Plaudereien oder beim Gebrauch nichtssagender Floskeln (zum Beispiel: »Schönes Wetter heute!«, »Was darf es sein?« oder »Guten Tag!«) zielt jeder, der Sie anspricht, auf zweierlei ab. Erstens will er nämlich Ihre Aufmerksamkeit erregen, und ist ihm das gelungen, dann möchte er Sie auch noch dazu veranlassen, nicht nur zuzuhören, sondern seinen Worten zu »lauschen«!
Es ist jedermanns gutes Recht, auf sich aufmerksam zu machen. Was aber den zweiten Punkt betrifft, so darf Ihr Äußeres Ihrem Gegenüber niemals verraten, daß es ihm gelungen ist, seine Absicht zu verwirklichen.
Dies mag übertrieben klingen. Da Sie aber mit den Menschen Ihrer Umgebung auskommen und sich gleichzeitig zur Machtpersönlichkeit heranbilden wollen, müssen Sie auch die Kunst beherrschen, jedem Ihr Ohr zu »leihen« und niemandem zu »lauschen«. Sie müssen dem Betreffenden zwar zeigen, daß Sie ihm bewußt und aufmerksam zuhören (und nicht etwa völlig geistesabwesend sind) — doch setzen Sie dabei unbedingt die *Leih-Technik* ein!
Das heißt: Da Sie vom Scheitel bis zur Sohle Kavalier bzw. eine vollendete Dame sind, werden Sie sich (wie in Kapitel 3 dargelegt) jedem Gesprächspartner gegenüber korrekt verhalten. Sie respektieren Ihr Gegenüber als Persönlichkeit, nehmen seine Worte mit höflicher Aufmerksamkeit zur Kenntnis und erweisen seinen Ansichten, seinem Wissen und seiner Autorität die schuldige Achtung. Ihr Gesprächspartner

muß ein Kompliment darin sehen, daß Sie gewillt sind, ihn anzuhören. Dabei ist es gar nicht nötig, seinen Worten zu »lauschen« — Sie dürfen dies auch keinesfalls tun! Es genügt völlig, dem Gesprächspartner — im eigentlichsten Sinn des Wortes — *Ihr Ohr zu leihen.*

Der Erfolg der *Leih-Technik* hängt davon ab, ob Ihre Umwelt in Ihnen einen vollendeten Gentleman bzw. eine echte Dame sieht. In diesem Fall fühlen sich Ihre Mitmenschen nämlich geschmeichelt, daß Sie ihnen überhaupt Gehör schenken, und sie werden keinesfalls versuchen, Sie in die Rolle eines unterwürfig oder gebannt Lauschenden zu drängen.

Sobald Sie die *Leih-Technik* vollkommen beherrschen, wird jedes Gespräch und jede Unterhaltung zum Genuß. Zuvor müssen Sie sich aber auch noch die anderen Techniken des Zuhörens aneignen, um sie jederzeit einsetzen zu können.

Sie dürfen niemals an anderer Menschen »Lippen hängen«

Außer den beiden bereits genannten Zielen verfolgt jeder, der das Wort an Sie richtet, noch ein drittes: Er möchte Sie nämlich dazu bringen, an seinen »Lippen zu hängen«. Der Betreffende will damit zwei Fliegen auf einmal schlagen: seine eigene Bedeutung unterstreichen und sich gleichzeitig auf dieselbe Stufe mit Ihnen stellen oder Sie gar herabsetzen. Lassen Sie dies keinesfalls zu!

Die vollendete Beherrschung der *Leih-Technik* schließt diese Möglichkeit von vornherein aus. Sollten Sie darin aber noch nicht ganz firm sein oder sich aus Interesse an dem Gesagten dazu verleiten lassen, an den Lippen Ihres Gegenübers zu hängen, so müssen Sie unverzüglich *die Überprüfungstechnik* einsetzen: Begegnen Sie jeder nur irgendwie willkürlich anmutenden Behauptung ganz einfach mit einer höflichen Frage.

Werfen Sie bei der ersten Gelegenheit zum Beispiel ein: »Woher wissen Sie das?«; »Können Sie mir ein praktisches Beispiel oder einen tatsächlichen Fall nennen?«; »Wer ist dieser ›jemand‹, den Sie hier zitieren?«; »Das ist nur die eine Seite der Angelegenheit — wie sieht die andere aus?« usw.

Nach einigen solchen Unterbrechungen wird Ihr Gegenüber darauf verzichten, Sie zu ehrfuchtsvollem »Lauschen« zwingen zu wollen. Er wird entweder verlegen das Thema wechseln oder auf Ihre Fragen eingehen und sich um eine sachliche Darstellung bemühen — Ihnen aber jedenfalls nicht mehr zumuten, etwas einfach zu »schlucken«, sondern statt dessen einen Bericht vorlegen und Sie um Ihre Beurteilung der Lage oder des Sachverhaltes bitten.

Hören Sie sich niemals Klatsch an

Ein beliebtes Mittel, sich mit anderen auf die gleiche Stufe zu stellen, ist der Klatsch. Sobald Sie einer Klatschbase — Mann oder Frau — Gehör schenken, sinken Sie auf das Niveau Ihres Gegenübers ab und werden unter Einbuße Ihrer Überlegenheit als Partner behandelt. Dies wäre jedoch ein gefährlicher Fehler.
Die *Leih-Technik* allein bietet nicht genügend Schutz vor Klatschmäulern. Sobald deshalb der Ton, das Verhalten oder die Worte des Gesprächspartners seine Absicht verraten, Klatsch zu erzählen, müssen Sie sofort die *Überprüfungstechnik* anwenden. Begegnen Sie auch in diesem Fall jeder Behauptung mit einer freundlich-höflichen Frage.
Unterbrechen Sie also an geeigneter Stelle mit: »Wo haben Sie das gehört?«; »Von wem stammt dieses Gerücht?«, »Was sollte das bezwecken?«; »Halten Sie das auch für zutreffend?«; »Warum?«; »Warum erzählen Sie mir das?«; »Sie erwarten doch sicher nicht von mir, daß ich dem Ganzen Beachtung schenke, ehe mir Tatsachen bekannt sind?« usw.
Drei bis fünf solcher *Zwischenfragen* genügen gewöhnlich, um Ihr klatschfreudiges Gegenüber hoffnungslos in die Defensive zu drängen und zu der reuigen Einsicht zu veranlassen, daß Sie unterschätzt wurden. Meistens wird sich der Betreffende sofort bemühen, sich bei Ihnen wieder ins rechte Licht zu setzen. Jede Absicht, Klatsch zu verbreiten, wird er schleunigst in Abrede stellen und mit irgendeinem anderen Mittel um Ihre Gunst werben. Durch ein solches Verhalten beleidigen Sie einen Menschen dieser Art keineswegs — diese Befürchtung könnte höchstens Ihr Gesprächspartner hegen.

Nehmen Sie keine Ratschläge entgegen

Auch die Erteilung von Ratschlägen wird gern zur Anbiederung benutzt oder dazu mißbraucht, sich mit Ihnen auf eine Stufe zu stellen. Ob es sich nun um die Behandlung eines Schnupfens oder den richtigen Schwung beim Golfspielen dreht, ob um die Farben, die Ihnen angeb-

lich stehen, oder die Aktien, die Sie schleunigst abstoßen sollten — lassen Sie sich von niemandem unerbetene Ratschläge erteilen, gleichgültig, wie unbedeutend Ihnen der Anlaß erscheinen mag.
Wenden Sie sofort die *Überprüfungstechnik* an, insbesondere, falls es sich bei diesem selbsternannten Ratgeber um Ihren Anwalt, Bankier, Makler, Partner, Beauftragten, Assistenten oder Mitarbeiter handelt. Die Beachtung dieser Regel ist ebenfalls eine unerläßliche Vorbedingung für jeden Menschen, der nach Persönlichkeitsmacht strebt.
Zwingen Sie Ihr Gegenüber durch freundliche Gegenfragen dazu, seine vorgefaßte Rolle als Berater aufzugeben und Ihnen statt dessen einen Tatsachen- oder Lagebericht zu geben. Der Betreffende kann dabei ruhig seine Meinung äußern, darf aber nicht versuchen, sie Ihnen aufzudrängen. Es darf eben kein Zweifel darüber entstehen, daß Sie sich seinen Bericht einzig und allein nur deshalb anhören, um sich Ihre eigene Meinung zu bilden. Unterbrechen Sie, wenn nötig, immer wieder mit »Warum?«, doch bestehen Sie unbedingt auf der Darstellung nachweisbarer Tatsachen, klar umrissener Situationen und begründeter Wahrscheinlichkeiten. *Sie selbst treffen die Entscheidung* — der andere erstattet nur Bericht.

Lassen Sie sich nicht »unterrichten«

In Ihrem Streben, die bestehenden Unterschiede zu verwischen, greifen viele Menschen nach einem vierten Mittel. Es besteht darin, Sie über irgendwelche Ereignisse, günstige Gelegenheiten, Neuigkeiten usw. zu »unterrichten«. Derartige Versuche sind — von welcher Seite sie auch kommen mögen — sofort zurückzuweisen.
Meistens werden die Betreffenden folgende Taktik anwenden: Anstatt zu berichten oder zu erzählen, stellen sie Ihnen die Frage: »Haben Sie schon von der neuen Maschine gehört? Einfach fabelhaft, sage ich Ihnen! Das funktioniert folgendermaßen: Zuerst . . .« Hier jedoch müssen Sie sofort einhaken, indem Sie freundlich fragen: »Wo haben Sie davon gehört?« Wenn Ihr Gesprächspartner daraufhin zugibt, sein Wissen aus einer Zeitung, einer Illustrierten oder einem Buch bezogen zu haben, dann fordern Sie ihn auf: »Bringen Sie mir doch bitte die Veröffentlichung. Ich werde sie mir bei Gelegenheit einmal anschauen!« Sollte Ihr Gegenüber nur Gehörtes weitererzählen, so sagen Sie ihm: »Lassen Sie es mich doch bitte wissen, falls Sie einmal eine Veröffent-

lichung darüber entdecken.« Oft wird sich dabei auch herausstellen, daß der andere sein Wissen aus einem zufällig in der Straßenbahn oder in einem Restaurant mitangehörten Gespräch oder aus ähnlichen Quellen bezogen hat.

Bei dieser Methode handelt es sich um eine mildere Form der *Dämpfer-Technik.* Sobald sich ein Bericht in »Unterricht« verwandelt, müssen Sie diese Technik unverzüglich anwenden.

Lassen Sie sich von niemandem »belehren«

Vielfach werden die Menschen Ihrer Umgebung auch einen belehrenden Ton anschlagen, um sich Ihnen dadurch überzuordnen. Wiederum hängt es ganz von Ihnen ab, ob dieser Versuch gelingt oder fehlschlägt. Ihr Gesprächspartner muß klar erkennen, daß Sie seine Worte als bloße Mitteilung betrachten und nicht gewillt sind, irgendwelche Belehrungen entgegenzunehmen.

Vor Versuchen dieser Art sind Sie niemals und nirgends sicher. Am gefährlichsten sind sie aber, wenn Sie von Geschäftsfreunden oder Mitarbeitern und insbesondere in Gegenwart Dritter unternommen werden.

Nahezu alles kann zum Gegenstand einer solchen Belehrung gemacht werden: Fragen des Geschäftslebens, der Politik, der Technik, der Naturwissenschaften oder irgendeines anderen Wissensbereiches. In jedem Fall ist Ihr Gesprächspartner von seinem größeren Wissen überzeugt und brüstet sich damit zum Beweis seiner Überlegenheit.

Mögen sich auch Wortwahl und Gegenstand von Mal zu Mal unterscheiden, im Grunde begegnen Sie doch immer nur einer der beiden folgenden Methoden: Im ersten Fall haben Sie eine ganz einfache Frage gestellt, zum Beispiel: »Warum erhöhen sich durch die Verwendung billigen Papiers die Druckkosten?« Anstatt diese Frage nun ohne Umschweife zu beantworten, versucht Ihr Verhandlungspartner, Sie über Papierqualitäten, Druckfarben und dergleichen zu »belehren«. Hier müssen Sie einfach einwerfen: »Ach, ich dachte, Sie wüßten wirklich Bescheid!« Entweder wird Ihnen jetzt der andere Ihre Frage direkt beantworten oder als Verteidigung anführen, daß er sehr wohl den Grund wisse und nur versucht habe, ihn zu erklären. In jedem Fall haben Sie für die richtige Distanz gesorgt.

Die zweite Methode besteht darin, daß Ihr Gegenüber gar nicht auf Ihre Frage wartet, sondern Sie Ihnen aus dem Munde nimmt. Der Betreffende könnte in unserem Beispiel also sagen: »Wußten Sie, daß die Verwendung billigeren Papiers unsere Druckkosten erhöhen wird? Das ist nämlich so . . .« Anstatt nun aber seine eigene Frage ohne Umschweife zu beantworten, beginnt er, Sie zu »belehren«.

Nahezu jeder Mensch kann diese Taktik bei Ihnen versuchen, sogar jemand, der Ihnen völlig fremd ist. Am meisten müssen Sie jedoch bei denen darauf gefaßt sein, die Ihnen irgendeinen Bericht vorlegen (über die Finanzlage, die Verkaufsziffern, die Produktionsleitung, politische Voraussagen usw.). Gleichermaßen wirksam ist bei beiden Methoden, wenn Sie in etwa sagen: »Wenn mir das Ganze schriftlich vorläge, könnte ich mir ein klareres Bild machen. Legen Sie mir doch bitte einen Bericht vor, falls es Ihnen der Mühe wert erscheint.«

Damit haben Sie wiederum Ihren Gesprächspartner in seine Schranken verwiesen, ohne ihn dabei zu verletzen.

Jede Methode hat ihren ausschließlichen Zweck

An diesem Punkt sei eine nachdrückliche Warnung ausgesprochen: Falls Sie nicht uneingeschränkt Ihr eigener Herr sind, wird immer jemand das Recht haben, Sie zu »unterrichten«, zu »belehren«, zu »unterweisen« oder Ihnen Anordnungen zu geben. Zu diesem Personenkreis gehören Ihre Eltern, Ihr Vermieter, Ihr Vorgesetzter — kurz alle, denen Sie irgendwie untergeordnet sind. In allen Fällen, wo Sie sich »eine Sprosse tiefer« befinden, wäre es ein gefährlicher Fehler, das Recht einer Respektsperson als Versuch zu werten, sich Ihnen überzuordnen (die Betreffenden nehmen ja sowieso schon eine höhere Stellung ein als Sie).

Wie schon zu Anfang dieses Kapitels dargelegt wurde, dienen die hier beschriebenen Methoden zum Schutz gegen all jene, die sich zu Unrecht mit Ihnen auf eine Stufe stellen, sich Ihnen überordnen oder Sie herabsetzen wollen. Keinesfalls sind sie also zum Angriff auf Ihnen übergeordnete Respektspersonen gedacht! Dasselbe gilt übrigens für alle Techniken einer Machtpersönlichkeit. Auch dürfen sie nicht zur Auflehnung gegen berechtigte Autoritätsansprüche mißbraucht werden.

Sollte aber ein anderer Ihnen gegenüber seine Rechte überschreiten (ob dies zutrifft, müssen Sie in jedem Fall selbst beurteilen), so stellen die eben beschriebenen Techniken äußerst wirksame Abwehrwaffen dar.
In Kapitel 19 — »Die Behandlung schwieriger Personen« — ist dargelegt, wie mit denjenigen, die ihre Rechte überschreiten, zu verfahren ist. Sollten die Betreffenden dies gar in der Absicht tun, Sie herabzusetzen, so haben Sie es mit dem schwierigsten Schlag von Mitmenschen zu tun, die darum mit Vorsicht und ganz speziellen Methoden zu behandeln sind.
Hier sei jedoch noch einmal wiederholt: Der Chef, der Sie mit Fragen überschüttet, etwa um Auskünfte einzuholen, die er sich selbst aus Zeitgründen nicht beschaffen kann (oder will), überschreitet keinesfalls seine Rechte und will Sie auch nicht herabwürdigen, außer er stellt Ihnen bewußt Fragen, die Sie nicht beantworten können. Wie auch Sie selbst es tun oder gegebenenfalls tun würden, beschäftigt er eben Mitarbeiter, Sekretärinnen und andere Untergebene, um seine Arbeitslast zu verteilen. Und seine Leistungsfähigkeit und sein Erfolg hängen davon ab, ob er sich auf seinen Stab verlassen kann. Sie sollen darum Ihren Teil der Arbeitslast tragen und die Ihnen zu Recht auferlegten Pflichten erfüllen, denn dies bedeutet selbstverständlich in keiner Weise eine Herabsetzung Ihrer Person.
Setzen Sie also die in diesem und in Kapitel 19 beschriebenen Techniken *keinesfalls* gegen einen Vorgesetzten oder eine sonstige Respektsperson ein, nur weil Sie sich nicht unterordnen wollen oder die Ihnen zugewiesene Arbeit nicht gefällt. *Jede in diesem Buch dargelegte Technik ist ausschließlich für den jeweils bezeichneten Zweck zu verwenden!* Seien Sie darum noch einmal ausdrücklich gewarnt: Am falschen Platz angewendet, kann jede der hier beschriebenen Waffen einer Machtpersönlichkeit zu einem gefährlichen »Bumerang« für Sie werden.

Lassen Sie sich nicht »anleiten«

Wie verhalten Sie sich aber bei dem Versuch eines anderen, Sie »anzuleiten«? Dazu kann es kommen, wenn Ihnen ein neues Fernsehgerät ins Haus gebracht wird oder Ihnen ein Mitarbeiter die Bedienung einer neuen Maschine »erklären« will (er begnügt sich dann meist nicht damit, die Maschine vorzuführen, sondern spielt den Schulmeister). Hierher gehören auch die unerbetenen Ratschläge, die Ihnen von völlig fremden Menschen erteilt werden. Meistens jedoch werden es Geschäftsfreunde oder Mitarbeiter sein, die Ihnen gegenüber einen schulmeisterlichen Ton anschlagen.

Sie könnten nun solche Belehrungsversuche entweder hinnehmen oder ignorieren. Da Sie sich aber zur Machtpersönlichkeit heranbilden wollen, müssen Sie jede von Dritten beabsichtigte Demonstration, sich Ihnen überlegen zu zeigen, schon im Keim ersticken — gleichgültig, wie geringfügig der Anlaß sein mag.

Auch hier müssen Sie wiederum die *Dämpfer-Technik* anwenden. Werfen Sie beim ersten lehrhaften Ton sofort — jedoch freundlich — ein: »Sparen Sie sich bitte überflüssige Belehrungen — führen Sie mir doch einfach die Maschine vor.« Ist dies geschehen, so lassen Sie es sich noch einmal zeigen. Anschließend fordern Sie den Betreffenden zu einer dritten Wiederholung auf und sprechen zum Schluß ein paar lobende Worte, zum Beispiel: »Sie kennen sich wirklich hervorragend damit aus! Wenn ich nicht mitgekommen wäre, würde es bestimmt nicht an Ihnen liegen!«

Meist genügt dies, um jede Schulmeisterei zu unterbinden. Sollte der andere aber auf seinem lehrhaften Ton beharren, so unterbrechen Sie ihn sofort mit: »Ich werde es bei Gelegenheit alleine versuchen. Falls ich damit wirklich nicht zurechtkomme, lasse ich Sie rufen.«

Auf diese Weise haben Sie Ihr Gegenüber mit Hilfe eines Kompliments in seine Schranken verwiesen.

Lassen Sie sich nicht herumkommandieren

Sie werden immer wieder auf Menschen treffen, die es auf eine Machtprobe ankommen lassen, um sich Ihnen überlegen zu zeigen. Dabei kann es sich um einen Mitreisenden oder einen Tischgenossen handeln, ja sogar um einen Gastgeber oder eine Gastgeberin. Dieser Menschentyp bittet nicht, sondern schafft an, und zwar mit einer Grobheit, die entweder Absicht oder unbewußte Unart ist oder ganz einfach einem Mangel an besserem Wissen entspringt. Doch welchen Grund eine solche Ungezogenheit auch haben mag — Sie dürfen Sie keinesfalls ignorieren oder gar einem in dieser Art an Sie gerichteten Befehl nachkommen. Statt dessen setzen Sie sofort die *Durchkreuzungstechnik* ein und verwandeln den Befehl in ein Ersuchen oder eine Bitte.

Sollte Ihnen irgend jemand einen Befehl erteilen, selbst wenn dieser nur etwa besagt: »Geben Sie mir den Aschenbecher!«, so erwidern Sie: »Haben Sie mich um etwas gebeten?«

Außer im Fall absichtlicher Ungezogenheit wird Ihr Gegenüber daraufhin sofort Ton und Gebaren ändern und sagen: »Ja! Ich bat Sie, mir den Aschenbcher zu reichen.«

Bei einer absichtlichen Brüskierung aber wird der andere wahrscheinlich erwidern: »Sie sollen mir den Aschenbecher geben, habe ich gesagt!« Versetzen Sie in einem solchen Fall ganz ruhig: »Verzeihung, ich dachte, Sie haben mich um etwas gebeten.« Fahren Sie dann sogleich in dem fort, was Sie im Augenblick der Unterbrechung gerade taten — in der Unterhaltung, der Lektüre oder was es auch sei.

Nun gibt es vier Möglichkeiten: Der Grobian wird entweder a) sich entschuldigen und um den Aschenbecher bitten; b) sich wütend selbst darum bemühen; c) beharren (»Geben Sie mir nun den Aschenbecher oder nicht?«) oder d) den Befehl wörtlich wiederholen. Die richtige Antwort in den letzten beiden Fällen ist dann: »Offensichtlich hört man Sie nicht. Wenn Sie mich ersuchen wollen, kann ich Ihnen vielleicht behilflich sein.«

Die Chancen, daß die brüske Aufforderung unter diesen Umständen noch einmal wiederholt wird, stehen 1 : 1 Million. In diesem unwahrscheinlichsten aller Fälle würden Sie dann etwa zu Ohren bekommen: »Hören Sie mit dem Unsinn auf und geben Sie mir endlich den Aschenbecher!« Lassen Sie sich aber dadurch nicht aus der Ruhe bringen und versetzen Sie: »Wenn Sie es sich anders überlegt haben, können Sie mich ja darum bitten. Vielleicht kann ich Ihnen helfen.« Wenden Sie sich anschließend sofort wieder Ihrer unterbrochenen Tätigkeit zu, *selbst wenn dies bedeutet, daß Sie sich weiter mit eben derselben Person unterhalten.*

Falls Ihnen das Vorhergehende als viel Lärm um nichts erscheint, müssen Sie sich folgende Tatsache von neuem ins Gedächtnis rufen: Sie wollen sich zu einer echten Machtpersönlichkeit entwickeln. Je näher Sie diesem Ziele kommen, desto öfter werden Sie anderen Menschen begegnen, die ihre eigenen Machtstrebungen durchzusetzen versuchen. In jedem Fall müssen Sie sich entweder zum Kampf stellen — oder Ihre Träume von Persönlichkeitsmacht begraben.

Lassen Sie sich kein Ultimatum stellen

Ein Ultimatum ist ebenfalls eine Art Befehl und wird in der Absicht gestellt, die eigene Macht zu beweisen.

Auch in diesem Fall ist die *Durchkreuzungstechnik* anzuwenden, nur müssen Sie hier zusätzlich die in jedem Ultimatum enthaltene Drohung ignorieren.

Wird Ihnen also irgendein Ultimatum gestellt, so wenden Sie die Ihnen bereits bekannte *Durchkreuzungstechnik* an. Dies allein genügt jedoch nicht: Sie müssen gleichzeitig die Drohung überhören, mit der ein Befehl in dieses Ultimatum verwandelt wurde.

Werden Sie zum Beispiel von Ihrer Frau vor die Wahl gestellt: »Hör auf, nachts zu arbeiten, sonst lasse ich mich scheiden!«, so ignorieren Sie vollständig die Drohung (»sonst lasse ich mich scheiden«) und verfahren Sie mit dem Befehl (»hör auf, nachts zu arbeiten«) genauso wie in unserem Modellfall der unhöflichen Aufforderung (»geben Sie mir den Aschenbecher«). Vielleicht erscheint Ihnen dieses Beispiel zu drastisch, zumal es einem bedauerlich unharmonischen Verhältnis zwischen Ehegatten entliehen ist, aber eben deshalb verdeutlicht es besonders eindringlich die Notwendigkeit der kompromißlosen Anwendung aller hier beschriebenen Techniken einer Machtpersönlichkeit. Der Erfolg hängt davon ab, ob Sie sich immer und ausnahmslos an diese Spielregeln halten.

In diesem Zusammenhang möchten wir Sie aber — auf der Kehrseite — auf einen oft übersehenen Umstand hinweisen: Nahezu jedes Ultimatum ist nichts anderes als die *Folge irgendeiner Unüberlegtheit oder Rücksichtslosigkeit* Ihrerseits! Nur wenn Sie die bereits aufgezählten Voraussetzungen einer echten Machtpersönlichkeit nicht erfüllen, kann Ihnen ein Ultimatum gestellt werden, wie zum Beispiel: »Versperren Sie mir nicht immer mit Ihrem Wagen die Ausfahrt, sonst . . .«, »Halten Sie endlich Ihren Hund von meinen Blumen fern, sonst . . .«; »Hören Sie auf, mich zur Seite zu stoßen, sonst . . .«; »Wenn Sie noch einmal zu spät kommen, dann werde ich . . .«. In allen solchen Fällen tragen Sie selbst die Schuld an dem Ihnen gestellten Ultimatum, und Sie haben deshalb kein Recht, es zurückzuweisen. Ganz im Gegenteil: Es ist Ihre Pflicht, alles zu vermeiden, was zu berechtigten Klagen Anlaß geben könnte.

Weisen Sie jede Anmaßung zurück

Auch wer Ihnen gegenüber einen überheblichen Ton anschlägt, erteilt Ihnen eine Art von unberechtigtem Befehl. Ausdrücke wie »He, Sie da!«, »Junger Mann!« und dergleichen verraten die Absicht, Macht über Sie auszuüben.
Wird Ihnen gegenüber eine ungehörige Anrede gebraucht, so überhören Sie diese geflissentlich. Sollte der andere auf seinem ungebührlichen Ton beharren oder gar noch Ihren Namen dazusetzen, so wenden Sie sofort die *Durchkreuzungstechnik* an — verhalten Sie sich also genauso wie bei einem unberechtigten Befehl.

Konzentrieren Sie sich auf das Ziel und den Trick jeder Technik

Die vier Techniken des Zuhörens sind sehr einfach: Konzentrieren Sie sich auf das jeweilige Ziel, dann fällt Ihnen gleichzeitig auch der erforderliche Trick ein.
Das Ziel der *Leih-Technik* besteht darin, aufmerksam zuzuhören, ohne gebannt zu »lauschen«. Der Trick ist, dem Gesprächspartner höflich und achtungsvoll zuzuhören und sich gleichzeitig in Wort und Gebaren unbeeindruckt zu zeigen.
Die *Überprüfungstechnik* dient zur Abschreckung all jener, die Sie mit ihren Worten in Bann schlagen wollen oder versuchen, sich mittels Klatsch oder Belehrung auf gleiche Stufe mit Ihnen zu stellen. Der Trick: Alles Gesagte in Zweifel ziehen und seines »Neuigkeitswertes« berauben.
Mit Hilfe der *Dämpfer-Technik* vereiteln Sie jeden Versuch eines anderen, sich über Sie zu stellen. Der Trick ist folgender: Man zwingt den Gesprächspartner zu sachlicher Berichterstattung und hindert ihn somit daran, sich mit »überlegenen« Kenntnissen zu brüsten.
Die *Durchkreuzungstechnik* verweist jene in ihre Schranken, die Sie herabsetzen oder unterdrücken wollen. Der Trick beruht hier auf geschickter Fragestellung, die die Unhöflichkeit des Gegenübers in Höflichkeit und seinen barschen Befehl in eine achtungsvolle Bitte umwandelt.

Durch »aggressives« Zuhören schneller zum Ziel

Als aktiver Zuhörer haben Sie das Spiel besser in der Hand und sind Ihrem Ziel wesentlich nähergekommen. Die Fähigkeit, das Denken und

Verhalten seiner Mitmenschen durch Redegewandtheit und geschicktes Vorgehen zu beeinflussen, stellt eine der Grundvoraussetzungen echter Persönlichkeitsmacht dar.

Mit Ausnahme der *Dämpfer-* und *Durchkreuzungstechnik* dienten alle bisher besprochenen Methoden dazu, Ihnen in den Augen Ihrer Umgebung das Ansehen einer Machtpersönlichkeit zu verleihen. Auch die beiden vorgenannten Techniken dienten diesem Zweck — vermehrten darüber hinaus aber auch Ihre Wort- und Redegewandtheit. Alle im folgenden dargelegten Methoden weisen ebenfalls diese zweifache Zielsetzung auf: die Vervollkommnung von Wort und Tat.

Durch Ihr »aggressives« Zuhören nähern Sie sich mit Windeseile Ihrem Ziel: Einfluß, Macht und Herrschaft über andere zu gewinnen. Die folgenden Techniken dienen der Vertiefung Ihrer neuerworbenen Kenntnisse und der Verteidigung der eben erkämpften Position.

ZUSAMMENFASSUNG

1. Ihre Gesprächspartner müssen zu Ihnen »hinauf« sprechen!
2. Sprechen ist eine beliebte Waffe — es sei denn, man plaudert nur gemütlich.
3. Sie müssen geschickter zuhören, als der andere spricht.
4. Nur wenn Sie jede Herausforderung unverzüglich annehmen und den Angreifer erfolgreich abwehren, werden Sie sich zu einer echten Machtpersönlichkeit entwickeln.
5. Ihre stärkste Waffe ist die *Leih-Technik,* das heißt, jedem Ihr Ohr zu »leihen« und niemandem zu »lauschen«.
6. Sie müssen in der Art eines vollendeten Kavaliers bzw. einer wirklichen Dame zuhören.
7. »Hängen« Sie niemals an den Lippen Ihres Gesprächspartners und weisen Sie jeden ab, der Ihnen Klatsch erzählen oder Sie überheblich beraten, unterrichten oder belehren will.
8. Mit Hilfe der *Überprüfungstechnik* machen Sie den »Neuigkeitswert« des Gesagten zunichte.
9. Kein Mensch darf sich als Ihr Schulmeister aufspielen.

10. Setzen Sie die *Dämpfer-Technik* ein, um Ihr Gegenüber in seine Schranken zu verweisen.

11. Erlauben Sie niemandem, Ihnen unberechtigte Befehle zu erteilen, ein Ultimatum zu stellen oder Sie von oben herab anzureden.

12. Vereiteln Sie mit der *Durchkreuzungstechnik* jeden Versuch, Sie zur Unterwerfung zu zwingen.

13. Geschicktes Verhalten und Redegewandtheit sind die wichtigsten Werkzeuge, um das Denken und Handeln der anderen zu beeinflussen und somit eine echte Machtpersönlichkeit zu werden. Schenken Sie von jetzt ab gerade diesen beiden Faktoren in zunehmendem Maße Ihre Aufmerksamkeit.

KAPITEL 9

Wie man andere ködert und in die Tasche steckt

> Um Macht über andere zu bekommen, müssen Sie diese zuerst für sich gewinnen.
>
> Man erwartet von Ihnen, daß Sie mit klangvoller Stimme außergewöhnliche Gedanken in ungewöhnliche Worte kleiden. Die *Telefonton-Technik* verleiht Ihrer Stimme den richtigen Klang.
>
> Um Ihre Mitmenschen für sich zu gewinnen, müssen Sie sich zu deren Überzeugungen bekennen.
>
> Man wäre enttäuscht, von Ihnen leere Phrasen oder Strohweisheiten zu hören.

Bis jetzt haben Sie — abgesehen von den üblichen Begrüßungsformeln und einigen unverbindlichen Floskeln — das Reden den anderen überlassen; wie es eben Ihre Rolle als Zuhörer verlangte, beschränkten Sie sich auf die allernötigsten Kommentare und Fragen. Jetzt aber müssen Sie selbst die Initiative und das Wort ergreifen, um durch Ihre Überzeugungskraft die Menschen Ihrer Umgebung für sich zu gewinnen.

Sie müssen das Interesse der anderen erwidern

Sie haben bereits die Aufmerksamkeit und das Interesse Ihrer Umwelt erregt und die Herzen Ihrer Mitmenschen für sich geöffnet. Selbstverständlich erwarten die Betreffenden nun, daß Sie dieses Interesse erwidern und ihnen (wie Sie es ja beim Zuhören bereits getan haben) ebenfalls Aufmerksamkeit schenken. Gespielte Aufmerksamkeit und oberflächliches Interesse sind hier nicht genug — Sie müssen das erwartungsvolle Bedürfnis des Partners durch eine *überzeugende Kundgebung Ihres ehrlichen Interesses* befriedigen!

Erfüllen Sie diesen Wunsch! Beweisen Sie Ihren Mitmenschen durch die Aufrichtigkeit Ihrer Worte und die Lauterkeit Ihres Tuns, daß Sie den in Sie gesetzten hochgespannten Erwartungen entsprechen. Gelingt Ihnen dies, so werden Sie jeden mühelos für sich gewinnen.

Für sich gewinnen heißt Macht ausüben

Ich wurde einmal gefragt, ob es denn für den nach Persönlichkeitsmacht Strebenden unbedingt nötig sei, seine Mitmenschen »in die Tasche zu stecken«.

Selbstverständlich *kann* man (wie in Kapitel 3, Abschnitt 8, dargelegt) eine Machtpersönlichkeit werden, ohne seine Mitmenschen zu ködern. *Sie werden kein einziges Ihrer Ziele verwirklichen können, wenn Sie nicht auch die Herzen derer für sich gewinnen können, auf die es ankommt!* Uneingeschränkte Macht haben Sie aber nur über diejenigen, die Sie »in die Tasche gesteckt« haben.

Denken Sie also immer daran: Persönlichkeitsmacht ist nur ein Werkzeug zur Verwirklichung Ihrer eigentlichen Absichten. Der Besitz dieses Werkzeugs genügt für sich allein noch nicht — Sie müssen es auch gebrauchen. Die Ausstrahlung dieser Macht wird Sie zwar zur bewunderten und geachteten Persönlichkeit stempeln und in jedem den Wunsch erwecken, Ihren Beifall zu finden und sich Ihnen unterzuordnen. Doch nur wenn Sie Ihre Persönlichkeitsmacht tatsächlich einsetzen, um andere für sich zu gewinnen, können Sie auf deren *uneingeschränkte Unterstützung* bei der Verwirklichung Ihrer Pläne rechnen.

Wer in Ihrer Tasche steckt, kann nicht mehr von anderen geködert werden

Bei Ihnen selbst hängt die Verwirklichung Ihrer Ziele vielleicht von Ihrer Fähigkeit ab, Einfluß und Macht über Ihre Kunden, Freunde, Angestellten, Aktionäre, Wähler oder irgendwelche anderen Einzelpersönlichkeiten und Gruppen zu erringen. Eben diese Leute sind es aber auch, denen Sie Ihre uneingeschränkte Aufmerksamkeit widmen und die Sie für sich gewinnen müssen.

Auch dies ist wichtig: Geben Sie sich nie der falschen Hoffnung hin, Sie seien der einzige, der nach Macht über bestimmte Personen und Gruppen strebt; Sie müssen immer *mit Rivalen rechnen!*

Deshalb genügt es nicht, andere in die Tasche zu stecken — man muß auch dafür sorgen, daß sie drinnenbleiben. Solange Ihnen dies gelingt, sind Ihnen die Betreffenden sicher. (Dies beachteten übrigens alle Diktatoren als grundsätzliche Maxime ihres Handelns. Sobald sie einmal ihre Völker in die Tasche gesteckt hatten, kam es nur noch darauf an, sie drinnenzubehalten.)

Der Augenblick zum Sprechen ist gekommen

Nachdem Ihnen nun die anderen ihre ungeteilte Aufmerksamkeit schenken, erwarten sie von Ihnen mit Recht *Außergewöhnliches.* Deshalb werden sie sich bei Ihnen nicht mit irgendeiner Stimme oder irgendwelchen Worten und Gedanken zufriedengeben, an denen sie bei einem Durchschnittsmenschen nichts auszusetzen hätten. Nur Außerordentliches hat Anspruch auf ausschließliches Interesse.
Mittels der *Ersten-Zoll-Technik* und der *Technik des Vornsprechens* haben Sie bereits einen günstigen und besonderen Eindruck auf Ihre Zuhörer gemacht. Als nächstes müssen Sie sich nun eine ganz bestimmte Sprechweise, außerordentliche Redegewandtheit und eine völlig neue Darstellungsweise aneignen. Die Augen aller sind erwartungsvoll auf Sie gerichtet — nun ist der Augenblick zum Sprechen gekommen!

Sprechen Sie, wie man es von Ihnen erwartet

Das erste, worauf Ihre Mitmenschen reagieren, ist Ihr Verhalten. Sie sehen in Ihnen einen außergewöhnlichen Menschen — eben eine Machtpersönlichkeit — und vergleichen Ihre Worte und Handlungen am Beispiel anderer Persönlichkeiten. Bei Ihren Zuhörern verbindet sich die Vorstellung einer echten Machtpersönlichkeit mit einer ganz bestimmten Sprechweise, die sie deshalb auch bei Ihnen voraussetzen.
Ungeachtet Ihrer früheren Sprechgewohnheiten und der Sprechweise, für die Sie sich später entscheiden werden, geht es im Augenblick einzig und allein darum, gewisse Techniken anzuwenden, die Ihre Zuhörerschaft befriedigen und erfreuen.

Die Telefonton-Technik

Man erwartet, daß sich Ihre Sprechweise durch vier Eigenschaften auszeichnet, nämlich durch eine bestimmte Tonlage, eine bestimmte

Geschwindigkeit, eine bestimmte Entschiedenheit und einen bestimmten Nachdruck. Die *Telefonton-Technik* erfüllt die Erwartungen Ihrer Zuhörer.

Schon lange, ehe es ein Telefon und eine *Telefonton-Technik* gab, wußte man, daß die richtige Tonlage *um eine Notenstufe höher* liegt als die bei einer zwanglosen Unterhaltung übliche. Dies trifft zwar den Kern der Sache, doch sind die meisten Menschen ohne besondere Ausbildung nicht imstande zu beurteilen, ob sie die richtige Tonlage treffen. Hier erwies sich das Telefon als Retter.

Abgesehen von einigen äußerst seltenen Ausnahmen, meldet sich am Telefon jeder genau mit der eben beschriebenen Tonlage. Um also den richtigen Sprechton zu treffen, brauchen Sie ihn nur auf die Tonlage abzustimmen, mit der Sie einen Anruf entgegennehmen!

Selbstverständlich erfordert dies einige Übung. Am besten gehen Sie folgendermaßen vor. Sagen Sie zuerst: »Hallo«, »Ja«, »Nein«, »vielleicht«, »Ach so«, »Ich weiß«, »Wissen Sie«, »Dame«, »freudig«, »Abend«, »feiern«, »jeder«, »jemand«, »in Braun«, »so warm«, »vorausschauend«, »Das wäre herrlich«, »Essen, trinken, fröhlich sein«. Wiederholen Sie diese Wortreihe, bis Sie sich an die richtige Tonlage gewöhnt haben. Vernachlässigen Sie diese Übung keinesfalls, denn sie ist so wichtig, daß ihr eine ganze Reihe bedeutender Machtpersönlichkeiten nahezu jeden Tag ein oder zwei Minuten widmen. Ein erfolgreicher Industrieller zum Beispiel, auf dessen Arbeitstisch zwei Telefone stehen, wählt jeden Tag mit dem einen Apparat die Nummer des andern, nur um sich melden zu können und somit sicherzugehen, daß er die richtige Tonlage für seine Übung trifft!

Die fesselnde Wirkung der richtigen Sprechgeschwindigkeit

Genauso wichtig wie die passende Tonlage ist die richtige Sprechgeschwindigkeit. Ihre Zuhörer möchten ja alles aufnehmen, was Sie sagen. Sprechen Sie aber zu schnell, so können Ihnen die anderen nicht mehr folgen und verlieren das Interesse. Sprechen Sie andererseits zu langsam, so erlahmt nach einiger Zeit die Aufmerksamkeit Ihrer Zuhörerschaft.

Die meisten Machtpersönlichkeiten bemühen sich um die goldene Mitte von mindestens 110 und höchstens 130 Worten pro Minute. Um sicherzugehen, daß Sie die richtige Geschwindigkeit einhalten, sollten Sie häufig die Uhr zu Rate ziehen. Auch Tonbandaufnahmen sind ein hervorragendes Mittel, um im Anschluß an ein Gespräch festzustellen, wie viele Wörter durchschnittlich pro Sekunde oder Minute gesprochen wurden.

Es steht Ihnen völlig frei, zur Überprüfung der Sprechgeschwindigkeit die hier beschriebenen Methoden anzuwenden oder Ihre eigenen zu entwickeln. Absolute Genauigkeit ist dabei aber unerläßlich, denn von ihr hängt es ab, ob sich Ihre Sprechgeschwindigkeit tatsächlich in dem Bereich bewegt, der dem höchsten Auffassungs- und Aufmerksamkeitsgrad der Zuhörer entspricht.

Jedes Wort muß überlegt sein

Sobald Tonlage und Sprechgeschwindigkeit stimmen, ist es ein leichtes, sich die beiden anderen Merkmale der Sprechweise einer Machtpersönlichkeit anzueignen.

Die Bestimmtheit des Tons und des Ausdrucks ergibt sich nämlich ganz von selbst aus der festen Gewohnheit, nur dann zu sprechen, wenn man genau *weiß, was man sagen will.*

Wohlüberlegtes Sprechen bedeutet nicht etwa die vorherige Wahl jedes einzelnen Wortes oder Ausdrucks. Wohl aber müssen Sie mit dem Gegenstand des Gesprächs vertraut sein und genau wissen, was Sie darüber zu sagen haben. So wäre es zum Beispiel falsch, unüberlegt zu beginnen und plötzlich auf eine Person des öffentlichen Lebens zu sprechen zu kommen, ohne sich seiner Einstellung ihr gegenüber völlig klar zu sein.

Nur Nachdruck und Aufrichtigkeit überzeugen

Wie die Sprechgeschwindigkeit, so muß auch der Nachdruck des Gesagten genau bemessen werden. Die Zuhörer wollen sich nichts von Ihnen »verkaufen« lassen, sondern erwarten eine klare und lückenlose Stellungnahme. Übertriebene Begeisterung und Leidenschaft erwecken nur Argwohn. Andererseits muß Ihre *persönliche Anteilnahme* deutlich spürbar sein, um nicht den Eindruck der Gleichgültigkeit oder der Unsicherheit entstehen zu lassen.

Die Stärke des Nachdrucks muß sich natürlich nach den jeweiligen Umständen richten; als Goldene Regel könnte man aber folgendes aufstellen: Das Gesagte darf *weder hitzig noch übertrieben* klingen. Der Nachdruck muß groß genug sein, um die Aufrichtigkeit Ihrer Worte zu unterstreichen, darf aber andererseits nicht den Eindruck eines zu starken persönlichen Interesses erwecken.

Äußern Sie ehrlich Ihre Meinung — soweit Sie damit den Beifall der Zuhörer finden

Die Zuhörerschaft wird alle Ihre Gedanken und Meinungen aufnehmen — vorausgesetzt, Sie wenden die richtige Sprechweise an.
Selbstverständlich kann Ihnen niemand raten, welche Ansichten Sie jeweils haben sollen, und etwaige Versuche, Ihnen derartige Vorschriften zu machen, müßten Sie sofort und entschieden zurückweisen. Niemand tastet Ihr Recht auf Meinungsfreiheit an — aber immerhin müssen Sie Ihren Äußerungen bestimmte Beschränkungen auferlegen.
Wollen Sie Ihre Mitmenschen durch die Überzeugungskraft Ihrer Worte für sich gewinnen, so müssen Sie die beiden folgenden Grundregeln beachten:

a) Schneiden Sie *niemals* ein Thema an, das Ihre unmittelbaren Zuhörer oder auch andere, die sich gerade in Hörweite befinden, *verletzen* könnte.

b) Ist das Thema als solches ungefährlich, so überprüfen Sie sorgfältig, ob vielleicht Ihre Ansichten darüber verletzend wirken könnten.

Gehen Sie also mit Überlegung an die Verwirklichung Ihrer Absicht, die Menschen Ihrer Umgebung für sich zu gewinnen, indem Sie erstens entweder nur über ein vorgeschlagenes Thema sprechen oder über eines, das sicherlich Beifall findet, und indem Sie zweitens — soweit dies mit dem Grundsatz der Ehrlichkeit vereinbar ist — nur die angenehmen Seiten berühren. Dreht sich zum Beispiel das Gespräch um das Kind Ihres Gegenübers, so sprechen Sie nur von dessen Klugheit, gutem Aussehen, hübschem Haar und anderen Vorzügen und lassen Sie seine mangelhaften Umgangsformen, schlechte Haltung und andere unangenehme Eigenschaften unerwähnt. Und außerdem:

a) *Vermeiden Sie Themen,* über die Ihre Zuhörer geteilter Meinung sein könnten. Erörtern Sie also nicht in Gegenwart von strenggläubigen Katholiken und überzeugten Protestanten das Problem der

Geburtenregelung. Auch Rassenfragen sind ungeeignet, falls sich Ihre Zuhörerschaft aus Farbigen und Weißen zusammensetzt.

b) Widmen Sie sich strittigen Fragen nur dann, wenn Sie sich auf die *Unvoreingenommenheit* Ihrer Zuhörer verlassen können. Glauben Sie nun aber nicht etwa, Sie dürften Probleme dieser Art überhaupt nicht erörtern. Es gibt kaum einen lohnenswerten Gesprächsstoff, bei dem sich die Meinungen nicht teilen würden, und gerade dies macht ja ein Gespräch oder eine Diskussion erst interessant. Wollte man jedoch ein Thema anschneiden, ohne die geringste Aussicht, seine Zuhörer überzeugen zu können, so wäre dies nicht nur verlorene Zeit, sondern man würde darüber hinaus auch auf Ablehnung stoßen. Als taktlos und gefährlich müßte man es zum Beispiel bezeichnen, in Gegenwart von Mohammedanern ausgerechnet von der Zionistischen Bewegung und Israel zu sprechen.

c) Machen Sie sich *niemals selbst zum Vorbild oder Thema,* denn dies würde Sie in den Augen Ihrer Umwelt nur herabsetzen. Falls die anderen in Ihnen ein Vorbild sehen oder Sie zum Gegenstand einer Erörterung machen, so lassen Sie sie — ohne falsche Bescheidenheit — ruhig gewähren. Das Recht, für sich selbst oder Ihre Sache zu sprechen, bleibt Ihnen natürlich unbenommen, doch sollten Sie Tatsachen in die Form einfacher Feststellungen kleiden.

d) Äußern Sie niemals eine bloße Meinung, sondern behalten Sie sie entweder für sich oder verwandeln Sie sie in eine *Feststellung.* Die Zuhörer legen eine bloße Meinung nämlich als Schwäche oder Unsicherheit aus. Sind Sie von der Richtigkeit Ihrer Ansicht nicht überzeugt oder können Sie sie nicht beweisen, so bleibt sie besser unausgesprochen.

e) Sprechen Sie *ohne jede Furcht und Scheu.* Einschränkungen und Entschuldigungen erwecken nämlich nur den Eindruck, daß es Ihnen an Rückgrat fehlt und Sie alles andere als zuverlässig sind.

f) Versäumen Sie keine Gelegenheit für ein *berechtigtes Kompliment,* hüten Sie sich jedoch vor falschem Lob und Schmeichelei. Jeder Mensch freut sich über ein verdientes Lob oder ein echtes Kompliment, und keiner wird unter diesen Voraussetzungen auf den Gedanken kommen, er werde von Ihnen hofiert. Andererseits aber sind sich im Grunde genommen auch die jeder Schmeichelei zugänglichen Menschen immer der Tatsache bewußt, ob sie Lob verdienen oder nicht. Deshalb erscheint unverdientes Lob entweder als herablassend oder wird als Versuch gewertet, sich einzuschmeicheln. In beiden Fällen büßen Sie an Achtung ein.

g) Verweigern Sie lieber eine *Stellungnahme,* als Zweifel an Ihrer Aufrichtigkeit zu erwecken. Sprechen Sie sich niemals für oder gegen eine Sache aus, falls Sie dies nicht mit Bestimmtheit, Aufrichtigkeit und gutem Grund tun können. Geben Sie niemals ein Versprechen, wenn Sie nicht absolut sicher sind, es auch halten zu können. Vor allem aber vermeiden Sie Wörter wie »vielleicht«, »möglicherweise« und andere Ausdrücke dieser Art.

Die Wortschatz-Technik

Jedes Sachgebiet und jede Situation erfordert eine andere Ausdrucksweise (wie in den Kapiteln 3, 8, 10, 11 und anderen dargelegt wurde). Sie dürfen daher keinesfalls versäumen, sich eine hervorragende Wort- und Redegewandtheit anzueignen.

Eine Zuhörerschaft, die Ihnen ihre ungeteilte Aufmerksamkeit schenkt, will einerseits für voll genommen werden und ist andererseits enttäuscht, wenn das Gesagte zu »hoch« für sie ist. Auch will man keine Alltagssprache von Ihnen hören, sondern erwartet sich eine *gewählte Ausdrucksweise.* Diese Regeln gelten gleichermaßen für eine Versammlung von Analphabeten wie für ein Auditorium von Akademikern.

Die Beherrschung der Redekunst erfordert nun keinesfalls irgendwelche außergewöhnlichen Anstrengungen, denn Sie verfügen bereits über alles Nötige und brauchen es nur anzuwenden. Sobald Ihnen dies gelingt, haben Sie jede Zuhörerschaft sofort in der Hand.

Jeder Mensch besitzt einen passiven Wortschatz, dessen Größe den aktiven (das heißt, den täglich von ihm gebrauchten) Wortschatz weit übertrifft. Eben diesen passiven Wortschatz Ihrer Zuhörer gilt es zu nutzen, denn Ihre Sprache soll *verständlich sein, ohne alltäglich zu klingen.*

Ihr eigener aktiver und passiver Wortschatz dürfte mehr oder weniger mit dem Ihrer Zuhörer übereinstimmen. Das nötige Material steht also zu Ihrer Verfügung — Sie brauchen nur zuzugreifen.

Es gibt eine Reihe von Methoden, um sich einen Vorrat von nicht alltäglichen Wörtern und Ausdrücken anzulegen. Am besten jedoch beschafft man sich ein Stilwörterbuch und prägt sich regelmäßig einige neue Wörter und Ausdrücke ein. Diese Bereicherung Ihres Wortschatzes wird bald Früchte tragen und es Ihnen ermöglichen, Ihre Gedanken genauer und wirkungsvoller darzulegen. Eben dies — und nicht etwa ausgefallene Wörter — ist es, was Ihre Zuhörer von Ihnen erwarten. Umwelt, Beruf, die Zugehörigkeit zu einer bestimmten Gesellschaftsschicht oder Einkommensgruppe bestimmen in gewissem Umfang den jeweiligen Wortschatz, den Sie für eine bestimmte Zuhörerschaft gebrauchen müssen. Das Entscheidendste aber ist, nur solche Wörter anzuwenden, die gewählt wirken und doch allgemein verständlich sind. Allzu seltene und deshalb weithin unbekannte Ausdrücke sind unbedingt zu vermeiden!

Eine Zusammenstellung passender Wörter würde hier zuviel Platz in Anspruch nehmen, ganz abgesehen davon, daß aus den eben genannten Gründen unsere Liste je nach dem jeweiligen Zweck einerseits viel Überflüssiges enthalten und andererseits unvollständig bleiben müßte. Wir beschränken uns deshalb darauf, im folgenden einige einfache Beispiele zu geben:

abfinden
abgrenzen
Abstecher
abtrünnig
abwägen
achtbar
Amtsbefugnis
aneignen
angliedern
anheimstellen
anspruchsvoll
Anteilnahme
Anwartschaft
Argwohn
aufbieten
aufhorchen
auflehnen
Aufnahmefähigkeit
aufnötigen
aufrechnen
Aufruhr

aufschlußreich
Aufschwung
Auftrieb
aufwiegen
Augenschein
Ausbeute
auserlesen
Ausflucht
ausgeprägt
aushändigen
ausmerzen
Ausschließlichkeit
außerstande sein
auszugsweise

bahnbrechend
bargeldlos
Barschaft
Bauvorhaben
beabsichtigen
bedächtig

bedingen
Befähigung
Befangenheit
Befund
begehbar
begünstigen
behend
beherzigen
beifällig
beipflichten
beispiellos
bejahrt
Beklemmung
bekunden
bekräftigen
beredt
Beredsamkeit
Bereicherung
bereitwillig
Beschlagnahme
beseligen

bevormunden
bezeugen
blindlings
bloßstellen
bodenlos
bodenständig
Breitenwirkung
brüchig

charakteristisch
Charakterkopf
Chronik
chronologisch

Dachorganisation
dankenswert
darbieten
Daseinsberechtigung
Dauerzustand
Deckungskapital
definierbar
demütigen
Denkvermögen
denkwürdig
diabolisch
dialektfrei
dienstbeflissen

dingen
dingfest
doktrinär
Doppelsinn
Drahtzieher
Drehmoment
durchdacht
durchfurchen
Durchlaß
durchmessen
durchscheinend
durchtrieben
dürftig

Keines der vorstehenden Wörter ist, wie Sie sehen, ungebräuchlich oder unverständlich; sie finden sich zweifellos in nahezu jedem passiven Wortschatz — und doch gehören sie nicht der alltäglichen Umgangssprache an.
Ihre Aufgabe ist es also, Ihren Wortschatz entsprechend zu *bereichern* und sich die genaue Bedeutung jedes von Ihnen gebrauchten Ausdrucks vor Augen zu führen. Denn nur so werden Sie lernen, klar und überzeugend zu sprechen.

ZUSAMMENFASSUNG

1. Ihr Verhalten und Ihre Sprechweise müssen den Vorstellungen entsprechen, die man sich von Ihnen macht.
2. Nur wenn Sie Ihre Mitmenschen für sich gewinnen, können Sie Ihre Ziele verwirklichen.
3. Sie haben nur über die Menschen Macht, die Sie in die Tasche stecken.
4. Wer in Ihrer Tasche steckt, kann von niemand anderem geködert werden.
5. Zuhörer, die Ihnen ihre ungeteilte Aufmerksamkeit schenken, erwarten von Ihnen mit Recht Außergewöhnliches.
6. Eignen Sie sich mittels der *Telefonton-Technik* die erforderliche Sprech-Tonlage an, die eine Notenstufe über Ihrer Normaltonlage liegt.
7. Stellen Sie Ihre Sprechgeschwindigkeit auf die maximale Aufnahmefähigkeit Ihrer Zuhörer ein.

8. Überlegen Sie sorgfältig, ehe Sie sprechen.
9. Hüten Sie sich vor jeder Übertreibung, sprechen Sie aber mit genügend Nachdruck, um die Aufrichtigkeit Ihrer Worte zu unterstreichen.
10. Äußern Sie nur Gedanken, die den Beifall Ihres Publikums finden, denn nur so können Sie es für sich gewinnen.
11. Man erwartet von Ihnen eine verständliche Darstellung, die jedoch nicht in alltägliche Worte gekleidet sein darf.
12. Die *Wortschatz-Technik* vermehrt ihre Redegewandtheit; ungebräuchliche Wörter haben nichts mit Redekunst zu tun.

KAPITEL 10

Wie man angreift, ohne zu verletzen

> Wer Ihnen »den Ball abnimmt«, stiehlt Ihre Macht.
>
> Und wenn Sie noch so müde sind — lassen Sie sich nie in die Defensive drängen!
>
> Anzeichen von Ermüdung sind ein Warnsignal.
>
> Setzen Sie sich auf den »Ball«, wenn Sie eine Atempause brauchen.
>
> Wer Sie herausfordert, vermehrt Ihre Kraft.
>
> Die *Verblüffungstechnik* ist eine wirksame Waffe gegen Unaufmerksamkeit und Interesselosigkeit.
>
> Die *Entschärfungstechnik* macht ein herausforderndes »Warum?« ungefährlich.

Bis jetzt haben Sie sich auf zwei Ziele konzentriert, nämlich erstens mit Ihren Mitmenschen auszukommen und zweitens durch Ihr Auftreten und Verhalten in den anderen den Wunsch wachzurufen, Ihren Beifall zu finden. Insbesondere durch die Verfolgung dieses zweiten Ziels haben Sie sich bereits viele Eigenschaften einer Machtpersönlichkeit angeeignet. Nun aber müssen Sie sich auf eine der Grundvoraussetzungen jeder Persönlichkeitsmacht konzentrieren — nämlich immer und unter allen Umständen in der Offensive zu bleiben!

Die Defensive ist die Taktik des Schwachen

Das Problem »Offensive oder Defensive« tritt überhaupt nicht auf, solange man nur bestrebt ist, mit seiner Umwelt auszukommen. Denn diese Absicht ist sehr einfach zu verwirklichen, indem man zu allen nett ist und nur das sagt und tut, was deren Beifall findet. Will zum Beispiel ein anderer den »Ball« haben, so tritt man ihn kampflos ab und macht sich dadurch — zumindest kurzfristig — beliebt. Wie schon in Kapitel 8 dargelegt, kann sich jedoch eine Machtpersönlichkeit ein solches Nachgeben niemals leisten; sie würde sofort ihre Macht nicht nur über den Herausforderer, sondern auch über alle Zeugen dieses Versagens verlieren.

Ihre Persönlichkeitsmacht ist nämlich auf Gedeih und Verderb mit der anspruchsvollen Überzeugung Ihrer Umwelt verbunden, daß Sie jede Situation meistern und aus jedem Gespräch und jedem Unternehmen als Sieger hervorgehen. Eigenschaften und Verhaltensweisen — wie Charme, Gefälligkeit und Liebenswürdigkeit — können je nach Bedarf »eingeschaltet« und wieder »ausgeschaltet« werden. Echte Persönlichkeitsmacht jedoch muß dauernd »eingeschaltet« bleiben. Falls Ihnen also die bloße Sympathie Ihrer Mitmenschen nicht genügt und Sie Ihre menschlichen Beziehungen auf die Grundlage der Persönlichkeitsmacht stellen wollen, so ergibt sich das Problem: Wie meistere ich jede Lage, wie gehe ich aus jedem Gespräch und Unternehmen als Sieger hervor? Sie dürfen sich also von niemandem den Ball abjagen lassen oder anders ausgedrückt: *Sie dürfen sich niemals in die Defensive drängen lassen!*

Wie man die Zügel in der Hand behält

Zwar ist die Forderung, die hier an Sie gestellt wird, alles andere als leicht zu erfüllen. Denn Persönlichkeitsmacht hin, Persönlichkeitsmacht her — im Grunde bleibt man doch ein Mensch. Deshalb ist es nur natürlich, daß man es manchmal müde wird, sich die Zügel nicht aus den Händen gleiten zu lassen. Und eben diese körperliche und geistige Ermüdung stellt das eigentliche Problem einer Dauer-Offensive dar. Bei näherer Betrachtung ergeben sich jedoch mehrere Möglichkeiten, diese scheinbar die menschliche Kraft übersteigende Aufgabe zu lösen.

In welcher Absicht und für welchen Zweck wenden Sie Ihre Persönlichkeitsmacht in erster Linie an? Auf den einfachsten Nenner gebracht doch wohl, *um die anderen von sich zu überzeugen*, nicht wahr? Erst wenn Ihnen dieser erste Schritt gelungen ist, wenden Sie sich dem zweiten Ziel zu: die Menschen Ihrer Umgebung für sich »einzuspannen«.

Noch genauer besehen, beruht aber die machtvolle Wirkung Ihrer Persönlichkeit darauf, daß Sie Ihrer Umwelt als eine Persönlichkeit erscheinen, die im vollen Vertrauen auf die eigene Kraft jede Schwierigkeit meistert. Ob dies nun wirklich zutrifft, ist im Augenblick ohne Bedeutung — entscheidend ist einzig und allein der Augenschein. Darum dürfen Sie die Rolle der Machtpersönlichkeit auch nicht für den Bruchteil einer Sekunde ablegen — und wenn Sie noch so müde sind!

Diese Aufgabe ist schwer, aber nicht unlösbar. Es gibt drei Methoden, deren geschickte Handhabung es Ihnen ermöglicht, die Zügel immer in der Hand zu behalten.

Der Mann am Steuer bestimmt die Richtung

Nur wenige kennen die drei Möglichkeiten, die sich Ihnen hier bieten, und lassen deshalb müde das Steuer ihren Händen entgleiten oder wenden Ihre letzte Kraft daran, mit Gewalt ans Ziel zu kommen. Das eine ist so gefährlich wie das andere! Denn der Verzicht auf den Platz am Steuer bedeutet den sofortigen Verlust von Einfluß und Macht, während ein gewaltsames Vorgehen andererseits die davon Betroffenen zum Widerspruch reizt und Ihre Persönlichkeitsmacht an deren Widerstand scheitern läßt.

Die Hinhaltungstechnik

Sobald Sie also das nächstemal die ersten Anzeichen von Ermüdung verspüren, so hüten Sie sich vor den eben beschriebenen Fehlern. Entspannen Sie sich statt dessen und bleiben Sie eine Weile »auf dem Ball sitzen«. Verzichten Sie in ermüdetem Zustand sofort darauf, die Offensive voranzutragen — sorgen Sie aber gleichzeitig dafür, daß nicht ein anderer die Zügel an sich reißt. Die folgenden praktischen Beispiele verdeutlichen, wie hier vorzugehen ist:

a) In diesem Zusammenhang ist als erster ein bedeutender Unternehmer zu nennen, der beträchtliche Persönlichkeitsmacht ausstrahlt und täglich eine ungeheure Arbeitslast zu bewältigen hat. Sobald er sich dabei ertappt, daß er seinen Mitarbeitern barsche Befehle erteilt, anstatt sie höflich zu bitten, weiß er, daß ihm die Zügel aus Übermüdung zu entgleiten drohen. (Wenn er zum Beispiel seine

Sekretärin nicht freundlich ersucht: »Verbinden Sie mich bitte mit Herrn Kranz!«, sondern ihr den *barschen* Befehl gibt: »Los, rufen Sie den Kranz an!«) Beim ersten Gefahrensignal dieser Art *lenkt er sofort die Aufmerksamkeit von sich ab*, indem er ein Thema anschneidet, das seine Gesprächspartner interessiert. Während sich diese nun die Köpfe heißreden, gewinnt er selbst Zeit, sich zu entspannen und zu erholen. Diese Taktik wendet er an, ohne Rücksicht auf die Dringlichkeit der Angelegenheit, mit der er sich gerade befaßte, ohne Rücksicht auf die Bedeutung und Zahl seiner Gesprächspartner und gleichgültig, ob er sich in seinem eigenen Büro oder irgendwo anders befindet. Hat er dann frische Kräfte gesammelt, schaltet er sich sofort wieder ein und nimmt den Faden dort auf, wo er ihn vorher absichtlich fallen ließ.

b) Bei einem anderen führenden Geschäftsmann kündigt sich eine beginnende Ermüdung auf ähnliche Weise an, doch verwendet er eine etwas andere Methode. Anstatt nämlich ein interessantes Thema anzuschneiden, wirft er ein ebenso schwieriges wie strittiges *Problem in die Debatte* und überläßt es seinen Gesprächspartnern, sich damit auseinanderzusetzen, bis er sich wieder erholt hat. Als ihn zum Beispiel bei einer Vorstandssitzung bei einer langwierigen Erörterung eines geschäftlichen Verlustes in der Höhe von 300000 Dollar leichte Müdigkeit befiel, sagte er überraschend zu den Direktoren: »Wir könnten zumindest die Hälfte dieser Summe durch steuerliche Manipulationen wieder hereinbringen, wenn Sie sich nur erst darüber einig werden könnten, um wieviel und für wielange die Gehälter unserer leitenden Angestellten zu kürzen sind.« Er dachte selbstverständlich nicht eine Sekunde daran, den Verlust auf diese Weise wieder wettzumachen, und nahm auch nicht den geringsten Anteil an der hitzigen Debatte. Das Ganze war nur ein Ablenkungsmanöver, das ihm eine hinreichend lange Atempause verschaffte.

c) Eine dritte Persönlichkeit — ein Anwalt — verweist neben den bereits beschriebenen Warnsignalen noch auf ein weiteres Symptom einer beginnenden Ermüdung. In diesem Zustand neigt er nämlich dazu, den anderen seine Ideen, Ansichten und Beweisgründe aufzuzwingen (ein Fehler, der ihm früher viel Geld gekostet hatte). Sobald seine Konzentrationsfähigkeit nachläßt, stellt er *zur Ab-*

lenkung eine Frage und entspannt sich, während sich sein Gegenüber um eine Antwort bemüht. Als er zum Beispiel einmal während einer Besprechung mit einer außerordentlich schwierigen Klientin ermüdete, unterbrach er sich und fragte: »Wie machen Sie es eigentlich, immer so ausgeglichen und gut gelaunt zu sein? Ist das eine glückliche Veranlagung oder haben Sie sich so sehr in Ihrer Gewalt?» Selbstverständlich konnte die Mandantin diese schmeichelhafte Frage nicht unbeantwortet lassen. Nach fünf Minuten nahm der inzwischen völlig erholte Anwalt das eigentliche Gesprächsthema wieder auf.

Sie kennen nun die verschiedenen Varianten der *Hinhaltungstechnik*, nämlich:

a) Unverzügliches Ablenken auf ein Thema, das den anderen so interessiert, daß er es sofort aufgreift;

b) Erwähnung eines strittigen Problems;

c) Ablenkung durch eine direkte Frage.

Die *Hinhaltungstechnik* erfordert Geschick und schnelles Reaktionsvermögen. Welche der eben beschriebenen Varianten Sie anwenden wollen, bleibt Ihnen überlassen. Greifen Sie zu der Methode, die Ihnen am meisten liegt, oder erfinden Sie eine neue: Hauptsache ist, Sie wenden Sie *sofort* an, sobald Sie das erste Anzeichen von Ermüdung bemerken.

Wie schon früher gesagt wurde, beruht der Erfolg jeder Technik auf irgendeinem Trick. Bei der *Hinhaltungstechnik* besteht dieser Trick aus drei Elementen:

1. Lenken Sie im Falle der Ermüdung die Aufmerksamkeit unverzüglich von sich und Ihrem Thema ab.

2. Sorgen Sie dafür, daß die anderen so lange abgelenkt bleiben, bis Sie geistig wieder völlig frisch sind.

3. Ziehen Sie die Aufmerksamkeit sofort wieder auf sich und Ihre Angelegenheit, sobald Ihre Spannkraft wiederhergestellt ist.

Übermüdung löst Gegenangriffe aus

Ist man zu sehr von seinem Thema in Anspruch genommen oder macht man gar eine Gewaltanstrengung, um sein Gegenüber zu überzeugen, so werden die ersten Gefahrensignale sehr leicht übersehen, und die Anzeichen von Ermüdung fallen den anderen eher auf als einem selbst. In diesem Fall ist es für die *Hinhaltungstechnik* bereits zu spät, und man muß durch die sofortige Anwendung anderer Methoden versuchen, die Zügel wieder fest in den Griff zu bekommen, ehe ein anderer das Gespräch an sich gerissen hat.
Jeder, der schon einmal in einem Augenblick der Ermüdung seiner Persönlichkeitsmacht beraubt wurde, wird Ihnen bestätigen: Ihre Gesprächspartner »lauern« stets auf eine solche Gelegenheit, um sich sogleich auf Sie zu stürzen.
Wer die Offensive für sich beansprucht, kann niemals mit der Nachsicht seiner Mitmenschen rechnen. Selbst wenn Sie vorher der »Chef« oder — für Minuten, Stunden oder Monate — ein großes Vorbild waren, sobald Sie der Offensive müde werden, ergreifen die anderen sofort die Gelegenheit, sich durchzusetzen und über Sie zu stellen. Dies ist aber kein Grund, den Betreffenden deswegen böse zu sein. Ganz im Gegenteil: Sie müßten in dem Bemühen, Ihnen Ihre Position streitig zu machen, ein Kompliment sehen!
Das Ringen um Persönlichkeitsmacht ist ein ständiger Wettkampf, und deshalb wird die Zahl Ihrer Herausforderer mit Ihrer wachsenden Bedeutung als Machtpersönlichkeit zunehmen. Andererseits ist aber gerade das Nachdrängen Ihrer Rivalen die Kraft, die Sie immer höher emporhebt. Dies trifft jedoch nur zu, wenn Sie Ihre Macht ständig zur Geltung bringen, denn Ihre Mitbewerber trachten danach, Sie zu überflügeln, und werden keinesfalls geduldig hinter Ihnen Schlange stehen. Ein solches Verhalten können Sie nur von jenen »treuen Anhängern« erwarten, die sich schon immer damit begnügten, an Ihren Rockschößen zu hängen, um so ohne eigene Anstrengung vorwärtszukommen. Alle Männer in führenden Positionen, die aus Übermüdung vorübergehend einmal ihre Persönlichkeitsmacht eingebüßt haben, werden Ihnen die entscheidende Bedeutung der ersten Warnsignale bestätigen.

Unaufmerksamkeit ist eine Herausforderung

Beim ersten Anzeichen von Ermüdung oder übertriebenem Nachdruck werden Ihre Gesprächspartner sofort eine der beiden folgenden Metho-

den anwenden, um Ihnen Ihre Stellung streitig zu machen. Die erste Taktik ist von täuschender Harmlosigkeit, und manchmal ist ein Abwehrmittel nur schwer zu finden. Eingesetzt wird sie zum Beispiel von Angestellten, Geschäftspartnern, Kunden und selbst vom Bedienungspersonal in Hotels, Restaurants oder sonstwo.
Die anderen haben ein scharfes Auge und ein feines Gefühl dafür, ob Sie Ihre Meinungen, Vorstellungen, Argumente und Ihre Autorität mit einer letzten Gewaltanstrengung durchzusetzen versuchen, weil Sie Ihre Kräfte schwinden fühlen. In diesem Fall werden Ihre Rivalen zur einfachsten Waffe greifen, um Ihrer Offensive Einhalt zu gebieten und somit Ihre Persönlichkeitsmacht zu zerstören: *man ignoriert Sie!* Und zwar ganz einfach, indem man sich Ihren Anordnungen, Ansichten, Wünschen und Befehlen gegenüber taub stellt oder diese nur mit einem Achselzucken zur Kenntnis nimmt.
Was können Sie tun, wenn das Steuer bereits so weit Ihren Händen entglitten ist? Lassen Sie sich ein solches Verhalten bieten, so sind Sie als Machtpersönlichkeit »erledigt«. Durch übersteigerten Kräfteeinsatz andererseits fordern Sie nur den Spott oder offene Ablehnung heraus. Da also weder das eine noch das andere für Sie in Frage kommt, müssen Sie eine andere Methode anwenden. Diese besteht einfach darin, den Angreifern durch eine verblüffende Bemerkung den Wind aus den Segeln zu nehmen!

Die Verblüffungstechnik

Die *Verblüffungstechnik* erfordert eine gewisse Erfindungsgabe, dafür ist sie um so wirksamer. Bei ihrer Anwendung sind vor allem zwei Punkte zu beachten: Erstens darf keine Pause und keine Veränderung des Verhaltens eintreten und zweitens muß jede Drohung vermieden und statt dessen die Neugier und das Interesse des Herausforderers von neuem geweckt werden, indem man ihn in völlige Verwirrung stürzt.
Machtpersönlichkeiten, die in der Anwendung der *Verblüffungstechnik* erfahren sind, weisen auf zwei weitere bedeutsame Eigenheiten dieser Taktik hin. Einerseits warnen sie davor, sich uneingeschränkt auf die *Verblüffungstechnik* zu verlassen, anstatt bereits dem ersten Anzeichen von Ermüdung Rechnung zu tragen und sofort die *Hinhaltungstechnik* anzuwenden. (Die besondere Wirksamkeit der *Verblüffungstechnik* beruht nämlich, wie Sie gleich sehen werden, auf der Seltenheit ihrer

Anwendung.) Andererseits wird die Notwendigkeit betont, sich rechtzeitig eine Anzahl verblüffender Worte und Handlungen zurechtzulegen, um sie im Notfall sofort einsetzen zu können. Die Wahl des Mittels wird nämlich durch die jeweilige Situation bestimmt, und deshalb erfordert diese Technik große Geistesgegenwart und reiche Erfindungsgabe. Die folgenden praktischen Beispiele sind nur als Anleitung bei der Sammlung Ihres eigenen »Arsenals« gedacht.

a) Ein als Machtpersönlichkeit hochgeachteter Unternehmer erzählt, daß er einmal die ersten Warnsignale unbeachtet ließ und sich seiner Ermüdung erst bewußt wurde, als seine Angestellten begannen, ihn zu ignorieren. Hätte er nun auf seine Autorität gepocht, so wäre es ihm ein leichtes gewesen, vermehrte Beachtung zu erzwingen. Dies hätte aber seine Mitarbeiter nur gegen ihn aufgebracht. Statt dessen entwarf er sofort ein Rundschreiben, in dem jeder Angestellte aufgefordert wurde, in fünf kurzen Sätzen darzulegen, warum er um Arbeit bei eben diesem Unternehmen nachgesucht habe und warum er weiterbeschäftigt werden wollte. Das Rundschreiben wurde noch am gleichen Tag jedem in der Firma Beschäftigten zugestellt, mit der Aufforderung, die Antwort in einem versiegelten Umschlag am folgenden Tag vor Büroschluß bei der Geschäftsleitung einzureichen. Nachdem er dieses Rundschreiben diktiert hatte, verließ der betreffende Geschäftsmann die Firma und kam erst am nächsten Tag wieder.

b) Der Direktor eines sich ungemein rasch vergrößernden Unternehmens stellte bei einer Vorstandssitzung plötzlich fest, daß ihm nur noch halbe Aufmerksamkeit geschenkt wurde. Kraft seiner Stellung hätte er die Versammlung zur Ordnung rufen können, hätte aber damit sicher die anderen gegen sich eingenommen. Statt dessen bemerkte er gegen Ende der Sitzung (wobei niemand ahnte, daß sich diese Bemerkung nur auf ihn selbst bezog): »Für die Mehrheit der Anwesenden ist der Wert eines bestimmten Vorstandsmitglieds für unser Unternehmen etwas fraglich geworden. Sollten diese Zweifel bei unserer nächsten Zusammenkunft im selben Umfang weiterbestehen, so erwarte ich, daß der Betreffende sein Amt zur Verfügung stellt!«

c) Ein mit beträchtlicher Persönlichkeitsmacht ausgestatteter und ungemein erfolgreicher Vertreter mißachtete ebenfalls die ersten

Warnsignale, bis er plötzlich gewahr wurde, daß ein wichtiger Kunde sein Interesse am Verkaufsgespräch völlig verloren hatte. Wäre er nun mit verstärktem Nachdruck auf sein Gegenüber eingedrungen, so hätte er dadurch dessen Widerstand herausgefordert. Statt dessen sagte er, ohne dabei im geringsten seinen Ton oder sein Verhalten zu ändern: »Wenn Sie mit einem Rückgang des Volkseinkommens rechnen, so tun Sie gut daran, mit dem Einkauf zu warten, bis Ihr Geld eine höhere Kaufkraft hat. Ist aber andererseits eine Vermehrung des Sozialprodukts zu erwarten, so hat Ihr Kapital heute eine wesentlich größere Kaufkraft als morgen, und in diesem Fall wäre ein Einkauf zum gegenwärtigen Zeitpunkt wesentlich günstiger für Sie!«

d) Einem als Machtpersönlichkeit bekannten Politiker widerfuhr ein ähnliches Mißgeschick: Bei einer Großveranstaltung verbreiteten sich in seiner Zuhörerschaft Unruhe und Unaufmerksamkeit, und manche gingen sogar so weit, sich zu unterhalten und ihn völlig zu ignorieren. Er hätte nun seine Stimme noch lauter erheben, die Versammlung zur Ordnung rufen oder zu irgendeinem anderen Mittel dieser Art greifen können, doch dies alles hätte sich nur zu seinem Nachteil ausgewirkt. Statt dessen setzte er, ohne im geringsten sein Verhalten zu ändern, seine temperamentvolle und mit lebhaften Gesten unterstrichene Rede fort, formte aber dabei die Worte nur mit den Lippen, *ohne einen einzigen Laut von sich zu geben.* Nach wenigen Sekunden hatte er wieder alle Blicke auf sich gezogen, und es herrschte absolutes Stillschweigen. Damit hatte er sein Ziel erreicht — er sprach wieder normal weiter und tat so, als ob ihm das kleine Intermezzo gar nicht bewußt geworden wäre!

Die Reihe interessanter Beispiele könnte noch lange fortgesetzt werden. Die Hauptsache ist jedoch bereits jetzt klar: Bei aller äußerlichen Unterschiedlichkeit weisen die hier beschriebenen Techniken im Grunde doch wesentliche gemeinsame Züge auf. In jedem Fall sorgt nämlich eine plötzlich herbeigeführte Verblüffung für Neugierde und neuerwecktes Interesse. Außerdem ist die *Verblüffungstechnik* nur in allerseltensten Fällen die Frucht einer augenblicklichen Eingebung, sondern wurde schon von langer Hand für eben eine solche Gelegenheit vorbereitet.

Der obenerwähnte Politiker zum Beispiel ist sich der Verwundbarkeit und Zerbrechlichkeit aller Persönlichkeitsmacht wohl bewußt. Aus diesem Grund hatte er sich schon eine Reihe von Jahren vor der beschriebenen Episode seine *Verblüffungstechnik* zurechtgelegt, für den Fall, daß ihm gerade bei einer Großveranstaltung aus Übermüdung die Zügel entgleiten könnten.
Ähnliches kann auch Ihnen jederzeit geschehen. Deshalb sollten auch Sie sich bereits jetzt eine bestimmte Taktik für einen solchen Notfall zurechtlegen — je nachdem, ob er vor Ihren Angestellten, Geschäftsfreunden, Kunden, Zuhörern oder vor irgendeinem anderen Personenkreis in Ihrem Tätigkeitsbereich eintreten könnte. Aber selbst wenn Sie sich für einen solchen Fall aufs beste gerüstet wähnen, muß Ihr Hauptaugenmerk darauf gerichtet bleiben, eine solche Möglichkeit von vornherein auszuschließen. Stellen Sie sich also auf die *Möglichkeit* ein — reagieren Sie jedoch stets sofort auf die allerersten Anzeichen von Ermüdung, um einer derartigen Gefahr von vornherein aus dem Wege zu gehen. Falls Sie selbst schon einmal Zeuge waren, wie eine angehende »Machtpersönlichkeit« in einer solchen Lage scheiterte, wissen Sie ja, wie kläglich der Betreffende wirkte, und welch schweren Schaden dieser Mißerfolg seinem Ansehen zufügte!
Der Trick der *Verblüffungstechnik* läßt sich in einer ganz kurzen Formel ausdrücken: *Stürzen Sie jeden in Verwirrung, sobald er Sie ignoriert!*

Ein herausforderndes »Warum?« ist bedrohlich

Eine andere Methode, Ihre Persönlichkeitsmacht anzugreifen, ist das herausfordernde »Warum?«. Diese Fragestellung ist ein sicheres Anzeichen dafür, daß Ihre Übermüdung und beginnende Unsicherheit klar erkannt wurden. Zu dieser zweiten Taktik greifen Ihre Rivalen nämlich nur dann, wenn sie überzeugt sind, Sie damit in die Defensive drängen zu können!
Von Kindheit an scheint jeder Mensch zu wissen, daß ein herausforderndes »Warum?« das einfachste und wirkungsvollste Mittel darstellt, sein Gegenüber in die Defensive zu drängen. Jeder — auch Sie selbst — ist mit dieser Methode vertraut. Gegen Sie als Machtpersönlichkeit wird diese Waffe aber erst gerichtet, sobald Ihre Offensive ermattet und Sie verwundbar erscheinen.

Wenn Sie mit allzu großem Nachdruck auf Ihre Geschäftspartner oder Angestellten eindringen — selbst bei Freunden kann dies der Fall sein —, so werden Sie die Betreffenden damit unvermeidlich zum Widerspruch reizen oder ihnen gar zu nahe treten. In diesem Fall werden Sie ein herausforderndes »Warum?« zu hören bekommen. Manchmal wird dieses »Warum?« in die Form einer längeren Frage gekleidet sein, meist aber wird man sich mit diesem einzigen Wort begnügen, um Sie anzugreifen: »Beweisen Sie erst einmal, was Sie da sagen!« Sollte dies geschehen, *so antworten Sie keinesfalls darauf,* denn jede Antwort, ja *allein schon ein Versuch in dieser Richtung,* bedeutet Ihren Verzicht auf die Offensive. Sie dürfen aber der herausfordernden Frage des anderen auch keinesfalls mit einer herausfordernden Frage ihrerseits begegnen, denn damit würden Sie sich nur noch verwundbarer machen.
Selbstverständlich müssen Sie zwischen einer berechtigten Frage, die zur Beseitigung einer Unklarheit gestellt wird, und einer in Frageform gekleideten Herausforderung unterscheiden. Im Zweifelsfall ist es jedoch am sichersten, in jedem »Warum?« einen Angriff zu sehen!

Die Entschärfungstechnik

Einerseits können Sie sich nicht leisten, eine herausfordernde Frage zu beantworten, zurückzugeben oder sich gar durch sie außer Fassung bringen zu lassen; aber ebenso unmöglich ist es andererseits, den Angriff einfach zu ignorieren. Wollen Sie also die Offensive behalten bzw. verstärken (ohne dabei Ihr Gegenüber zu verletzen oder zum Widerstand zu reizen), so müssen Sie sofort eine ablenkende Frage stellen, der unmittelbar eine zweite folgen muß, mit der Sie den Herausforderer wieder in die Defensive drängen.
Auf diese Weise entschärfen Sie nämlich das »Warum?« Ihres Herausforderers und machen daraus einen *Bumerang,* der den Angriff sofort auffängt, ohne den Angreifenden persönlich zu verletzen.
Ihre erste Frage muß also einzig und allein eine Ablenkung sein und darf niemals herausfordernd klingen. In letzterem Fall wären Sie sonst nämlich gezwungen, mit Ihrem Gegenüber »die Klingen zu kreuzen« oder aber durch ein Ausweichmanöver die vermutete Verwundbarkeit Ihrer Position zu bestätigen. Ähnlich wie bei der *Verblüffungstechnik,* gibt es auch bei der *Entschärfungstechnik* keine »vorgefertigten« Fragen, die in jedem Fall zu verwenden wären. Doch werden es Ihnen die

folgenden praktischen Beispiele erleichtern, sich für Ihren Bedarf entsprechende Methoden zurechtzulegen.

a) Ein herausforderndes »Warum?« — auf die Ankündigung einer neuen Verkaufspolitik hin — öffnet einem Verkaufsleiter die Augen über den gefährlichen Grad seiner Ermüdung. In der ersten Erregung hätte er am liebsten auf den Tisch geschlagen und gebrüllt: »Weil ich es sage!«; doch beherrschte er sich und erwiderte freundlich: »Gut, daß Sie mich daran erinnern. Ich frage mich nämlich schon die ganze Zeit, warum Sie Ihrer Frau nicht die Perlen-Ohrringe gekauft haben, die sie sich zum Geburtstag wünschte. Gerade die wollte sie doch haben, und sie wären doch nicht teurer gewesen als ein anderes Geschenk, oder?«

b) Der Eigentümer eines Transportunternehmens wurde sich seiner Ermüdung bewußt, als ihn einer seiner Lagerverwalter mit einem kurzen »Warum?« herausforderte, und zwar auf die Feststellung hin, man müsse den Rückstand ohne Überstunden wieder ausgleichen. Anstatt darauf zu versetzen: »Weil Ihre Unfähigkeit daran schuld ist!«, antwortete der Unternehmer völlig ruhig: »Oh, dabei fällt mir ein — warum lassen wir die Gabelstapler eigentlich nicht von Frauen bedienen? Die würden doch sicherlich fleißiger arbeiten und sorgfältiger mit dem Ladegut umgehen. Es wäre ein Weg, um die Kosten zu vermindern, nicht wahr?«

c) Der Generaldirektor einer Aktiengesellschaft wurde sich der Gefährlichkeit seiner Lage bewußt, als ein jüngerer Direktor seinen Vorschlag einer Reorganisation der Zuständigkeitsbereiche mit einem herausfordernden »Warum?« angriff. Anstatt den Betreffenden auf dessen schon öfters gezeigten Mangel an Urteilskraft hinzuweisen, begnügte sich der Angegriffene mit der Bemerkung: »Diese Frage habe ich mir selbst schon gestellt, und sie führt mich zu einer weiteren: Wie viele unserer leitenden Angestellten sind sich wohl bewußt, daß sie eine dreifache Aufgabe als Arbeitgeber, Arbeitnehmer und als selbst Arbeitende zu erfüllen haben? Wäre es nicht gut, einmal unseren ganzen Mitarbeiterstab von oben nach unten durchzukämmen und alle diejenigen auszumerzen, die ihrer dreifachen Aufgabe nicht gewachsen sind oder sie nur unbefriedigend erfüllen?«

Aus den obigen Beispielen ist Ihnen die Anwendungs- und Wirkungsweise der *Entschärfungstechnik* nun sicher klar geworden. Das »Warum?« wird nicht ignoriert, nicht beantwortet und nicht zurückgegeben. Man benützt es zur Überleitung zu einem anderen Thema, und die Gegenfragen werden so formuliert, daß sich der Herausforderer überlegen muß, ob es sich dabei nicht um eine versteckte Antwort handelt. Dabei kommt er unweigerlich zu dem Schluß, es müsse wohl irgendein derartiger Zusammenhang bestehen und er hätte vielleicht besser daran getan, den Angriff zu unterlassen! Anstatt die Widerspenstigkeit des Betreffenden noch zu verstärken, haben Sie also seine Auflehnung im Keim erstickt und sich den notwendigen Respekt verschafft.

Die dauernde Aufrechterhaltung von Initiative und Persönlichkeitsmacht

Wie schon zu Anfang dieses Kapitels erwähnt, müssen Sie als echte Persönlichkeitsmacht jede Situation meistern und aus jedem Gespräch und jedem Unternehmen als Sieger hervorgehen. Dazu aber müssen Sie *ununterbrochen in der Offensive bleiben, ohne dabei andere irgendwie zu verletzen!* Aus früheren Kapiteln haben Sie bereits gelernt, wie man mit seinen Mitmenschen auskommt und sie für sich gewinnt, während man die Initiative ergreift und die Offensive vorbereitet. Schließlich haben Sie nun erfahren, wie Sie die Sympathie und das Interesse Ihres Gegenüber auch dann noch behalten können, wenn Sie einer menschlichen Schwäche unterliegen. Vorausgestzt, daß Sie den Anzeichen einer beginnenden Ermüdung rechtzeitig Beachtung schenken und die hier beschriebenen drei Techniken unverzüglich zur Anwendung bringen, werden Sie niemanden durch die Ausübung Ihrer Persönlichkeitsmacht verletzen oder zum Widerstand reizen und somit immer die Zügel fest in der Hand behalten.

ZUSAMMENFASSUNG

1. Ihre Persönlichkeitsmacht muß immer »eingeschaltet« bleiben.
2. Lassen Sie sich von niemandem den »Ball« abjagen!
3. Vermeiden Sie es, andere zu verletzen oder zum Widerstand zu reizen!

4. Wenn Sie der Offensive müde werden, so wenden Sie die *Hinhaltungstechnik* an.

5. Lenken Sie beim ersten Anzeichen von Ermüdung die Aufmerksamkeit von sich und Ihrem Thema ab!

6. Führen Sie dieses Ablenkungsmanöver so lange durch, bis Sie Ihre körperliche und geistige Frische wiedergewonnen haben!

7. Ziehen Sie die Aufmerksamkeit sofort wieder auf sich und Ihr Thema, sobald Sie sich erholt fühlen!

8. Läßt Ihre Übermüdung die anderen unaufmerksam werden, so wenden Sie unverzüglich die *Verblüffungstechnik* an.

9. Sagen oder tun Sie irgend etwas, was denjenigen, der Sie ignoriert, in Verwirrung stürzt!

10. Wird Ihre Übermüdung von den anderen klar bemerkt, und wollen diese Sie daraufhin in die Defensive drängen, so wenden Sie die *Entschärfungstechnik* an.

11. Behandeln Sie ein herausforderndes »Warum?« als Überleitung zu einem anderen Thema!

12. Stellen Sie sofort eine ablenkende Frage!

KAPITEL 11

Wie man die Wirkung seiner Persönlichkeit verstärkt

Eine Machtpersönlichkeit muß sowohl ursprünglich als auch eigenständig sein, um als unverwechselbare Eigenpersönlichkeit zu erscheinen.

Unbewußte Eigenarten im Handeln und Sprechen sind Bestandteil Ihrer Persönlichkeit.

Ihre Individualität wird durch selbständiges schöpferisches Denken unterstrichen.

Die *Ich-zuerst-Technik* verleiht Ihren Gedanken Nachdruck und verhindert »Krücken«-Argumente.

Die *Anti-Zitat-Technik* bewahrt Sie vor schädlichen Eigenzitaten.

Die *Urheber-Technik* zwingt Sie, selbständig zu denken und das Zitieren anderer auszuschalten.

Ihre Mitmenschen sehen und betrachten Sie nunmehr als eine klar erkennbare und unverwechselbare Einzelpersönlichkeit. Genauer gesagt: Sie haben Ihrem körperlichen Erscheinungsbild den Stempel des Außerordentlichen und Einmaligen aufgeprägt. Als nächstes wurden Tonfall und Sprechweise von Ihren Zuhörern als Ausdruck eines selbständigen und überragenden Geistes gewertet. Nun müssen Sie die von Ihnen erwartete originelle und schöpferische Art des Denkens beweisen.

Sie müssen der Urheber eines Gedankens und nicht nur sein Deuter oder Verkünder sein

Je größer Ihre Macht wird, desto mehr bilden Sie den Mittelpunkt des allgemeinen Interesses. Diese Tatsache möchten wir Ihnen noch einmal ins Gedächtnis rufen, denn Sie müssen ihrer ständig und in zunehmendem Umfang Rechnung tragen. Jede Steigerung Ihrer Persönlichkeitsmacht bedeutet eine Vermehrung der Augen und Ohren, die alles, was Sie tun und sagen, mit größter Aufmerksamkeit verfolgen. Aber gleichzeitig mit der Anzahl Ihrer Beobachter nimmt auch die Schar Ihrer Kritiker zu.

Was Ihre Sprechweise und Themenwahl betrifft, so wurde bereits alles Nötige gesagt. Die in diesem Zusammenhang dargelegten Techniken geben Ihnen die Zügel in die Hand. Als nächstes müssen Sie nun Ihre Umwelt davon überzeugen, daß Ihr Denken und Handeln ebenso selbständig, unverwechselbar und einmalig ist wie Ihre gesamte Erscheinung und Persönlichkeit. Noch schärfer formuliert: Dies bedeutet die Notwendigkeit, in den Augen Ihrer Mitmenschen ein völlig eigenständiger Mensch zu sein, also ein Urtyp und nicht etwa ein Abbild oder Nachahmer anderer Persönlichkeiten, Echo oder Verkünder fremder Meinungen. *Sie müssen der Urheber sein* und dürfen nicht etwa das aufgreifen, ausdeuten oder verbreiten, was irgendein anderer vor Ihnen gedacht hat.

Echte Eigenarten unterstreichen Ihre Persönlichkeit — wenn sie nicht bewußt eingesetzt werden

Es ist sehr zu bezweifeln, daß sich Ihre Beobachter selbst der Genauigkeit ihrer Wahrnehmungen bewußt sind. Und doch entgeht ihnen kaum etwas: Sie registrieren bis ins kleinste alle Ihre Angewohnheiten und Eigenarten, Ihre häufigen Zitate und Wiederholungen und vieles mehr.

Selbstverständlich erregen Ihre sichtbaren Eigenheiten als erstes die Aufmerksamkeit Ihrer Umwelt, aber solange sie echt und unbewußt sind, braucht Sie das nicht zu bekümmern. Wie das Erscheinungsbild einer Machtpersönlichkeit, so ziehen auch diese Besonderheiten die Augen auf sich und runden — wenn sie wirklich zu Ihrem Wesen gehören — das Bild Ihrer Persönlichkeit ab.

Wie jedermann besitzen auch Sie neben den wenigen Eigenheiten, die Ihnen bewußt sind, noch viele unbewußte; sie spiegeln sich in Ihrem Gesicht, in Ihrer Haltung oder äußern sich in unfreiwilligen Reflexbewegungen der Hände oder Schultern usw. (So ist zum Beispiel kaum anzunehmen, daß eine führende Persönlichkeit des Wirtschaftslebens bei scharfem Nachdenken bewußt und absichtlich mit den Ohren wackelt!)

Verschwenden Sie also keinen Gedanken auf Ihre sichtbaren Angewohnheiten und versuchen Sie auch nicht, sie zu ergründen; sie unterstreichen ja nur Ihre Originalität und Individualität und sind höchstens amüsant oder ablenkend, also keinesfalls eine Gefahr für Ihre Persönlichkeitsmacht. Wäre unter diesen unbewußten Sonderheiten tatsächlich die eine oder andere störend oder gar abstoßend, so hätte man Sie mit absoluter Sicherheit schon längst darauf aufmerksam gemacht.

Sollten Sie sich irgendwelcher sichtbarer Eigenheiten bewußt sein, so versuchen Sie, dies aus Ihrem Gedächtnis zu löschen. Es wäre völlig falsch, solche Angewohnheiten noch besonders zu betonen oder auszubauen; sobald man sich ihrer einmal bewußt geworden ist, muß man sie entweder wieder vergessen oder völlig ablegen. Keinesfalls dürfen Sie sich durch Ihnen bekannt gewordene Sonderheiten unsicher machen lassen! Also noch einmal: Unbewußte Eigenarten runden das Bild Ihrer Persönlichkeit ab — bewußte müssen Sie entweder vergessen oder ganz ablegen!

Nachgeahmte Eigenarten zerstören Ihre Individualität

In diesem Zusammenhang möchten wir Sie aber noch vor einer anderen Gefahr warnen: *Lassen Sie sich keinesfalls dazu verleiten, irgendwelche Eigenarten anderer zu übernehmen,* nachzuahmen oder gar selbst welche zu erfinden. Immer wieder machen Menschen, die sich zu Machtpersönlichkeiten heranbilden wollen, den Fehler, daß sie gewisse Sonderheiten, die sie bei ihren Mitmenschen (insbesondere bei anderen Machtpersönlichkeiten) beobachtet haben, einfach nachäffen. Ein solches Vorgehen würde Ihnen in zweifacher Hinsicht schaden:

1. Nachahmungen sind jedem sofort als solche erkenntlich und wirken unecht.

2. Ihre Vortäuschung wird schnell durchschaut und erweckt Zweifel an Ihrer Glaubwürdigkeit.

Beobachter und Kritiker gewinnen die Überzeugung, daß Sie sich zu Unrecht für eine Machtpersönlichkeit ausgeben.

Was hier über sichtbare Eigenheiten gesagt wurde, gilt auch für akustische, also solche der Stimme, der Sprechweise, der Aussprache usw. Falls Sie sich also den Tonfall oder die klangvolle Sprache eines berühmten Schauspielers oder bekannten Nachrichtensprechers zulegten, würde dies keinesfalls die Wirkung Ihrer Persönlichkeit verstärken, sondern ganz im Gegenteil: Ihre echte Individualität wird zerstört! Lassen Sie sich also durch die besondere Publikumswirkung gewisser Eigenarten berühmter Zeitgenossen keinesfalls zur Nachahmung verleiten. Prüfen Sie sich gewissenhaft, ob Sie mehr oder weniger bewußt irgendein Vorbild imitieren. Denn, wie bereits gesagt: Jede bewußte Angewohnheit wirkt unnatürlich und zerstört Ihre Individualität!

Die Wirkung Ihrer Gedanken beruht nicht auf ihrer Tiefe oder Bedeutung, sondern auf ihrer Originalität

Viele angebliche Machtpersönlichkeiten bemühen sich völlig überflüssigerweise, als große und tiefschürfende Denker zu erscheinen. Hier wäre der Fall eines berühmten Politikers zu nennen, der sich infolge seines ständigen Bemühens, auch völlig Nebensächliches mit prophetischem Ton als größte Offenbarung zu verkünden, sowohl bei seinen Kollegen als auch bei Presse und Öffentlichkeit zum Gespött machte. Sie brauchen kein Sokrates zu sein, um andere durch Ihr Denken zu beeinflussen. Es genügt, wenn Sie beweisen, daß Sie die Weisheit und den Mut besitzen, selbständig zu denken und Ihre eigenen Ansichten unverhohlen auszusprechen.

Niemand erwartet von Ihnen tiefgründige Gedanken — aber Ihre eigenen müssen es sein! Wie bereits erwähnt, verlangt man von einer Machtpersönlichkeit unabhängiges und schöpferisches Denken. Sobald Sie sich durch Ihre äußere Erscheinung und die Anwendung der entsprechenden Techniken in den Augen Ihrer Mitmenschen als Machtpersönlichkeit ausgewiesen haben, setzen diese bei Ihnen ganz selbstverständlich auch Geisteshaltung und Denkweise einer Machtpersönlichkeit voraus. Deshalb müssen Ihre Gedanken — wie Ihre ganze Erscheinung — eine sofort bemerkbare und unverwechselbare Eigenständigkeit besitzen!

Auch hier hängt die Wirkung Ihrer Persönlichkeit nicht so sehr von dem ab, was Sie *tun*, sondern von dem, was Sie *vermeiden!* Als Grundregel gilt:

1. Bringen Sie ausschließlich *Ihre eigene Überzeugung* zum Ausdruck und nie die Meinung eines Ihrer Mitmenschen!

2. Vermeiden Sie es, jemanden zu zitieren!

3. Unterlassen Sie jedes Eigenzitat, *es sei denn zur betonten Wiederholung einer Feststellung!*

4. Führen Sie niemals die Meinung oder Behauptung eines anderen an, *außer wenn diese einen energischen Widerspruch oder eine klare Widerlegung unerläßlich machten!* Doch auch in diesem Fall darf das Zitat nur als Ein- oder Überleitung zum Widerspruch oder zur Widerlegung gebracht werden.

Vielleicht erscheinen Ihnen diese Regeln und die daran geknüpften Ermahnungen auf den ersten Blick als überflüssig, denn wahrscheinlich sind Sie von dem oben Gesagten nicht betroffen. Bei näherem Hinschauen jedoch — insbesondere bei genauer *Selbstprüfung* — werden Sie schnell erkennen, daß weder Sie noch irgendein anderer Mensch in dem hier gemeinten Sinn selbständig denkt und spricht. Je tiefer Sie in Ihr Wesen und Denken eindringen, desto klarer werden Sie verstehen, warum es selbst den größten Machtpersönlichkeiten gelegentlich schwerfällt, sich an diese Regel zu halten, obwohl ihnen deren große Bedeutung voll bewußt ist.

Ausschlaggebend ist nämlich folgendes: Niemand hegt irgendwelche übertriebenen Erwartungen bezüglich der Tiefe Ihrer Gedanken, jeder aber erwartet von Ihnen und jeder anderen Machtpersönlichkeit selbständige und originelle Ideen. Sie brauchen also kein großer Denker zu sein: Ihre Worte werden die gewünschte Wirkung hervorrufen, solange Sie Ihre eigene und unverfälschte Meinung zum Ausdruck bringen!

Meinungsanlehnung ist unbedingt zu vermeiden

Machen Sie es sich zum obersten Gesetz, immer nur die eigene Ansicht darzulegen und diese niemals an die Meinung eines anderen »anzulehnen«. Selbstverständlich beschränkt sich dies auf die Urheberschaft der betreffenden Meinung. Doch wie oft haben Sie schon etwa folgendes gesagt:

»Karl hält den Preis für zu hoch, und ich neige zur selben Anschauung!« oder: »Huber fährt lieber mit dem Zug, und ich auch!« oder: »Franziska meint, wir sollten um 8.30 Uhr wegfahren, und das erscheint mir auch vernünftig!« usw.
In jedem dieser Fälle der Meinungsanlehnung haben Sie nicht Ihre eigene Ansicht zum Ausdruck gebracht, sondern nur Ihre Übereinstimmung mit der Meinung einer zweiten Person festgestellt. Anstatt also Ihre Persönlichkeit zur Geltung zu bringen, haben Sie sich in der Manier geistigen Mitläufertums ausgedrückt, für das die oben beschriebene Denkweise des »Ich auch« kennzeichnend ist. Verfallen Sie nie wieder in diesen Fehler! Sie müssen nämlich genau das Umgekehrte tun: Bringen Sie *zuerst* klar zum Ausdruck, daß Sie *Ihre eigene Überzeugung* ausgesprochen haben. Falls gewünscht, können Sie in einem Nachsatz feststellen, *der andere schließe sich Ihrer Meinung an!*
Bei gesellschaftlichen Anlässen, also bei einer gemeinsamen Mahlzeit, beim Betreten eines Raums usw. und auch dann, wenn Sie jemanden im Zusammenhang mit sich selbst nennen (»Das Geschenk war von Hans, Karl und mir!«), ist es durchaus üblich und gilt als höflich, anderen »den Vortritt zu lassen«. Wo es sich aber um Selbständigkeit des Denkens und die Urheberschaft von Ideen handelt, würden Sie Ihre Persönlichkeitsmacht untergraben, falls Sie nicht dafür sorgten, daß Sie »zuerst kommen«. Merken Sie sich also: Es heißt nicht: »Ich auch«, sondern: »Ich zuerst!«

Die Ich-zuerst-Technik

Diese Methode wird Sie von zwei gefährlichen Gewohnheiten befreien: vom »Mitläufer-Denken« und vom »Krücken-Denken«.
Überzeugen Sie sich selbst, wie ganz anders die obengenannten Feststellungen bei Anwendung der *Ich-zuerst-Technik* klingen: »Ich halte den Preis für zu hoch; Karl übrigens auch!« Sagen Sie also keinesfalls: »Und Karl stimmt mit mir überein!« oder etwas anderes dieser Art. Dies würde in Ihren Zuhörern nämlich nur den Eindruck erwecken, Sie gebrauchen Karls Meinung als Krücke, um Unsicherheit oder Zweifel Ihrerseits zu bemänteln.
Aus den obigen Beispielen ist es klar ersichtlich: Indem Sie Ihre eigene Stellungnahme vorausschicken und die Meinung eines anderen nur aus Höflichkeit und als zusätzliche Information in einem Nachsatz er-

wähnen, wird die Selbständigkeit Ihres Denkens betont — Ihre Gedanken stehen sozusagen »auf eigenen Füßen«. Sobald Sie aber von dieser Methode auch nur um Fußbreite abgehen und einer fremden Meinung dieselbe Bedeutung einräumen wie Ihrer eigenen Ansicht, »stehen« Ihre Gedanken nicht mehr allein, sondern stützen sich auf die eines anderen. Diesen Fall dürfen Sie niemals eintreten lassen, denn als Machtpersönlichkeit muß die Einmaligkeit Ihrer Haltung unbedingt durch die Unabhängigkeit Ihres Geistes und die Selbständigkeit Ihres Denkens bestätigt werden.

Der Trick, der Sie vor der Meinungsanlehnung und dem Krücken-Denken schützt

Sich von der Gewohnheit der »Ich-auch«-Einstellung und des Krücken-Denkens zu befreien, ist so leicht, daß sogar die Gefahr der Übertreibung besteht. Um Fehlanwendungen zu vermeiden, dürfen Sie die betreffende Technik also nur dort anwenden, wo es sich um Ihr eigenes Denken handelt. Einer Feststellung wie: »Der Mann befürchtet, er hat den Kunden verloren« liegt zum Beispiel keinerlei »Ich-auch«-Einstellung oder Krücken-Denken zugrunde, da sie ja nicht Ihre Meinung oder Gedanken zum Ausdruck bringt. Wollten Sie die *Ich-zuerst-Technik* auf eine völlig neutrale und objektive Aussage dieser Art anwenden, so würden Sie sich völlig unnötigerweise zu einer persönlichen Stellungnahme zwingen.

Die hier beschriebene Technik ist die beste und einfachste Methode, Ihrer Ansicht Geltung zu verschaffen. Falls Sie sich immer daran halten, werden Ihre Gedanken unter allen Umständen »auf eigenen Füßen stehen« und die unverwechselbare Eigenart Ihrer Persönlichkeit unterstreichen. Sie brauchen nur folgendes zu beachten: Kleiden Sie Ihre Gedanken *ausschließlich in die Form einer Feststellung* — gleichgültig, um welches Thema es sich auch handeln mag, und selbst bei einer völlig zwanglosen Unterhaltung! Führen Sie eine fremde Meinung nur dann an, wenn unbedingt nötig, und äußern Sie in einem solchen Fall *zuerst Ihre eigene Ansicht!* Erst im nachhinein — *und nur aus Höflichkeit und als zusätzliche Information, niemals aber zur Stützung Ihrer eigenen Behauptung* — erwähnen Sie ganz nebenbei die Einstellung des anderen.

Die ganze *Ich-zuerst-Technik* beruht also ganz einfach auf dem Grundsatz der Erstrangigkeit Ihrer eigenen Vorstellungen. Der Trick besteht aus zwei Teilen:

1. Äußern Sie immer *zuerst* Ihre eigene Ansicht und

2. lassen Sie *niemals* ein »und«, »weil« oder irgendein anderes weiterführendes oder begründendes Bindewort folgen!

Und noch etwas: Machen Sie es sich zur festen Gewohnheit, Ihre Ansicht *in einem einzigen, kurzen Satz* darzulegen — dies ist der sicherste Schutz gegen die »Ich-auch«-Einstellung und das Krücken-Denken.

Zitate sind selten nötig und nahezu immer beeinträchtigend

Als zweite Regel ist zu beachten: Zitate sind im allgemeinen unvereinbar mit selbständigem Denken und müssen deshalb vermieden werden. Die Anführung fremder Aussagen ist selten von Nutzen. Ein solches Vorgehen wird vielfach als ein »Zeichen der Schwäche«, »mangelnde Überzeugungskraft« oder »Unsicherheit« ausgelegt. Dies trifft meist auch zu, denn nur in seltenen Ausnahmefällen sind Zitate wirklich von Wert. Aber selbst da werden Sie eher aus Gewohnheit als aus Notwendigkeit angebracht. Dies alles gilt für Eigenzitate ebenso wie für Fremdzitate.

Um sich von der Wahrheit des hier Gesagten zu überzeugen, brauchen Sie nur die Entwürfe einiger Ihrer Reden oder Ansprachen durchzulesen. Steht Ihnen nichts derartiges zur Verfügung, so verschaffen Sie sich irgendwelche andere Vorträge (zu einem politischen, wissenschaftlichen, geschäftlichen oder sonst irgendeinem Thema) und unterstreichen Sie alle Zitate. Bei genauer Überprüfung werden sich die meisten (wahrscheinlich sogar alle) als überflüssig und bloße Gedanken-Krücken oder Floskeln erweisen.

Was hier über die in Ihren öffentlichen Ansprachen enthaltenen Zitate gesagt wurde, gilt in noch größerem Umfang für jene, die Sie bei Ihren beruflichen Besprechungen, Verkaufsgesprächen und zwanglosen Unterhaltungen anbringen. Meist verfehlen sie ohnehin ihren Zweck und beeinträchtigen als überflüssiger Ballast die Wirkung Ihrer Worte und Ihrer Persönlichkeit.

Eigenzitate wirken wichtigtuerisch

Die dritte Regel: Eigenzitate dürfen nur zur Betonung einer Feststellung verwendet werden!
Überlegen Sie zunächst einmal, wie oft Sie sich selbst unnötig und in beiläufigen Bemerkungen zitieren. Wie häufig ertappen Sie sich wohl bei Feststellungen etwa folgender Art: »Das habe ich schon vor einer Woche gesagt!« oder »Ich habe schon vor drei Monaten darauf aufmerksam gemacht, daß sich die Nachfrage verringern wird!« oder »Ich habe ja gleich gesagt, daß er sich nicht halten kann!« usw.?
Ihnen selbst mögen solche Aussagen als durchaus harmlose Redensarten erscheinen — in den Augen der anderen wird dies aber als Wichtigtuerei gewertet! Und das ist es in der Tat!
Um also den Eindruck zu vermeiden, Sie wollten mit Selbstzitaten Ihre eigene Bedeutung hochspielen (ein Fehler, der die Ausstrahlung Ihrer Persönlichkeit wesentlich beeinträchtigen würde), müssen Sie sich von jetzt an streng an den folgenden Grundsatz halten: *Kein Eigenzitat, außer zur nachdrücklichen Betonung* einer unverblümten Feststellung, die durch ebendieses Zitat eingeleitet wird!
Selbst diese Form des Eigenzitates sollte auf ein Mindestmaß beschränkt werden, doch seien trotzdem einige praktische Beispiele gegeben: »Ich habe schon vor einer Woche darauf hingewiesen, daß die Öffentlichkeit dadurch wirkungsvoll angesprochen wird. Und ich erkläre hier noch einmal: die Öffentlichkeit *wird* dadurch wirkungsvoll angesprochen, und die Verkaufsziffern werden rapid ansteigen!« Oder noch zwei andere Beispiele: »Ich habe schon vor drei Monaten davor gewarnt, die Nachfrage werde dadurch absinken. Das hat sich bestätigt, und ich sage voraus, daß sie noch weiter absinken wird!« — »Ich habe gleich gesagt, er werde sich nicht halten. Und die Entwicklung beweist, daß er sich weder halten wird noch je halten kann!«

Die Anti-Zitat-Technik

Eine ebenso einfache wie wirkungsvolle Technik wird Ihnen helfen, alle überflüssigen Zitate zu vermeiden. Dazu sind nur zwei Dinge nötig: *Unterdrücken Sie Eigenzitate mit allen Mitteln,* selbst wenn Sie dazu die Lippen zusammenpressen oder sich auf die Zunge beißen müssen. Sollte Ihnen *trotzdem* eines entschlüpfen, so behandeln Sie es unverzüglich als Überleitung zur betonten Wiederholung einer Feststellung!

Beachten Sie diesen Grundsatz bei allen Gelegenheiten und unter allen Umständen: bei Vorträgen, Besprechungen und zwanglosen Unterhaltungen. Geistesgegenwart ist der beste Schutz gegen diesen Fehler, und wie Sie aus den vorhergehenden Kapiteln ja bereits wissen, ist helle geistige Wachsamkeit unbedingte Voraussetzung, um das Wort ergreifen zu können.

Ertappen Sie sich trotzdem zu spät bei einem Eigenzitat (selbst bei einem scheinbar harmlosen wie zum Beispiel: »Ich sagte schon gestern, es würde heute regnen!«), so verwandeln Sie es sofort in eine Einleitung und hängen einen Nachsatz daran. Sie könnten also beispielsweise fortfahren: »Und um ganz sicherzugehen, habe ich mein Auto gewaschen!« oder: »Weil das Barometer, das ich zu Weihnachten bekam, noch immer gestimmt hat!« Das Entscheidende ist dabei, *unverzüglich irgend etwas* — sei dies nun eine ernsthafte Feststellung oder ein Scherz — hinzuzufügen und das Eigenzitat in eine Überleitung zu verwandeln.

Die erste Methode wird Sie rasch von der schädlichen Gewohnheit des Zitierens befreien. Die zweite macht einen bereits begangenen Fehler wieder gut und schützt Sie davor, in den gefährlichen Ruf der »Selbstverherrlichung« zu kommen.

Vermeiden Sie es, wenn irgend möglich, andere zu zitieren

Als vierte Regel ist zu beachten: Zitieren Sie niemals eine fremde Meinung — es sei denn, ein folgender scharfer Widerspruch oder eine klare Widerlegung machen es unerläßlich.

Einen noch größeren Schaden als Eigenzitate fügt der Ausstrahlung Ihrer Persönlichkeit das Zitieren fremder Ansichten zu. Lassen Sie sich nur im alleräußersten Notfall und bei der unerbittlichsten Notwendigkeit darauf ein! Und seien Sie davon überzeugt: Die Erwähnung der Ansicht eines anderen ist immer und unter allen Umständen vermeidbar, außer es folgt unmittelbar ein berechtigter *und notwendiger* Widerspruch bzw. eine klare *und notwendige* Widerlegung!

Wir betonen »und notwendige« mit so besonderem Nachdruck, weil überflüssiges Widersprechen und Widerlegen einerseits die betreffende

Angelegenheit nur unnötigerweise hochspielen und andererseits Ihr Ansehen beeinträchtigen würden.

Treten Sie einem Irrtum oder einer Verfälschung nur entgegen, wenn unbedingt nötig

Der Ansicht eines anderen zu widersprechen oder sie zu widerlegen, das läuft bekanntermaßen unvermeidlich auf ein mittelbares oder unmittelbares Zitieren des Betreffenden hinaus. Wollen Sie also die Anführung fremder Meinungen vermeiden, so müssen Sie auch allen überflüssigen Einwänden und Widerlegungen aus dem Wege gehen.

Ein solches Vorgehen ist nur in seltenen Fällen wirklich nötig. Daß eine Darstellung irrig, falsch oder unwahr ist und Sie mit dem eigentlichen Sachverhalt vertraut sind, stellt für sich allein noch keinesfalls eine hinreichende Veranlassung zum Widerspruch oder zur Widerlegung dar.

Wir wollen diese Tatsachen an einem extremen Beispiel verdeutlichen: Sagt zu Ihnen jemand: »Sie sind ein Scharlatan!«, und Sie lassen sich dadurch zum Widerspruch reizen, so wird dies von den Zeugen in der Weise ausgelegt, daß an dieser Anschuldigung — und sei sie auch noch so haltlos — wohl doch etwas Wahres sein muß. Selbst bei einer überzeugenden und lückenlosen Widerlegung des Vorwurfs wird Ihr Ansehen mehr Schaden leiden, als wenn Sie ihn völlig ignoriert und damit als zu lächerlich und Ihrer Beachtung nicht wert abgetan hätten. Dies wertet der Zeuge in der Art, daß die Behauptung also offensichtlich unwahr ist.

Das hier Gesagte gilt in vermehrtem Umfang natürlich auch für weniger extreme Fälle. Im allgemeinen würdigen Sie sich in den Augen der anderen um so mehr herab, je unbedeutender die Irrtümer oder Unwahrheiten sind, denen Sie Beachtung schenken!

Beispielsweise können Darstellungen wie: »Der Bus hatte eine halbe Stunde Verspätung!« oder: »Hunderte von Leuten waren da!« durchaus unzutreffend sein. Ist Ihnen nun zufällig bekannt, daß die Verspätung in Wirklichkeit nur 10 Minuten betrug oder nur ein paar Dutzend Leute anwesend waren, so ist damit noch keinerlei Veranlassung zu einem Widerspruch oder einer Widerlegung gegeben. Tun Sie es trotzdem, so erweisen Sie sich in den Augen der anderen nur als kleinlich.

Anders läge der Fall, wenn etwa eine Ihnen feindlich gesinnte Gruppe von Aktionären versuchen würde, Sie mit der falschen Behauptung auszubooten, das Unternehmen habe unter Ihrer Leitung Einbußen erlitten. Hier kann eine Widerlegung als zweckmäßig erscheinen oder — wenn sogar die Finanzlage verzerrt dargestellt wird — durchaus unerläßlich werden.

In einem solchen Fall müssen Sie sich jedoch aus den obenerwähnten Gründen gleichwohl einer Entgegnung oder Widerlegung herkömmlicher Art enthalten. Darüber hinaus wäre eine einfache Gegendarstellung völlig unzureichend, da sie als ein Versuch zur Verteidigung gewertet würde. Eine unerläßliche Widerlegung muß deshalb mit dem wörtlichen Zitat der betreffenden Anschuldigung beginnen *und dann unverzüglich in einen direkten Angriff übergehen.* Es sei Ihnen nochmals aufs nachdrücklichste eingeschärft: Ihre Entgegnung muß *ein Angriff* auf die unwahre Beschuldigung sein und *keinesfalls eine Verteidigung!* Und zwar nicht etwa in dem Sinne, daß »Angriff die stärkste Verteidigung« ist, sondern weil — wie schon mehrfach betont — eine Machtpersönlichkeit immer die Initiative behalten und somit offensiv bleiben muß und sich niemals in die Defensive drängen lassen darf!

Die Regel lautet darum folgendermaßen: Irrtümer und Unwahrheiten werden entweder ignoriert oder — *wenn unerläßlich — sofort und direkt angegriffen!*

Fremdzitate heben die Bedeutung des anderen und vermindern die eigene

Vermeiden Sie es also — mit der eben erwähnten Ausnahme der notwendigen Widerlegung —, irgendwelche fremden Meinungen zu zitieren. Einige der Gründe sind Ihnen ja bereits bekannt. Im übrigen brauchen Sie sich nur ins Gedächtnis zu rufen, was Sie selbst bei den Zitaten empfinden, die die anderen Leute anbringen. Um ihre Schädlichkeit hervorzuheben, wollen wir die dabei auftretenden Reaktionen einzeln aufführen:

1. Zitieren Sie fremde Ansichten, so kommen kritische Zuhörer zu dem Schluß, daß Sie den Meinungen und Worten anderer mehr Bedeutung und Wirkung beimessen als Ihren eigenen.

2. Ihre Zuhörerschaft gewinnt den Eindruck, Sie halten die zitierte Meinung einfach deshalb für wichtiger als Ihre eigene, weil sie von einem anderen ausgesprochen wurde.
3. Das Zitieren fremder Meinungen gilt als Merkmal dafür, daß Sie selbst nicht voll und ganz hinter der betreffenden Ansicht stehen, sie nicht wirksam verteidigen können und deshalb die Verantwortung auf die Schultern anderer abwälzen wollen.
4. Ihr Vorgehen erweckt den Eindruck, Sie schätzten sich selbst und Ihre eigenen Gedanken niedriger ein als die Persönlichkeit und die Gedanken des anderen.
5. Sie stempeln sich zu einer schwachen Persönlichkeit, indem Sie sich dazu hergeben, fremde Ansichten zu verbreiten, anstatt sich als Urheber unabhängigen und individuellen Gedankengutes zu erweisen, wie es einer echten Machtpersönlichkeit zukommt.

Sollten Sie jemals in der einen oder anderen oben beschriebenen Weise eingeschätzt werden, so hat Ihre Persönlichkeitsmacht im selben Augenblick zu existieren aufgehört. Wie schon in Kapitel 4 betont wurde, müssen Sie der Urheber der von Ihnen geäußerten Ideen und Ansichten sein, und diese unabdingbare Notwendigkeit schließt ja von vornherein ein Zitieren fremder Meinungen aus. Entweder müssen Sie also die Gedanken anderer auf den zweiten Platz verweisen oder sie — was noch sicherer ist — überhaupt nicht erwähnen. Zitate stellen möglicherweise eine liebe Gewohnheit, zweifellos aber auch eine gefährliche Unart dar, mit der unter allen Umständen und sofort gebrochen werden muß. Die *Urheber-Technik* wird Ihnen dabei helfen.

Die Urheber-Technik

Um jeglicher Versuchung, die Ansichten anderer anzuführen, aus dem Wege zu gehen, und um die unerläßliche Eigenständigkeit Ihres Denkens zu beweisen, müssen Sie von jetzt an *bei allen Äußerungen* — und zwar nicht nur bei geschäftlichen, sondern auch bei völlig zwanglosen privaten Anlässen — die *Urheber-Technik* anwenden. Im Gegensatz zu den bereits erwähnten Methoden, beruht diese nicht auf irgendeinem Trick der Sprechweise oder Wortwahl, sondern stellt vielmehr die konsequente Durchführung eines einmal gefaßten Entschlusses dar.

Der erste Teil dieser Technik ist gleichzeitig auch ihr schwierigster — und zwar deshalb, weil er zunächst den glatten und schnellen Fluß Ihrer Gedanken hemmt. Ehe Sie nämlich einer fremden Meinung Ausdruck verleihen, müssen Sie diese auf ihre Richtigkeit hin sorgfältig überprüfen — gleichgültig, ob es sich dabei um scheinbar völlig Nebensächliches oder um eine bedeutende Erkenntnis handelt.

Allgemeinzitate stellen eine ganz besondere Gefahr dar. Viele Menschen (vielleicht auch Sie) verwenden Einleitungen wie zum Beispiel: »Man sagt . . .«, »Jeder sagt . . .«, »Man sagt mir, daß . . .«, »Ich habe gehört, daß . . .«, »Man berichtet . . .« usw. Unpersönliche und unbestimmte Wendungen dieser Art sind mit einer Machtpersönlichkeit noch weniger zu vereinen als direkte und persönliche Zitate; sie sind nämlich genauso schädlich wie diese und lassen noch dazu den Sprecher in den Augen der anderen als unbekümmert redselig und kritiklos erscheinen, so daß solchen Redensarten immer auch der Beigeruch des Gerüchtes anhaftet.

Prüfen Sie immer zuerst, ob ein Zitat glaubwürdig ist und mit Ihrer Überzeugung im Einklang steht

Wie bereits gesagt, besteht der erste Teil der *Urheber-Technik* in der sorgfältigen Überprüfung einer jeden »zitatreif« vorliegenden Ansicht eines anderen (die Sie unmittelbar oder mittelbar, wörtlich oder sinngemäß zitieren möchten) auf deren Richtigkeit hin. Untersuchen Sie vor allem genau:

a) ob es sich um eine auch Ihnen selbst bekannte Tatsache handelt,

b) ob Sie selbst (im Sinne einer Möglichkeit) daran glauben,

c) ob das Zitat Ihre eigenen Gefühle (im Sinne zum Beispiel einer auch Ihnen vertrauten Reaktion) widerspiegelt und

d) ob es Ihnen selber (als Bedingung, als Theorie usw.) annehmbar erscheint.

Nehmen Sie diese Erwägungen keineswegs auf die leichte Schulter; sie stellen die Grundlage der *Urheber-Technik* dar, und Sie werden sich niemals als selbständiger und schöpferischer Denker bewähren, wenn Sie hier nicht mit größter Sorgfalt vorgehen. Die genaue Befolgung dieser Methode wird Ihnen andererseits bald die Augen dafür öffnen, wie überflüssig und unsinnig viele Ihrer bisher gewohnten Zitate waren.

Vermeiden Sie Zitate und behalten Sie die Initiative

Manchmal wird es sich bei der Überprüfung eines Zitates als unmöglich erweisen, seine Richtigkeit nach einem der oben angeführten Kriterien zu prüfen. Durchdenken Sie dann die betreffende Ansicht ruhig, bis Sie sich völlig darüber ins reine gekommen sind — lassen Sie sich aber niemals dazu hinreißen, sie zu kommentieren oder gar zu zitieren!

Selbstverständlich kann sich ebenso herausstellen, daß die betreffende Meinung genau das *Gegenteil* dessen verkörpert, was Sie selbst wissen, glauben, fühlen oder anzunehmen bereit sind. Aber auch dies darf Sie unter gar keinen Umständen zur Erwähnung der als irrig erkannten Meinung veranlassen. Wie bereits erwähnt, gibt es hierzu nur *eine einzige Ausnahme:* Falls die betreffende Darstellung eine sofortige Entgegnung oder Widerlegung unerläßlich macht, darf sie keinesfalls ignoriert werden und muß in einem sofortigen Gegenangriff richtiggestellt werden.

In diesem Zusammenhang muß mit allem Nachdruck darauf hingewiesen werden, daß bloße Gegenfragen, Ausdrücke des Zweifels, Aufforderungen, das Gesagte zu beweisen, und ähnliches mehr einem direkten Angriff nicht gleichkommen. Anspielungen und überhaupt indirekte Methoden dieser Art müssen unbedingt vermieden werden, denn

a) sie verraten mangelnde Entschlußkraft und Entschiedenheit,

b) sie lassen Sie als schwächlich erscheinen und

c) sie geben Ihrem Gegner die Oberhand.

Die Zuflucht zu einer solchen Taktik würde den Gegenspieler nur dazu veranlassen, seinen Standpunkt mit noch größerer Entschiedenheit zu vertreten, würde die Aufmerksamkeit noch mehr auf ihn lenken und eine Stärkung seiner Position bedeuten. Sie würden sich also die Zügel entgleiten lassen und damit gegen die in Kapitel 10 erhobene Grundforderung verstoßen: »Eine echte Machtpersönlichkeit muß immer die Initiative behalten!« Abgesehen von der bereits mehrfach erwähnten, unabdingbaren Notwendigkeit einer direkten Widerlegung müssen Sie deshalb jede fremde Äußerung völlig ignorieren, auch wenn sie noch so sehr im Widerspruch zu Ihrem eigenen Wissen, Dafürhalten, Fühlen oder Verständnis steht.

Die Urheber-Technik fordert nur Selbstverständliches

Welches Verhalten empfiehlt sich aber, falls sich bei genauer Überprüfung eine völlige Übereinstimmung zwischen Ihrer und der fremden Meinung herausstellt? Ganz einfach: Sie wenden den zweiten Teil der *Urheber-Technik* an und kleiden die betreffende Ansicht in Ihre eigenen Worte; Sie stellen sie also als Frucht Ihres *eigenen* Wissens, Dafürhaltens, Fühlens oder Verständnisses dar und nicht etwa als die gedankliche Leistung eines anderen.

Als echte Machtpersönlichkeit werden Sie nämlich folgende Überlegungen anstellen: Wenn sich Ihre persönliche Meinung in jeder Hinsicht mit der des anderen deckt, haben Sie von vornherein keinerlei Veranlassung, sich auf die Meinung eines anderen zu berufen. Tun Sie es trotzdem, so würde dies nur als Schwäche oder Ängstlichkeit ausgelegt werden, und eben diese Eigenschaften vertragen sich keinesfalls mit der Vorstellung einer echten Machtpersönlichkeit. Durch ein klares Bekenntnis zur Urheberschaft eines geäußerten Gedankens und die damit übernommene Bereitschaft, diese persönliche Stellungnahme voll zu verantworten, erweisen Sie sich andererseits als unabhängige, starke und schöpferische Persönlichkeit.

Der *Urheber-Technik* liegt, genau besehen, keinerlei Trick zugrunde, sondern sie fordert von Ihnen nur eine Selbstverständlichkeit — was Sie schon immer hätten tun sollen.

Diese Methode besteht also in folgendem:

a) Widerstehen Sie der Versuchung, zu zitieren!

b) Überprüfen Sie ein Ihnen unerläßlich scheinendes Zitat mit äußerster Sorgfalt, ehe Sie es anführen!

c) Deckt sich die ihm zugrunde liegende Ansicht nicht mit der Ihren, so lassen Sie es unerwähnt!

d) Deckt sich jedoch die betreffende Meinung mit Ihrer Überzeugung — warum sollten Sie dann die Urheberschaft einem anderen zuschreiben? Suchen Sie also eine persönliche Formulierung und bekennen Sie sich offen zu Ihrer eigenen Meinung. Wer nicht willens ist, die volle Verantwortung für seine Stellungnahme zu übernehmen, hat keinerlei Recht, sie überhaupt zu äußern.

Keine Methode ist geeigneter als die *Urheber-Technik*, um Sie als starke und unabhängige Persönlichkeit auszuweisen. Darüber hinaus erschließt sie die Quelle Ihrer unverwechselbaren persönlichen Ausstrahlung, der ja bekanntlich eine ganz besondere Bedeutung zukommt. Konsequent und voll eingesetzt, erreichen Sie dank dieser Technik und der nachfolgend noch gebotenen Methoden den Rang einer Machtpersönlichkeit, die ihresgleichen sucht.

ZUSAMMENFASSUNG

1. Sie müssen ursprünglich und eigenständig sein!
2. Befreien Sie sich von allen Ihnen bewußten Sonderheiten und ignorieren Sie Ihre unbewußten Eigenheiten!
3. Erweisen Sie sich als selbständiger Denker — niemand verlangt von Ihnen die Weisheit eines Philosophen!
4. Seien Sie kein »Mitläufer«!
5. Die *Ich-zuerst-Technik* stellt Ihre Gedanken auf eigene Füße und bewahrt Sie vor dem Krücken-Denken.
6. Vermeiden Sie alle Zitate; sie sind selten von Nutzen und fast immer überflüssig.
7. Eigenzitate zerstören den Eindruck der Persönlichkeitsmacht — Sie wirken dadurch nur wichtigtuerisch.
8. Die *Anti-Zitat-Technik* ist ein wirksames Mittel gegen Selbstzitate und andere Fehler dieser Art.
9. Führen Sie eine fremde Meinung nur an, wenn dies unumgänglich ist, also im Fall einer berechtigten und unerläßlichen Entgegnung oder Widerlegung.
10. Ist ein Widerspruch unbedingt erforderlich, so gehen Sie sofort zum direkten Angriff über!

11. Die Meinung eines anderen zu zitieren heißt dessen Ansehen mehren und Ihr eigenes mindern. Sie würden unfehlbar den Eindruck eines schwachen und verantwortungsscheuen Menschen machen und sich somit in den Augen Ihrer Umwelt heruntersetzen.

12. Behandeln Sie fremde Meinungen als zweitrangig oder lassen Sie sie überhaupt unerwähnt.

13. Die *Urheber-Technik* befreit Sie von der gefährlichen Gewohnheit des Zitierens.

14. Verallgemeinernde Einleitungen und indirekte Zitate sind am schädlichsten, weil sie als Zeichen der Kritiklosigkeit und mangelnder Sorgfalt gedeutet werden. Wer sich solcher Redensarten bedient, kommt in den Ruf, Gerüchte zu verbreiten.

15. Eine fremde Meinung durch Gegenfragen, zweifelnde Anspielungen und dergleichen erschüttern zu wollen, ist gefährlich, weil solche Taktiken Sie als schwach und unentschlossen erscheinen lassen. Auf diese Weise würden Ihnen nur die Zügel entgleiten.

16. Deckt sich die fremde Meinung völlig mit der von Ihnen gewonnenen Überzeugung, so besteht für Sie keinerlei Veranlassung, einem anderen die Urheberschaft abzutreten. Bemühen Sie sich also um eine persönliche Formulierung und bekennen Sie sich offen zu Ihrer Meinung. Jede persönliche Stellungnahme setzt die Bereitschaft voraus, die volle Verantwortung dafür zu übernehmen.

KAPITEL 12

Wie man die Ausstrahlung einer starken Persönlichkeit erwirbt

Ihre Persönlichkeit gewinnt Leben, sobald Sie bei Ihren Reden, Vorträgen, Besprechungen und privaten Unterhaltungen auf einen immer wechselnden sich stetig erneuernden Vorrat an Ausdrücken und Themen zurückgreifen.

Allgemein übliche Begrüßungsformeln müssen unbedingt durch solche ersetzt werden, die ein unmittelbares Interesse wachrufen.

Die *Thema-Technik* macht Ihre Gesprächseinleitungen neu und interessant. Auch der eigentliche Gesprächsgegenstand muß lebendig und persönlich wirken.

Die Aussonderung unpassender, abgedroschener und platter Ausdrücke und Redensarten verleiht Ihren Worten eine außergewöhnliche und unverwechselbare Note.

Die *Rosinen-Technik* macht Sie zum hervorstechenden, interessanten und originellen Gesprächspartner.

Ihre körperliche Erscheinung, Stimme und Worte heben Sie nun bereits unverwechselbar aus der Masse hervor. Als nächstes müssen Sie nun die Strahlkraft Ihrer Persönlichkeit steigern. Wohl stehen Ihre Gedanken bereits »auf eigenen Füßen« — doch dies ist noch nicht genug: Alles, was Sie sagen, muß Ausdruck einer echten, unverkennbaren Persönlichkeit werden. Gelingt Ihnen das, so wird Ihre persönliche Ausstrahlung kraft Ihrer echten, unverwechselbaren Individualität einen unauslöschlichen Eindruck machen.

Ein ständig wechselnder, sich stets erneuernder Schatz an Worten, Redewendungen und Themen bereichert Ihr Gespräch und vermehrt die Strahlkraft Ihrer Persönlichkeit

Alles, was an Ihnen außergewöhnlich und unverwechselbar ist, hebt Sie aus der Masse der Durchschnittsmenschen hervor und verstärkt die Wirkung Ihrer Persönlichkeit. Sie haben Ihre individuelle Note bereits in mehrfacher Hinsicht und mit großem Erfolg entwickelt und betont. Nun aber gilt es, diese Eigenschaft lebendig werden zu lassen, sie in selbständige und einzigartige Initiative zu verwandeln und durch die Überzeugungskraft Ihres Handelns die Einmaligkeit Ihrer Persönlichkeit in ein neues und noch wirksameres Licht zu rücken. Eben dies versteht man unter Individualismus, und mit Hilfe der nunmehr voll ausgebildeten bzw. neu erworbenen Wesenszüge wird es Ihnen gelingen, dem Idealbild einer echten Machtpersönlichkeit nahezukommen. Es gibt viele Mittel, um seine Persönlichkeit zur Geltung zu bringen, aber nur eine einzige Methode, die ausnahmslos auf alle wirkt und einen allseits günstigen Widerhall findet: indem man seine Reden und Ansprachen, sein berufliches und privates Gespräch aus einem ständig wechselnden und sich stets erneuernden Schatz von Redewendungen und Themen speist!

Diese Regel ist leicht in die Tat umzusetzen. Es genügt nämlich, sich einerseits auf die Wahl der Begrüßungsformeln und die Technik der Gesprächseinleitung zu konzentrieren und andererseits dem eigentlichen Gesprächsthema Beachtung zu schenken. Im folgenden werden die beiden Methoden beschrieben, die hier anzuwenden sind.

Allgemeinübliche Begrüßungen und Erwiderungen ermangeln jeder persönlichen Note

Der erste kritische Blick auf die üblichen Begrüßungsformeln und Einleitungen enthüllt ihre Bedeutungslosigkeit — und verdeutlicht andererseits, daß schon allein die *Ausmerzung abgedroschener Redensarten* ein sicheres Mittel ist, seine persönliche Note zur Geltung zu bringen. Und eben darin besteht Ihre erste Aufgabe: im völligen Verzicht auf alle allgemein verbreiteten Themen und bedeutungsleeren Floskeln. Vielleicht erscheint Ihnen eine solche Forderung unerfüllbar — aber diese Aufgabe ist mit einer verblüffend einfachen Technik zu lösen.

Wie nahezu jeder Mensch werden wahrscheinlich auch Sie zur Begrüßung oder zur Einleitung eines Gesprächs nichtssagende Floskeln verwenden wie zum Beispiel: »Wie geht's?« — »Wie steht's?« — »Wie gehen die Geschäfte?« — »Schönes Wetter heute, nicht wahr?« usw. Die auf diese Weise Angesprochenen können natürlich in so alltäglichen Worten keine Spur von Individualität entdecken und Sie keinesfalls als Machtpersönlichkeit betrachten. Der Besitz von Persönlichkeitsmacht äußert sich ja in der unverwechselbaren Individualität von Wort und Tat.

Auch wenn Sie auf die abgedroschene Begrüßungsformel eines anderen mit einer ebenso abgebrauchten Antwort aufwarten, haben Sie als echte und unverwechselbare Persönlichkeit versagt.

Die gedankenlose Verwendung bedeutungsloser Begrüßungs- und Antwortsformeln veranlaßte einen klugen Kopf zu der geistreichen Definition: »Automation ist das Geplapper vor der Konversation!« In der Tat ist der Austausch leerer Floskeln vor Beginn des eigentlichen Gesprächs bar jeder individuellen Note. Eines solchen »Gedankenaustausches« wären auch Automaten oder Roboter fähig. Sind Sie nicht selbst schon dieser sinnlosen Phrasen müde geworden? Haben Sie vielleicht gar schon einmal versucht, diese gedankenlose Gewohnheit abzulegen?

Der Phrasenersatz muß sofortiges Interesse wachrufen

Es gibt eine Reihe von Möglichkeiten, bedeutungslose Redensarten und nichtssagende Förmlichkeiten durch Sinnvolleres zu ersetzen. (So könnte zum Beispiel die Feststellung »Sie schauen gut aus!« ohne weiteres an die Stelle der abgedroschenen Frage »Wie geht's?« treten). Meist stellen solche Ersatz-Redewendungen aber keine hinreichend radikale Abkehr vom Gebrauch konventioneller Floskeln dar und bergen außerdem die Gefahr in sich, in Kürze selbst zur leeren Gewohnheit zu werden. Es hat sich deshalb als die beste Methode erwiesen, gänzlich auf den einleitenden Austausch dieser »Höflichkeiten« zu verzichten. Als Phrasenersatz dient also ganz einfach eine kurze Bemerkung, die das Interesse für das betreffende Thema beweist oder erweckt, noch ehe es direkt genannt wurde. Und weil sie dem Angesprochenen ein Thema ankündigt, das für ihn von persönlichem Interesse ist, wird diese Methode als *Thema-Technik* bezeichnet.

Diese Taktik bietet eine Reihe beträchtlicher Vorteile. Zunächst einmal ist sie ebensosehr als Einleitung geeignet, wenn man einen anderen anspricht, wie auch als Antwort, falls man selbst der Angesprochene ist. In letzterem Fall gestattet sie es außerdem, eine konventionelle Anrede unerwidert zu lassen, ohne daß dies als beleidigende Mißachtung ausgelegt werden könnte. Auch enthebt uns diese Technik der Notwendigkeit, die ermüdende Rede leerer Floskeln fortzusetzen (»Und wie geht's zu Hause?« — »Und Ihrer Frau Gemahlin?« — »Und Ihren Kindern?« usw.), indem sie das Interesse oder die Neugier des Gesprächspartners wachruft, noch ehe er das sinnlose Frage- und Antwortspiel beginnen kann. Letztlich ist diese Methode gleichermaßen geeignet für den Gedankenaustausch mit einem einzelnen Gesprächspartner, für Diskussionen mit einer ganzen Gruppe und selbst gegenüber einer großen Zuhörerschaft.

Da die *Thema-Technik* nicht auf formelhaften Wendungen oder Ausdrucksweisen beruht und das Interesse des Gegenübers jeden Tag mit einem neuen »Köder« weckt, sind allmähliche »Abnützung« und Sinnentleerung — bis zur leeren Gewohnheit — von vornherein ausgeschlossen. Die gleichbleibende Wirkung dieser Methode ist ihrem Abwechslungsreichtum und ihrer persönlichen Note zuzuschreiben. Deshalb ist sie auch bestens geeignet, die unverwechselbare Ausstrahlung Ihrer Persönlichkeit zu verstärken.

Die Thema-Technik

Einige Beispiele der praktischen Anwendung erläutern das Wesen dieser Methode wohl am besten. Ein führender Geschäftsmann zum Beispiel, der den Ruf einer bedeutenden Machtpersönlichkeit genießt, legt sich jeden Morgen beim Rasieren ein neues Thema zurecht. Bei unserer letzten Begegnung verwendete er als »Konversationsköder«: »Wenn ich Sie sehe, fällt mir etwas ein!« Selbstverständlich erregte dies sofort das Interesse und die Neugier jedes derartig Angesprochenen.

Natürlich verzichtete er bei Leuten, denen er nur im Vorbeigehen einen »Guten Morgen« zu wünschen pflegte, auf die Anwendung der *Thema-Technik*. Sobald aber irgend jemand (selbst Familienangehörige oder seine Sekretärin) über diese Begrüßung hinausging und ihn etwa mit einem »Wie geht's« ansprach, war seine sofortige Erwiderung: »Wenn ich Sie sehe, fällt mir etwas ein!« Ausnahmslos reagierte dann sein Gegenüber mit: »Was denn?«, mit einem gespannten »Ach, ja?« oder spitzte in stummer Erwartung die Ohren. Und erst während er seinen »Konversationsköder« auswarf, ersann er jedesmal blitzschnell eine passende »Erinnerung« zweckbedingter, interessanter oder humorvoller Art. So sagte er zum Beispiel zu seiner Sekretärin: »Lassen Sie sich doch bitte etwas einfallen, wie man die Besprechungen heute nachmittag ansetzen könnte, so daß mir zwischendurch noch eine Stunde frei bleibt!« Beim Anblick eines Abteilungsleiters hatte er folgenden »Einfall«: »Arbeiten Sie mir doch bitte einige Vorschläge für einen Wettbewerb unter den Angestellten aus, und zwar unter dem Motto ›Wir suchen ein Genie‹; das wird die Arbeitsmoral heben!« Zu mir selbst sagte er: »Sie sind doch der ›Geist‹, der in meinem Namen ein Buch schreibt. Setzen Sie diese Tätigkeit nach meinem Tode fort oder muß ich selbst spuken?«

Einer anderen bekannten Machtpersönlichkeit macht das Ersinnen neuer Konversationsköder ebenfalls großen Spaß. Er beschäftigt sich damit vor dem Einschlafen, anstatt »Schäfchen zu zählen« oder irgendwelche Probleme zu wälzen. Damit fängt er zwei Fliegen auf einen Schlag, denn kaum hat er ein neues Thema ersonnen, schläft er entspannt und beruhigt ein. Kürzlich wählte er den Satz: »Sie sind ein Problem!« Selbstverständlich dachte er dabei an nichts Bestimmtes, sondern erfand jeweils das passende »Problem«, während er diese Feststellung machte. Als ihn einige Freunde auf dem Weg zum Mittagessen ansprachen, fuhr er zum Beispiel fort: »Eigentlich wollte ich ja das Los entscheiden lassen, wer mich heute zum Essen einladen soll. Aber ein Geldstück mit *drei* Seiten habe ich nicht!« Am Nachmittag desselben Tages hatte er einen Vortrag bei einem Frauenverein zu halten. Als er ihn mit den Worten eröffnete: »Meine Damen, Sie sind ein Problem!«, erweckte er sofort die ungeteilte Aufmerksamkeit seiner Zuhörerinnen — und gewann ihre Herzen völlig für sich, als er fortfuhr: »Sie sind zu hübsch, als daß ich mich auf mein Manuskript konzentrieren könnte. Gönnen Sie mir also bitte das Vergnügen, frei zu sprechen und Sie dabei anzuschauen!« Seine Zuhörerschaft spendete ihm freudestrahlend rauschenden Beifall und hätte ihm selbst dann begeistert zugehört, wenn er Kinderreime vorgelesen hätte.

Der Trick der Thema-Technik

Der dieser wirkungsvollen Methode zugrunde liegende Trick besteht aus drei Teilen:

1. der täglichen *Erneuerung* des Themas;
2. der Einkleidung des gewählten Themas in die *Form einer kurzen Feststellung,* die das persönliche Interesse des Angesprochenen wachruft;
3. dem *scheinbar spontanen Charakter* dieser Feststellung, der ihre Wirkung noch steigert, weil der Gesprächspartner daraus schließt, seine Person und Gegenwart habe diese plötzliche Eingebung ausgelöst.

Der ständige Wechsel des Konversationsköders ist die Grundvoraussetzung für den gleichbleibenden und nachhaltigen Erfolg dieser Technik. Die meisten Themen eignen sich jedoch durchaus zur oftmaligen Wiederholung — vorausgesetzt, daß jeweils mindestens sechs Wochen oder mehr dazwischenliegen, denn nur so läßt sich der Schein des stetig Neuen aufrechterhalten.

Sollten während der Unterhaltung mit einem Gesprächspartner, dessen Interesse Sie mit einem bestimmten Thema erweckt haben, noch andere Personen hinzustoßen, so dürfen Sie bei letzteren keinesfalls denselben »Köder« noch einmal auswerfen. Greifen Sie statt dessen auf einen schon früher verwerteten Gedanken zurück, so werden Sie jeder Veränderung der Lage mit der jeweils passenden Reaktion gerecht.

Die Forderung, jeden Tag ein neues Thema zu ersinnen, scheint auf den ersten Blick schwer erfüllbar zu sein. In den ersten Wochen werden Sie Ihre Phantasie auch zweifellos anstrengen müssen, doch bald werden Sie entdecken, daß sich jedes Thema vielfach abwandeln läßt und sich somit Ihr Vorrat an Konversationsködern ständig erneuert und ergänzt. Machen Sie gleich morgen Ihren ersten Versuch: Die Größe des Erfolgs wird die aufgewendete Mühe verschwindend klein erscheinen lassen. Schieben Sie die Anwendung dieser Technik keinesfalls hinaus, weil es Ihnen anfangs schwerfällt, ein Thema zu finden. Sollte Ihnen nicht gleich ein wirksamer »Köder« einfallen, so verwenden Sie zunächst ruhig eines der hier genannten Beispiele!

Auch der eigentliche Gegenstand Ihres Gespräches oder Ihrer Unterhaltung muß lebendig und persönlich wirken

Als zweite Voraussetzung, die Strahlkraft seiner Persönlichkeit mittels eines ständig wechselnden und sich stetig erneuernden Vorrates an Wendungen und Gesprächsthemen zu steigern, nannten wir die Notwendigkeit, sich auch in der Erörterung des eigentlichen Themas aller konventionellen und abgedroschenen Ausdrücke und Phrasen zu enthalten.

Ob Sie sich dessen nun besonders bewußt sind oder nicht — auch Sie haben bestimmte Lieblingsausdrücke und Wendungen, die in allem, was Sie sagen und schreiben, wiederkehren — auch an Stellen, wo sie völlig überflüssig, bedeutungslos oder gar falsch sind. Die wenigsten dieser Wörter sind rein individuell, sondern es handelt sich in der Mehrzahl um allgemein gebrauchte Modeausdrücke. Gerade diese letzteren beeinträchtigen die Wirkung Ihrer Persönlichkeit und müssen deshalb sorgfältig vermieden werden.

Rein individuelle Redewendungen und charakteristische Ausdrucksweisen sind ebensosehr Bestandteil Ihrer Gesamtpersönlichkeit wie andere unbewußte Besonderheiten Ihres Verhaltens. Denn ganz wie diese prägen auch sie das unverwechselbare Bild Ihres Wesens und dürfen deshalb keinesfalls bewußt angewendet oder gar abgelegt werden. (Es sei denn, Sie übertreiben die Individualität Ihres Stils!)

Schenken Sie also dieser Seite des Problems keine Beachtung mehr und wenden Sie sich statt dessen Ihrer eigentlichen Aufgabe zu: Ihre mündliche und schriftliche Darstellungsweise zu einem wirksamen Ausdrucksmittel Ihrer Persönlichkeit zu machen.

Verzichten Sie auf alle Ausdrücke, die abgenützt, gewöhnlich oder unpassend sind

Beginnen Sie als erstes, alle abgedroschenen Wörter und Wendungen zu notieren, bei denen Sie sich täglich ertappen. Meistens dürfte es sich dabei um Redensarten handeln wie zum Beispiel: »Wenn Sie mich fragen«, »übrigens«, »zwischenzeitlich«, »okay« und andere dieser Art. Halten Sie dabei mit besonderer Sorgfalt all jene Wörter und Ausdrücke fest, die der niedrigeren Umgangssprache entstammen, denn gerade diese müssen *völlig* ausgemerzt werden! (Hierher gehören etwa:

»Mensch!« — »So ein Mist!« — »Kapiert?« — »Mit dem werde ich noch Schlitten fahren!« und vieles andere, das allgemein gebräuchlich oder ortsüblich ist.

Vielleicht sollte man hier darauf hinweisen, daß die tägliche Umgangssprache — soweit sie allgemein verständlich und angemessen ist — am richtigen Ort und zur rechten Zeit durchaus Sinn hat und Verwendung finden kann. Unsere nachdrückliche Warnung betrifft nur abgenützte Modewörter und aus dem einen oder anderen Grund unpassende und gewöhnliche Ausdrücke. (Auf gemeine, flegelhafte und anstößige Ausdrücke der Vulgärsprache wird hier absichtlich nicht eingegangen, da wir es als Selbstverständlichkeit voraussetzen, daß Sie eine solche Sprechweise — falls Sie sich ihrer überhaupt je bedient haben sollten — in dem Augenblick abgelegt haben, als Sie sich entschlossen, sich über die Masse zu erheben und eine Machtpersönlichkeit zu werden!)

Jedes Wort, das auf Ihrer Liste unpassender oder bedeutungsleerer Ausdrücke erscheint, muß ein für allemal aus Ihrem Wortschatz verschwinden. Die Lösung dieser Aufgabe erfordert dauernde und nie nachlassende Wachsamkeit, sonst würden sich nämlich anstelle der ausgemerzten bald neue unerwünschte Redensarten einschleichen.

Allerweltsausdrücke sind ein Zeichen von Denkfaulheit und sprachlicher Ungenauigkeit

An und für sich könnte man auf eine schriftliche Festhaltung auszuschaltender Wörter und Wendungen verzichten, doch stellt diese Methode für viele eine wertvolle Gedächtnisstütze dar. Von besonderem Wert erweist sie sich bei Ihrem nächsten Schritt, der darin besteht, für jede leere Phrase zumindest einen wirklich sinnvollen Ersatz zu finden.

Zunächst jedoch ein Wort der Warnung: Verfallen Sie nicht in den Fehler, eine alte Phrase durch eine neue zu ersetzen oder die neugefundene Redewendung als allgemeingültige und endgültige Lösung zu betrachten. Im täglichen Gebrauch würde sich nämlich auch diese bald abnützen und zur leeren Floskel werden. Sie müssen deshalb darauf abzielen, nicht nur *einen* vollgültigen Ersatz zu finden, sondern zumindest noch eine zweite Formulierung des betreffenden Gedankens oder der jeweiligen Mitteilung bereitzuhaben. Meistens erweist sich diese

zweite Ausdrucksweise sogar als wirksamer und regelmäßig als die persönlichere.
Bei der *Suche nach neuen Formulierungen* wird sich mit großer Wahrscheinlichkeit die alte Ausdrucksweise als leere Gewohnheit oder sprachliche Ungenauigkeit enthüllen. Dazu nur ein Beispiel: Ein leitender Geschäftsmann gebrauchte das an sich schon unschöne Wort »zwischenzeitlich« so oft, daß ihm die Angestellten den Spitznamen »Herr Zwischenzeitlich« gaben. Als er sich daranmachte, diese Redewendung ein für allemal auszumerzen, entdeckte er, daß sie in den meisten Fällen völlig sinnlos, überflüssig oder gar falsch gewesen war. (»Korrigieren Sie diesen Brief und holen Sie mir zwischenzeitlich Herrn Will!« — »Sagen Sie meiner Frau, ich komme mittags nicht nach Hause, und lassen Sie mir zwischenzeitlich eine Kleinigkeit zum Essen holen!« — »Nehmen Sie sich heute nachmittag frei und sehen Sie zu, daß Sie zwischenzeitlich Ihre Erkältung loswerden!«)
Dem Bemühen um Ausmerzung aller Phrasen und um Bereitstellung passender Ersatzwendungen werden Sie nicht nur neue, bessere und persönlichere Formulierungen, sondern darüber hinaus die wertvolle Erkenntnis zu verdanken haben, daß keiner der neugefundenen Ausdrücke auf alle die stets verschieden gelagerten Fälle und Lebenslagen zugeschnitten ist, bei denen Sie bisher gedankenlos mit einer leeren Phrase auskamen. Diese Erfahrung schult Auge und Ohr für den eigentlichen Sinngehalt jeder Redewendung und schärft den Sinn für die jeweils richtige Wortwahl. Und während Sie sich sprachliche Gewandtheit aneignen, werden Sie gleichzeitig ganz zwanglos lernen, leere Phrasen sofort zu erkennen und als ein Zeichen von Denkfaulheit und sprachlicher Ungenauigkeit aus Ihrem Wortschatz ausmerzen.

Der Phrasenersatz ist ein Mittel zur Selbstkorrektur

Welchen Weg geht man nun, um ungenaue und platte Redensarten durch treffende Wendungen zu ersetzen und dabei aus einem ständig wechselnden und sich stetig erneuernden Sprachschatz auswählen zu können? Dafür gibt es keine besondere Technik — Sie brauchen auch keine: Die Ausmerzung aller unerwünschten Wörter und Wendungen, aller Phrasen und Allerweltsausdrücke, aller Strohweisheiten und Gemeinplätze der Sprache zwingt Sie nämlich ganz von selbst und unerbittlich zu scharfer Überlegung und sprachlicher Genauigkeit!

Die Originalität Ihrer Gesprächsthemen verleiht Ihnen den Ruf einer selbständigen und schöpferischen Persönlichkeit

Die Methode zum Ersatz der Phrasen durch treffendere Formulierungen läßt sich mit ebenso großem Erfolg bei der Wahl von Gesprächsthemen anwenden. Das wird Sie zu einem interessanten und geistsprühenden Unterhalter machen.

Unterziehen Sie zunächst Ihren Vorrat an Gesprächsthemen derselben kritischen und genauen Überprüfung wie vorher Ihren Schatz an Worten und Wendungen. Die meisten Themen haben Sie wahrscheinlich bereits dermaßen über Gebühr »abgespielt«, daß Ihr näherer Freundes- und Bekanntenkreis inzwischen längst von vornherein weiß, welches Thema Sie unter bestimmten Umständen anschneiden werden. (Bei vielen Ihrer Mitmenschen können Sie das sicher mit derselben Genauigkeit voraussagen!) Diese Feststellung trifft übrigens nicht nur auf Ihre geschäftlichen Besprechungen oder privaten Unterhaltungen zu, sondern auf alles, was Sie sagen!

Bemühen Sie sich, in den nächsten drei Tagen festzustellen, welche Themen Sie bei den jeweiligen Gesprächen oder Unterredungen anschneiden. Dabei wird sich erweisen, daß sich Ihre Unterhaltung mit bestimmten Personen (zum Beispiel Arbeitskollegen, Kunden, Nachbarn, Familienangehörigen) immer um dasselbe Thema dreht. Mit dem einen sprechen Sie über das Wetter, mit dem anderen erörtern Sie die Aktienkurse, im Gespräch mit einem dritten liefern Büro und Arbeitskollegen den Gesprächsstoff ... und so geht es tagein, tagaus: Man »macht Konversation«, ohne zu bedenken, ob sich das Gegenüber für das Thema interessiert oder nicht (die anderen machen es ja auch so!). Nicht genug, daß die meisten Themen an und für sich schon abgedroschen sind — sie werden noch dazu Tag für Tag in derselben Weise und aus dem gleichen Gesichtswinkel erörtert!

Das hier Gesagte darf keinesfalls als generelle Verdammung jeglicher »Konversation« verstanden werden. Auch das zwanglose und unverbindliche Gespräch erfüllt seinen Zweck: Eine kleine Plauderei unter Freunden ist ein angenehmer Zeitvertreib. Sie aber können Ihre freien Stunden wertvoller nutzen!

Doch selbst bei einer rein gesellschaftlichen Unterhaltung müssen Sie sich als Machtpersönlichkeit von unverwechselbarer Prägung bewähren. Ihr Gesprächsbeitrag muß deshalb eine individuelle Note besitzen, und das bedeutet gänzlichen Verzicht auf allgemeine Redensarten und leere Phrasen.

Die Rosinen-Technik

Neuen Gesprächsstoff können Sie aus vielen Quellen beziehen. Am besten suchen Sie sich täglich aus Zeitungen, Zeitschriften oder Büchern, die Sie gerade lesen, ein paar ungewöhnliche Ereignisse heraus (aber nicht etwa Sensationsmeldungen der Tagespresse!) und reizen mit diesen »Rosinen« die *Neugier Ihrer Zuhörer*. Diese Themen sind mit großer Wahrscheinlichkeit lohnender und ergiebiger als die meisten anderen, die Sie und Ihre Bekannten bisher üblicherweise zur Sprache brachten.

Als Beispiel seien hier sechs »Rosinen« genannt, die eine bekannte Machtpersönlichkeit im Laufe eines Tages verwendete:

1. Würde man die Honorierung geistiger Arbeit nach Leistungsstunden umrechnen, so ergäbe sich ein verblüffend unterschiedlicher, häufig stark abgewerteter »Stundenlohn«.
2. Eine internationale Währung als Schlüssel zum Weltfrieden.
3. Der Geldwert von Versicherungen verfällt schneller als der anderer Investitionen.
4. Unvorhergesehene Marktentwicklungen werfen manchmal unerwartet hohe Gewinne für scheinbar veraltete Industriezweige ab.
5. Die Schwächen des Zwei-Parteien-Systems erfordern die Gründung einer dritten Partei.
6. Im Winter kann sich ein ausschließlich auf Elektrizitätsversorgung angewiesenes Haus als Gefahr für das Leben und die Sicherheit seiner Bewohner erweisen.

Eine so reichliche Versorgung mit »Rosinen« wird nur in Ausnahmefällen nötig sein. Ob Sie nun mehr oder weniger brauchen — rüsten Sie sich hinreichend und streuen Sie diese »Rosinen« sofort ein, sobald die Unterhaltung sich wieder auf eingefahrene Geleise zubewegt.

Dies stellt für sich allein schon einen beträchtlichen Fortschritt dar. Wenn Sie aber von jetzt an Tag für Tag neue Themen und neuen Gesprächsstoff zu bieten haben, wird Sie bald jedermann — auch Ihre Familienangehörigen — mit völlig neuen Augen sehen. Bei allen werden Sie neue Wertschätzung genießen und als ungemein individueller, interessanter und ideenreicher Unterhalter gelten. Es wird nicht lange dauern, bis alle Menschen Ihrer Umgebung Sie als nie versiegende Quelle von Gesprächsstoffen betrachten. Auf diese Weise werden auch die »Rosinen« zu einem Mittel, das die Strahlkraft Ihrer Persönlichkeit verstärkt.

ZUSAMMENFASSUNG

1. Geistige Beweglichkeit unterstreicht die persönliche Note.
2. Da die üblichen Grußformeln und Höflichkeitsbezeugungen bar jeder Individualität sind, müssen sie ein für allemal ausgeschaltet werden.
3. Die *Thema-Technik* erweckt sofort das Interesse und macht einen Austausch leerer Phrasen überflüssig.
4. Wechseln Sie Ihren »Konversationsköder« mindestens einmal pro Tag!
5. Bringen Sie das vorbereitete Thema mit den Gesten und dem Klang scheinbar spontaner Improvisation — gerade so, als habe die Gegenwart des Gesprächspartners den plötzlichen Einfall ausgelöst.
6. Abgedroschene Phrasen sind ein Zeichen von Denkfaulheit und sprachlicher Ungenauigkeit.
7. Nichtssagende, überflüssige und unpassende Wörter und Wendungen zerstören die individuelle Note und Ihre Wirkung als Machtpersönlichkeit; sie müssen deshalb restlos ausgemerzt werden.
8. Die Besinnung auf bessere Formulierungen ist das wirksamste Mittel gegen eine konventionelle und unpassende Ausdrucksweise.
9. Da abgedroschene Themen und allgemeine Redensarten Sie selbst als Durchschnittsmenschen erscheinen lassen, müssen Sie in Rede und Antwort völlig darauf verzichten.
10. Die *Rosinen-Technik* verleiht allem, was Sie sagen, Neuheit und erweckt Interesse.

KAPITEL 13

Wie man andere zur eigenen Meinung bekehrt

Wenn Sie auch andere Meinungen gelten lassen, können Sie im entscheidenden Augenblick Ihrer Ansicht zum Sieg verhelfen.

Es stehen Ihnen drei Wege offen, andere zu Ihrer Anschauung zu bekehren.

Weder die »harte Tour« noch die »weiche Tour« genügt den Anforderungen einer Machtpersönlichkeit.

Zwang, Überredung und Rechtfertigung vermindern die Wirkung Ihrer Persönlichkeitsmacht.

Mit Hilfe der *Übereinstimmungstechnik* können Sie sich die Zustimmung jedes Menschen sichern.

Der *Dies-und-nicht-das-Trick* verhilft Ihrer Meinung zum Sieg.

Ihr ständiges Bemühen um die Höherentwicklung und die Vervollkommnung Ihrer Persönlichkeit hat auch Ihre Persönlichkeitsmacht entsprechend vermehrt. Die Selbständigkeit Ihres Denkens, die Unabhängigkeit Ihrer Meinung, Ihre außergewöhnlich interessanten Gesprächsthemen und die individuelle Note und Gewähltheit Ihrer Ausdrucksweise haben Sie in jedermanns Achtung steigen lassen. Als origineller und schöpferischer Denker haben Sie das Interesse Ihrer Umwelt wachgerufen. Aber Ihre Mitmenschen hegen ebenfalls Gedanken und Vorstellungen, ob sie diesen nun Ausdruck verleihen oder nicht, und gleichgültig, ob es sich dabei um die Früchte eigenen oder fremden Denkens handelt.

Lassen Sie auch andere Meinungen gelten und setzen Sie die eigene Ansicht nur durch, wenn unbedingt nötig

Die Ausstrahlung Ihrer Persönlichkeit wirkt auf alle sympathisch. Je größer die Wirkung Ihrer Persönlichkeit, desto größer ist auch Ihre Persönlichkeitsmacht. Und je größer Ihre Persönlichkeitsmacht, desto größer ist auch die Schar derer, die Ihrem Urteil vertrauen. Gleichzeitig steigt aber auch die Zahl Ihrer kritischen Zuhörer.

Gelegentlich werden die Anschauungen anderer nicht mit den Ihren übereinstimmen, aber solch unterschiedliche Auffassungen sind meistens von nur geringer oder überhaupt keiner Bedeutung. In gewissen Fällen sind Sie jedoch auf die Zustimmung anderer angewiesen, und um sich dieser zu versichern, müssen Sie sich bereits jetzt eine wirksame Methode zurechtlegen.

Und damit stehen Sie wieder einmal am Scheideweg: Das erstemal waren Sie aufgerufen, sich Ihrer Ziele klarzuwerden und sich entweder für den Weg der Gemeinsamkeit oder den Weg der Persönlichkeitsmacht zu entscheiden. Nunmehr liegen drei Bahnen vor Ihnen, und wiederum müssen Sie zwischen verschiedenen Zielsetzungen und Möglichkeiten, sie zu verwirklichen, die Wahl treffen. *Wenn nötig,* können Sie Ihrer Anschauung auf verschiedene Weise und mit unterschiedlicher Wirkung zum Sieg verhelfen, indem Sie zum Mittel des Zwangs, der Überredung oder der Rechtfertigung greifen.

Das einleitende »Wenn nötig« verdient unbedingt Beachtung! Falls Sie nämlich auch in Nebensächlichem unerbittlich Ihren eigenen Standpunkt durchzusetzen versuchten, würden sich gerade die wertvollsten Menschen Ihrer Umgebung von Ihnen abwenden, da sie in Ihnen nicht so sehr eine Machtpersönlichkeit, sondern mehr einen Tyrannen sehen würden. Solange Sie aber auch fremde Meinungen gelten lassen, werden die meisten Ihre Ansichten als die einer Machtpersönlichkeit würdigen und respektieren. Abgesehen von einigen äußerst seltenen und ungewöhnlichen Ausnahmen werden deshalb die anderen »mitmachen«, auch wenn sich deren Meinung nicht ganz mit der Ihrigen deckt. In den meisten Fällen genügt dies voll und ganz. Bildet aber die volle Zustimmung Ihres Gegenübers eine unbedingte Voraussetzung für die Verwirklichung Ihrer Ziele und hat sich der Betreffende noch keine endgültige oder gar gegenteilige Meinung gebildet, dann ist der Augenblick gekommen, ihn zu Ihrer Anschauung zu bekehren.

Die harte, weiche oder indirekte »Tour« der Werbung erfüllt nicht die Anforderungen einer Machtpersönlichkeit

Sie verfügen über drei Möglichkeiten, um das Denken anderer in Ihrem Sinn zu beeinflussen; Sie können es:

1. in die gewünschte Bahn zwingen;
2. in eine bestimmte Richtung lenken oder
3. scheinbar unbeachtet lassen, sich nach außen hin damit begnügen, daß man Sie anhört, und es darauf ankommen lassen, ob Ihre Darstellung und Beweisgründe die größere Überzeugungskraft besitzen.

Bereits jetzt wenden Sie täglich mehr oder weniger klar diese oder jene der skizzierten Methoden, vielleicht sogar alle drei, an. Und zwar tun Sie dies, sobald Sie einen Gedanken, ein Argument, einen Vorschlag, eine Theorie oder eine Ansicht äußern. Diese drei Techniken werden unterschiedlich benannt, aber den meisten sind sie unter den Bezeichnungen geläufig, die ihnen Handelsvertreter, Politiker, Geistliche, Vortragsredner und Werbefachleute zugelegt haben, nämlich als die »harte«, »indirekte« oder »weiche Tour«. Jedoch ohne Rücksicht darauf, unter welchem Namen Ihnen diese drei Methoden bekannt waren, sollten Sie von jetzt an nur noch die Ausdrücke *»Zwangsmethode«*, *»Lenkungsmethode«* und *»freiwillige Methode«* verwenden und deren Wert an den Anforderungen einer Machtpersönlichkeit messen und nicht etwa die Maßstäbe der Werbung zugrunde legen.

Die menschliche Natur sichert der Zwangsmethode einen gewissen Erfolg

Die am weitesten verbreitete Methode ist zweifellos die der *Zwangsmethode*. Und zwar erstens: weil die meisten Menschen den anderen gerne vorschreiben, was und wie sie zu denken haben; zweitens: weil es leichter ist, eine Ansicht aufzuzwingen, als sie zu beweisen; und drittens: weil allgemein bekannt ist, daß ein bestimmter Prozentsatz von Leuten a) immer dem Zwang nachgibt, b) nie oder nur selten selbständig denkt oder c) nur darauf wartet, sich von dem jeweils Stärksten in eine bestimmte Richtung drängen zu lassen.
Die Anwendung der *Zwangsmethode* ist Ihnen sicher aus der Werbung bestens vertraut: »Kaufen Sie noch heute Quix-Quax; es hat die dop-

pelte Wirkung!« Ein Politiker oder eine andere meinungsbildende Persönlichkeit würde zum Beispiel sagen: »Sie wollen kein Almosen; was Sie wollen, ist gerechter Lohn und Sicherheit!« Doch auch in der alltäglichen Unterhaltung ist diese Methode durchaus üblich: »Sie werden doch sicher nicht zu früh hinkommen und auf die anderen warten wollen!«

Gleichgültig, von wem oder wie die *Zwangsmethode* angewendet wird — sie verfehlt nie ihre Wirkung auf eine bestimmte Gruppe von Menschen. Ihr Wirkungsgrad hängt aber mehr von der Stärke des Zwangs oder der Macht des Zwingenden ab als vom Wert oder der Überzeugungskraft der aufgezwungenen Meinung. Aus eben diesem Grund und auch, weil es die meistverwendete Methode ist, werden Sie — wie alle, die nach echter oder falscher Macht streben — versucht sein, zur *Zwangsmethode* zu greifen, sobald Sie sich der ungeteilten Aufmerksamkeit Ihrer Zuhörer versichert haben. Zweifellos werden Sie mit dieser Technik einen gewissen Erfolg verbuchen und das Denken vieler Menschen in die gewünschte Bahn zwingen, die Ihnen noch vor wenigen Tagen nicht die geringste Beachtung geschenkt hätten!

All dies ist aber nicht ausschlaggebend. Denn wäre es das, so könnten Sie sofort eine endgültige Entscheidung treffen und die anderen Möglichkeiten außer acht lassen.

Je größer der Zwang, desto kleiner die Persönlichkeitsmacht

Jede Anwendung von Zwang rüttelt den bisher rein passiven Zuhörer auf und löst in ihm eine positive oder negative Reaktion aus. Die hier eingesetzte Kraft läßt drei verschiedene Gegenkräfte entstehen, die die Zuhörerschaft in ebenso viele Gruppen spalten. Da ist zunächst einmal jene Gruppe, die jeden Zwang widerstandslos hinnimmt, und da er noch dazu von einer Machtpersönlichkeit ausgeht, wird sie recht zahlreich vertreten sein. Als nächstes ist die Schar derer zu nennen, die »sich einfach nichts vorschreiben lassen«; sie beugen sich keinerlei körperlichem oder geistigem Zwang und verweigern ihre Zustimmung, selbst wenn die ihnen zugemutete Richtung zufällig mit ihrer eigenen, freien Überzeugung übereinstimmen sollte. In der dritten (dem Umfang nach aber wahrscheinlich zweitgrößten) Kategorie sind jene zu nennen, die eine solche Behandlung ins gegnerische Lager treibt, selbst wenn sie vorher treue und überzeugte Gefolgsleute gewesen sind.

Als Machtpersönlichkeit wollen Sie selbstverständlich den größtmöglichen Wirkungsgrad erzielen und können es sich deshalb nicht leisten, bewußt negative Reaktionen hervorzurufen. Gerade dies trifft aber auf die *Zwangsmethode* zu; deshalb kommt sie genausowenig für Sie in Frage wie alle anderen Methoden, die eine derartige Aufspaltung Ihrer Zuhörerschaft bewirken und diese Ihrer Macht, Ihrem Einfluß und Ihrer Herrschaft entziehen würden. Folglich müssen Sie für Ihre Zwecke als Machtpersönlichkeit völlig auf diese Technik verzichten, selbst wenn Sie ihre Verwendbarkeit und Wirkung auf anderen Gebieten noch so hoch einschätzen.

Begeisterten Anhängern der »harten Tour« wird dieser Entschluß sicher schwerfallen. Sollten Sie selbst dazu gehören und dem hier geforderten Verzicht mit einem hartnäckigen Nein begegnen, möchten wir Ihnen raten, zunächst noch die beiden anderen Möglichkeiten zu überprüfen und dann selbst zu entscheiden, welche davon Ihnen als Machtpersönlichkeit am dienlichsten ist.

Die freiwillige Methode besitzt weder die Vorteile noch die Nachteile der Zwangsmethode

Was die Häufigkeit und Vielfältigkeit ihrer Verwendung betrifft, ist die *freiwillige Methode* nahezu ebenso gebräuchlich wie die *Zwangsmethode.* Wie letztere hat auch sie bestimmte Vorteile und Nachteile.

Bei diesem Vorgehen machen Sie anderen Leuten keinerlei Vorschriften, was und wie sie zu denken haben. Dadurch entgeht Ihnen der größte Vorteil der *Zwangsmethode,* jedoch vermeiden Sie gleichzeitig auch ihren bedenklichsten Nachteil. Mit anderen Worten: Auf dem Weg der Freiwilligkeit erfassen Sie also nicht jene festumrissene Gruppe von Menschen, die mit größter Freude und Bereitwilligkeit darauf wartet, zu einer bestimmten Entscheidung gezwungen zu werden — andererseits aber reizen Sie auch alle jene, die sich grundsätzlich jedem Zwang entgegenstellen, nicht zum Widerstand.

Dies ist ein gewichtiger Punkt, doch werfen wir zunächst noch einen Blick auf die übrigen Vor- und Nachteile der *freiwilligen Methode.* Nur so können wir ja ein vollgültiges und abschließendes Urteil über ihren Wert fällen.

Die menschliche Natur sichert auch der freiwilligen Methode einen bestimmten Grad von Erfolg

Hier begnügt man sich scheinbar mit einer bloßen Darstellung der eigenen Ansicht und der für ihre Gültigkeit sprechenden Beweisgründe. Tatsächlich aber wird dem Zuhörer oder Leser suggeriert, der vorgetragene Gedankengang sei der eigentlich richtige. Auch hier sind Ihnen viele Anwendungsbeispiele aus der Reklame bekannt. Da heißt es zum Beispiel: »Gloria sagt: ›Ich benutze Quix-Quax regelmäßig, weil ich — wie viele Millionen — von seiner Doppelwirkung überzeugt bin!‹« Ein Politiker würde etwa folgende Formulierung wählen: »Ich halte es für würdelos, ein Almosen anzunehmen — meiner Meinung nach haben Sie Anspruch auf gerechten Lohn und Sicherheit!« Oder im privaten Gespräch: »Ich an Ihrer Stelle würde mich nicht so früh einfinden; die anderen lassen doch immer auf sich warten!«

Auch für die *freiwillige Methode* gilt, was vorher vom Mittel des Zwangs gesagt wurde: Wie und von wem sie auch angewendet werden mag, sie wird immer nur auf einen gewissen Personenkreis wirken. Im Unterschied zur *Zwangsmethode* hängt ihr Erfolg in größerem Umfang von der Wertschätzung ab, die die Zuhörerschaft dem Urheber der betreffenden Meinung entgegenbringt, bzw. von der Überzeugungskraft der von ihm angeführten Beweisgründe und weniger vom Nachdruck, mit dem die betreffende Ansicht vorgetragen wird.

Auch die *freiwillige Methode* führt also in gewissem Umfang zum Ziel, und viele, die noch vor wenigen Tagen keinerlei besondere Notiz von Ihnen nahmen, werden sich — beeindruckt von Ihrer Persönlichkeit — Ihrer Ansicht anschließen.

Ehe Sie jedoch Ihre endgültige Entscheidung treffen, müssen noch einige andere wichtige Gesichtspunkte aufgezeigt und berücksichtigt werden.

Schwache Argumente und Vorschläge vermindern die Wirkung Ihrer Persönlichkeitsmacht

Sobald Sie die *freiwillige Methode* wählen, spalten Sie dadurch Ihre Zuhörerschaft wiederum in drei verschiedene Gruppen. Die erste ähnelt insofern der vorher genannten ersten »Zwangsgruppe«, als sie auch hier aus »Mitläufern« besteht, also vorwiegend Menschen, die das Denken lieber den anderen überlassen, als eine eigene Meinung zu riskieren. Die zweite Gruppe — wiederum in etwa der zweiten »Zwangsgruppe« entsprechend — setzt sich aus dem Typ des »Hartnäckigen« zusammen, der stolz darauf ist, sich nicht so leicht zu irgend etwas überreden zu lassen, und der auch dann keine fremde Ansicht teilt, wenn er sich darüber selbst noch keine eigene gebildet hat oder kein überzeugendes Gegenargument anführen kann. (Viele Menschen dieser Art verschließen sich von vornherein jedem Argument, doch finden sich in dieser Kategorie auch solche, die überhaupt nicht denken.) Die dritte — und meist kleinste — Gruppe besteht aus jenen, die gegenteiliger Meinung sind oder der Beweisführung nicht folgen konnten.

Jede der beiden bisher besprochenen Methoden hat also ihre eigenen und recht unterschiedliche Vor- und Nachteile. Die »Erfolgsgruppe« kann bei der *freiwilligen Methode* größer oder kleiner sein; die zweite und dritte Kategorie steht jedoch auch hier als die Verkörperung der negativen Reaktion, die allerdings nicht so sehr durch Widerspruchsgeist, sondern vielmehr durch einen gewissen geistigen Widerstand ausgelöst wird.

Da Sie, wie schon einmal gesagt, als Machtpersönlichkeit auf den größtmöglichen Wirkungsgrad abzielen, kommt von vornherein keine Methode in Frage, die zur Bildung negativ reagierender Gruppen führt und diese Ihre Macht, Ihrem Einfluß und Ihrer Herrschaft entzieht. Gleichgültig also, wie sehr Sie vom Nutzen der *freiwilligen Methode* überzeugt sein mögen und welch großen Wert Sie der »weichen Tour« beimessen: Sie müssen für Ihre Zwecke unbedingt darauf verzichten. Als Machtpersönlichkeit können Sie sich das Mittel der sanften Überredung weder in mündlichen noch in schriftlichen Äußerungen leisten. So bleibt uns also nur noch übrig, die dritte Technik auf ihre Brauchbarkeit gerade für jene Situationen zu untersuchen, in denen Sie unbedingt Ihre persönliche Ansicht durchsetzen müssen.

Nur die Lenkungsmethode sichert Ihnen volle und allgemeine Zustimmung

Diese Technik ist nur wenigen bekannt und wird deshalb auch nur selten angewendet. Sie wird zwar von Handelsvertretern, Werbefachleuten und einer Reihe anderer als »indirekte Tour« bezeichnet, ist aber in mancher Hinsicht die direkteste Methode, vor allem deshalb, weil sie die Zuhörer viel persönlicher anspricht als die beiden vorher erörterten. Bei der *Lenkungstechnik* diktieren Sie den anderen weder Ihre Meinung noch suggerieren oder verfechten Sie eine bestimmte Denkweise, vielmehr greifen Sie die Gedanken Ihres Partners auf (die Sie ihm allerdings indirekt suggerieren) und lenken ihn dann unmerklich in die gewünschte Richtung.

Diese Technik findet zwar in der Werbung kaum Anwendung, doch sicher können Sie sich an den einen oder anderen Fall erinnern. Da hieß es etwa: »Ihr Wunsch nach einem doppelt wirksamen Produkt brachte uns auf die Idee, Quix-Quax zu entwickeln. Wenn Sie von dessen doppelter Wirkungskraft tatsächlich überzeugt sind, werden wir es bald an den Absatzziffern merken!« Politiker machen natürlich noch weniger von dieser Methode Gebrauch als die Werbefachleute; es würde dann etwa folgendermaßen klingen: »Glauben Sie wirklich, ein Almosen sei gut genug für Sie — oder wollen Sie statt dessen nicht gerechten Lohn und Sicherheit?« In der gewöhnlichen Unterhaltung wird, wie das folgende Beispiel zeigt, die *Lenkungstechnik* meist nicht in ihrer letzten Verfeinerung angewendet: »Wenn Sie sagen, Sie wollen früh genug dort sein, so meinen Sie damit doch sicher: früh genug, um nicht zu spät zu kommen, aber nicht so früh, daß Sie auf die anderen warten müssen!«

Obwohl diese Technik die Gedanken nur sehr indirekt »in eine bestimmte Bahn lenkt«, genügt die bloße Äußerung eines Gedankengangs, um die Mehrzahl aller jener (weiter oben als »erste Reaktionsgruppe« gekennzeichneten) Zuhörer für sich zu gewinnen, die nie oder nur selten eigene Gedanken haben und das Denken lieber anderen überlassen. Auf diese Weise nützen Sie in vollem Umfang die Vorteile der *Zwangsmethode* und der *freiwilligen Methode,* ohne deren Nachteile mit in Kauf nehmen zu müssen.

Weil die *Lenkungsmethode* darüber hinaus keinerlei Meinung vorschreibt, zur Diskussion stellt oder verficht, kann sie auch keinerlei Widerspruch oder Opposition auslösen. Die *Lenkungstechnik sichert Ihnen die uneingeschränkte Zustimmung* all Ihrer Zuhörer.

Die Übereinstimmungstechnik

Die *Lenkungstechnik* weist also keinen der üblichen Nachteile auf; als ihre einzigen Mängel könnte man vielleicht anführen: a) Ihre Anwendung erfordert weit größeres Geschick; b) sie wirkt weniger natürlich und kann deshalb auch nicht spontan angewendet werden. Diese Probleme sind aber mit Hilfe der *Übereinstimmungstechnik* leicht zu lösen.

Auf den einfachsten Nenner gebracht, besteht die *Übereinstimmungstechnik* aus folgendem:

1. Die Darstellung des eigenen Gedankengangs erfolgt in einer Weise, *die nur völlige Zustimmung oder Ablehnung erlaubt* (sie darf also von vornherein keinen Raum für Einwände lassen).

2. Starke *Betonung des großen Nutzens und Wertes* der vorgetragenen Gedanken.

3. Sie gibt den Anschein, es handle sich hier keineswegs um eigenes Gedankengut (obwohl es dies selbstverständlich ist), *sondern einzig und allein um die Ansichten und Überzeugungen der Zuhörer.*

Sie müssen also den Eindruck erwecken, Sie brächten mit Ihren Worten nur den Ihnen wohlbekannten Standpunkt der Zuhörerschaft zum Ausdruck, und müssen indirekt zu verstehen geben, dieser werde von Ihnen voll und ganz geteilt.

Dabei spielt die Art der vorgetragenen Gedanken genausowenig eine Rolle wie die Frage, ob diese auf den Beifall oder die Ablehnung Ihrer Zuhörer stoßen. Denn diese Methode ist deshalb so ungemein wirksam, weil sie unmittelbar das Selbstgefühl Ihrer Zuhörer anspricht, die dann voll Stolz die Übereinstimmung der von Ihnen zum Ausdruck gebrachten mit der eigenen Meinung verzeichnen. Bei jeder anderen Darstellungsweise würden sich nämlich viele Zuhörer nur schwer oder überhaupt nicht bereitfinden zuzugeben, daß sie *Ihre* Überzeugung teilen. Die *Übereinstimmungstechnik* ist ebenso einfach zu verstehen wie anzuwenden. Voraussetzung ist allerdings, daß Sie

1. sich niemals auf ein Streitgespräch mit jenen einlassen dürfen, die Sie zu Ihrer Ansicht bekehren wollen;

2. niemals den eigenen Gedankengang verfechten und

3. unter keinen Umständen die Ansicht dessen angreifen, den Sie überzeugen wollen.

Die Übereinstimmungstechnik erlaubt es, Gedanken zu erfinden oder ins Gegenteil zu verkehren

Wie bereits aus den oben angeführten Beispielen ersichtlich, kann man mittels der *Übereinstimmungstechnik* dem Gegenspieler *die gewünschten Worte in den Mund legen.*
Nicht immer wird es Ihnen aber möglich sein, die Gedanken Ihres Gegenübers in eine bestimmte Bahn zu lenken, noch ehe der Betreffende seine Meinung geäußert hat. Deshalb müssen Sie beide Anwendungsmöglichkeiten der *Lenkungstechnik* gleich gut beherrschen; zum Beispiel:

a) Hat Ihr Gegenüber seine Ansicht noch nicht geäußert, so dürfen Sie nicht versuchen, ihm Ihre Meinung aufzudrängen oder vorzuschreiben, sondern Sie müssen den gewünschten Gedankengang so vortragen, als kleideten Sie lediglich die Überzeugung *des anderen* in eigene Worte.
b) Hat Ihr Gesprächspartner seinen gegenteiligen Standpunkt bereits zum Ausdruck gebracht, so dürfen Sie diesen nicht etwa angreifen oder zu widerlegen suchen, sondern *Sie müssen seine Worte umdeuten* und in einer Formulierung zum Ausdruck bringen, die *Ihrer eigenen Überzeugung* entspricht.

Fall a bietet keinerlei Schwierigkeiten, und Sie können das Denken des Gegenübers sowohl mit einer Feststellung als auch mit einer Frage in die gewünschte Bahn lenken. Ein Beispiel: »Da Sie zu den Menschen gehören, die sich die Unabhängigkeit ihres Denkens bewahrt haben und es ablehnen, sich ihre Meinung von irgendeinem Politiker diktieren zu lassen, verleihe ich doch sicher Ihrer eigenen Überzeugung Ausdruck, wenn ich sage, eine übertrieben hohe Besteuerung sei kein zulässiger und gesunder Ausgleich für überhöhte Staatsausgaben!« Oder: »Sind Sie denn der Ansicht, ein Staatshaushalt kann nicht nach geschäftlichen Grundsätzen geführt werden — oder denken Sie nicht vielmehr, eine Regierung sollte gezwungen werden, sich an dieselben Regeln, die sie der Privatwirtschaft auferlegt, zu halten?«
Im Fall b ist die Formulierung der »Lenkung« meist ebenso einfach wie in dem bereits früher erwähnten Beispiel: »Wenn Sie sagen, Sie wollen frühzeitig dort sein, meinen Sie ›früh‹ doch sicher im Sinne von ›nicht zu spät‹, aber nicht etwa so früh, daß Sie noch auf die anderen warten müssen!«

Manchmal jedoch stößt die Anwendung dieser Technik auf Schwierigkeiten, weil der Sinngehalt der betreffenden Aussage schwer umzudeuten ist. Das folgende Beispiel zeigt, wie diesem Problem zu begegnen ist. Irgend jemand könnte etwa sagen: »Ich glaube, der Preis für das neue Modell sollte herabgesetzt werden!« (Der Grund dieser Ansicht ist Ihnen bereits bekannt.) Aus unseren vorhergehenden Darlegungen wissen Sie, wie nutzlos es wäre, mit irgendwelchen Gegenargumenten zu arbeiten; aber trotzdem müssen Sie ihn dahin bringen, zu denken und zu sagen, man müsse den Preis für das neue Modell nicht herab-, sondern hinaufsetzen. In diesem Fall wäre folgendermaßen vorzugehen: »Gut, wenn ich Sie recht verstehe, geht Ihre Ansicht also nicht dahin, bei der Preisfestsetzung unseres neuen Modells die angestiegenen Material- und Produktionskosten außer Acht zu lassen, sondern unter Zugrundelegung der erforderlichen Neukalkulation dafür zu sorgen, daß wir preisgünstiger liegen als die Konkurrenz, um durch erhöhten Umsatz die geringere Verdienstspanne auszugleichen, nicht wahr?«

Der Dies-und-nicht-das-Trick bekehrt jederzeit jeden zu Ihrer Ansicht

Sicher haben Sie den der *Übereinstimmungstechnik* zugrunde liegenden Trick bereits längst durchschaut. Er besteht einfach darin: Dem Gesprächspartner werden zwei gegensätzliche Ansichten in den Mund gelegt, wobei ihm jederzeit die schmeichelhafte Anerkennung dafür ausgesprochen wird, daß er die positive Ansicht (»dies«) und nicht die negative (»das«) vertritt.

Diese Methode ist also keinesfalls schwierig. Dasselbe Argument und Gegenargument, mit denen Sie sonst Ihre Ansicht verfochten hätten, werden dem Gegenspieler als eigene Meinung bzw. Gegenmeinung — als »dies, und nicht das« — zugeschrieben.

Größe und Häufigkeit des Erfolges hängen zunächst einmal von der Konsequenz ab, mit der Sie die *Übereinstimmungstechnik* anstelle der sonst üblichen Zwangsmethode und freiwilligen Methode einsetzen, und zum zweiten von der Geschicklichkeit, mit der Sie die *Dies-und-nicht-das-Technik* handhaben.

ZUSAMMENFASSUNG

1. Vorausgesetzt, Sie lassen auch andere Meinungen gelten, werden die meisten Menschen Ihrer Ansicht Verständnis und Achtung entgegenbringen und »mitmachen«.
2. Bestehen Sie auch in Nebensächlichem auf Ihrer Meinung, so erscheinen Sie in den Augen Ihrer Mitmenschen nicht als Machtpersönlichkeit, sondern vielmehr als Tyrann.
3. Die von Ihnen gewählten Methoden müssen den Anforderungen einer Machtpersönlichkeit entsprechen und dürfen nicht mit den Maßstäben der Werbung gemessen werden.
4. Sie können es sich nicht leisten, Ihre Meinung in einer Art zu vertreten, die den Widerspruch oder die Opposition Ihrer Zuhörer herausfordert.
5. Zwang, Überredungsversuch und Rechtfertigung überzeugen zwar immer einen gewissen Teil der Zuhörer, reizen aber gleichzeitig bestimmte andere Gruppen zum Widerspruch.
6. Jegliche ablehnende Reaktion entzieht den betreffenden Teil der Zuhörerschaft Ihrer Macht, Ihrem Einfluß und Ihrer Herrschaft.
7. Nur die *Lenkungsmethode* führt überall und immer zum vollen Erfolg.
8. Mit Hilfe der *Übereinstimmungstechnik* gelingt es, dem Gegenspieler unmerklich die eigene Meinung zu suggerieren.
9. Die *Übereinstimmungstechnik* wirkt unmittelbar auf das Selbstgefühl Ihrer Zuhörer, die mit Stolz vermerken, daß Sie genauso denken wie sie selbst. Eine Übereinstimmung würde sonst bestenfalls nach langem Zaudern eingestanden werden.
10. Lassen Sie sich niemals auf ein Streitgespräch mit denen ein, die Sie zu Ihrer Meinung bekehren wollen. Greifen Sie niemals den Standpunkt eines anderen an, wenn Sie Ihre eigene Meinung durchsetzen wollen.
11. Hat Ihr Gegenspieler bereits eine gegenteilige Meinung geäußert, so müssen Sie seine Worte so umdeuten, daß Sie eine mit der Ihren übereinstimmende Meinung zum Ausdruck bringen.
12. Stellen Sie immer zwei gegenteilige Ansichten einander gegenüber und bringen Sie gleichzeitig Ihre volle Anerkennung darüber zum Ausdruck, daß der Gesprächspartner die positive (mit der Ihren identischen) und nicht die negative vertritt, also »dies, und nicht das«.
13. Von der geschickten Handhabung des *Dies-und-nicht-das-Tricks,* mit dem Sie die Zuhörerschaft von der Richtigkeit Ihres Standpunkts überzeugen, hängen Größe und Häufigkeit des Erfolgs ab.

KAPITEL 14

Wie man volle Unterstützung findet

Wert und Zuverlässigkeit jeder Unterstützung hängen von Ihrem eigentlichen Motiv ab.

Vorgetäuschte Hilfsbereitschaft und eigennützige Unterstützung müssen sofort erkannt und zurückgewiesen werden.

Jede auf Zwang, Versprechungen oder dem Gefühl einer Verpflichtung beruhende Unterstützung haben Sie nicht Ihrer Persönlichkeitsmacht zu verdanken, sondern nur Ihrer »Kaufkraft«, d. h. Ihrer mittelbaren Macht.

Unterstützung auf der Grundlage gemeinsamer Interessen ist am wertvollsten und zuverlässigsten.

Beweisen Sie den anderen die Gemeinsamkeit Ihrer Interessen — und Sie verwandeln sie in treue Bundesgenossen.

Die *Wir-wollen-Technik* und die *Sie . . .-wir-Technik* werben Verbündete.

Enthalten Sie sich in Wort und Tat jeglicher Gedankenlosigkeit, und Sie werden allseits volle Unterstützung finden.

Echte Persönlichkeitsmacht ist weder »eine Gabe« noch ein bloßer Zufall — diese Tatsache ist Ihnen sicher von Kapitel zu Kapitel deutlicher geworden. Auch der gewaltige Unterschied zwischen Persönlichkeitsmacht und bloßer mittelbarer Macht hat sich Schritt für Schritt immer klarer abgezeichnet. Ihr Ziel ist nun in greifbare Nähe gerückt, und diese Erkenntnis ist Ihnen sicher Ansporn, Ihre Bemühungen zu verdoppeln.

Sie sind auf jede auch noch so bescheidene Unterstützung angewiesen

Ihre Persönlichkeitsmacht hat schon viele Menschen angezogen und erweitert diesen Personenkreis von Tag zu Tag. Sie können es sich nicht

leisten, auf die tätige Mithilfe irgendeines Ihrer Gefolgsleute zu verzichten, gleichgültig, worin diese bestehen mag. Sie finden bei den Betreffenden wohlwollende Beachtung und ehrliches Interesse, und auf die eine oder andere Weise zeigen sie ihre Zuneigung und tun ihre Hilfsbereitschaft kund. Sie finden allseits mehr Unterstützung als je zuvor und brauchen sich Ihren Mitmenschen nun nur noch ein wenig mehr zu »öffnen«, und sie werden sich gegenseitig in ihrer Anstrengung überbieten, Ihnen jede nur mögliche Hilfe zukommen zu lassen. Es wäre jedoch ein gefährlicher Irrtum, jeden, der schon Ihrem kleinsten Wink gehorcht, als echten und uneigennützigen Helfer zu betrachten. Es ist etwas völlig anderes, ob sich jemand Ihren Anordnungen beugt oder aufrichtig bestrebt ist, von sich aus Ihren Wünschen zu entsprechen. Falsch wäre es auch, die Bereitwilligkeit mancher Leute, sich Ihren Launen, Einfällen oder Winken zu fügen, mit echter Unterstützungsbereitschaft zu verwechseln. Widerspruchsloses »Mitmachen« und begeistertes »Mitgehen« sind zwei völlig verschiedene Dinge.
Den mittlerweile erworbenen und ausgebildeten Eigenschaften und Wesenszügen einer Machtpersönlichkeit verdanken Sie bereits jetzt die überdurchschnittliche Unterstützung der Menschen Ihrer Umgebung. Und doch haben Sie die hier gebotenen Möglichkeiten noch bei weitem nicht voll ausgenützt. Ihre Aufgabe besteht nun darin, auch noch den letzten Rest von Mithilfe »herauszuholen«.

Die vier Möglichkeiten, Unterstützung zu finden

Nun ist wieder einmal der Zeitpunkt gekommen, einigen harten Tatsachen ins Gesicht zu sehen. Die Ihnen angebotene Unterstützung kann aufrichtig oder unaufrichtig, echt oder vorgetäuscht, in ihren Motiven durchschaubar oder undurchschaubar (das heißt: möglicherweise eigennützig) sein. Ohne den Mut, jedes Hilfsangebot genau zu überprüfen und abzulehnen, wenn es sich als unehrlich, vorgetäuscht oder eigennützig erweist, werden Sie niemals Ihre volle Wirkung als Machtpersönlichkeit entfalten können.
Sie müssen sich aber auch noch mit einer zweiten Gegebenheit abfinden: Ehrliche, echte und klar durchschaubare Unterstützungsbereitschaft läßt sich nach dem jeweils zugrunde liegenden Motiv in vier Erscheinungsformen unterteilen. Dieser Umstand gibt Ihnen ebenso viele Möglichkeiten in die Hand, Unterstützung zu gewinnen. Das eine Mit-

tel ist Zwang, das zweite sind Versprechungen, das dritte ist der Hinweis auf eine bestehende Verpflichtung und das vierte ist die entsprechende Vorbereitung des Bodens, so daß die anderen von sich aus ihre Hilfe anbieten.

Wert und Zuverlässigkeit jeder Form von Unterstützung hängen von dem ihr zugrunde liegenden Motiv ab

Es gilt nun, zwischen den vier Erscheinungsformen menschlicher Hilfsbereitschaft klar zu unterscheiden, um ein für allemal jede auf Zwang, Lockmitteln und moralischer Verpflichtung beruhende Unterstützung sofort zu erkennen und auszuschalten. Denn für uns kommt nur echte und freiwillige Mithilfe in Frage.

Auch wenn kein unmittelbarer Zwang ausgeübt wird, kann gar manche Unterstützung »erzwungen« sein. Arbeitet zum Beispiel jemand scheinbar »freiwillig« mit Ihnen zusammen, in Wirklichkeit aber nur deshalb, weil Sie ihn dazu zwingen könnten, wenn er es nicht von sich aus täte, so handelt es sich um eine erzwungene Hilfe. Beglückwünschen Sie sich also nicht verfrüht, wenn ein anderer »freiwillig« seine Unterstützung anbietet. Tut er dies nämlich, weil Sie Macht oder Reichtum besitzen oder der Chef sind, so wurde er zu seinem Entschluß nicht etwa durch echte Hilfsbereitschaft oder die Wirkung Ihrer Persönlichkeitsmacht bewogen, sondern lediglich durch Ihre mittelbare Macht.

Genausowenig kommt es für uns in Frage, die Unterstützung anderer durch Versprechungen oder ähnliches zu »erkaufen«. Hierher gehört jedes Angebot, das von dem Betreffenden gemacht wird, weil er entweder einen Gegendienst erwartet oder sich Ihre Protektion, ein Trinkgeld, einen Posten oder irgendeinen anderen Vorteil erhofft. Ja, selbst wenn keinerlei direkte oder indirekte Versprechungen gemacht wurden, kommt die Annahme einer Mithilfe für uns nicht in Frage, falls der Beweggrund die Hoffnung auf Belohnung ist; da diese Unterstützung nicht echt ist, sondern — bewußt oder unbewußt, direkt oder indirekt — »erkauft« würde und kein Echo auf Ihre Persönlichkeitsmacht darstellt. Auch diese Form von »freiwilliger« Hilfsbereitschaft bietet also keinerlei Anlaß zu verfrühter Freude.

Selbstverständlich ist auch die Unterstützung einer Ihnen irgendwie verpflichteten Person in gewissem Sinne »erkauft«. Haben Sie zum

Beispiel den Betreffenden durch Schmeichelei zu einer Zusage bewegt oder bietet dieser seine Dienste aus Dankbarkeit oder aufgrund irgendeiner anderen Verpflichtung an, so muß auch diese Mithilfe als »erkauft« betrachtet werden. Es handelt sich also um die Wirkung Ihrer »Kaufkraft« und nicht etwa um den Ausfluß Ihrer Persönlichkeitsmacht.
Gar mancher, der sich bereits für eine vollendete Machtpersönlichkeit hielt, beging seinen ersten schwerwiegenden Fehler, als er ein auf der Grundlage von Zwang, Hoffnung auf Belohnung oder aus einem Gefühl der Verpflichtung heraus zustande gekommenes Unterstützungsangebot mit wirklich freiwilliger Mithilfe verwechselte. Wollen Sie eine echte Machtpersönlichkeit werden, dürfen Sie vor diesem Unterschied nicht die Augen verschließen. Wenn es Ihr Selbstbewußtsein auch noch so sehr erschüttert — sehen Sie jedes unechte Hilfsangebot als das an, was es in Wirklichkeit ist, und bilden Sie sich nicht zu früh etwas auf die Wirkung Ihrer Persönlichkeit ein! Denken Sie immer daran: *Der Wert und die Zuverlässigkeit jeder Form von Unterstützung oder Mitarbeit hängen von den eigentlichen Beweggründen ab!*

Seien Sie praktisch und realistisch in Ihrer Einschätzung und Ihrer Inanspruchnahme von Unterstützungsangeboten

Vielleicht schütteln Sie nun resignierend den Kopf über die Undurchführbarkeit des obigen Grundsatzes. Unsere Forderung ist aber alles andere als unrealistisch; wir stellen nämlich keineswegs an Sie das Ansinnen, jede nicht durch und durch aufrichtige und freiwillige Hilfeleistung rundweg abzuweisen — Sie sollen nur den eigentlichen *Charakter jeder Unterstützung prüfen* und ihren Wert und ihre Zuverlässigkeit dementsprechend bemessen.
Dasselbe gilt für jegliche Unterstützung, die »aus Herzensgüte« angeboten wird. Diese »freundschaftliche« oder »nachbarschaftliche« Hilfe entspringt nur in seltensten Ausnahmen einem gemeinsamen Interesse, sondern beruht fast immer auf einem Ihnen entgegengebrachten Gefühl der Zuneigung. Hierher gehören auch etwa die »Samariterdienste«, die insbesondere in Notzeiten oder bei Unglücksfällen aus Mitleid mit der Lage der Betroffenen geleistet werden.
Jede von menschlicher Güte inspirierte Hilfeleistung ist zweifellos völlig freiwillig und deshalb meistens (aber nicht immer!) willkom-

men. Aber selbst hier müssen Sie sich über die eigentlichen Beweggründe völlig im klaren sein; denn eben weil diese Form der Unterstützung rein gefühlsbedingt ist, kann man nicht unbedingt und jederzeit auf sie zählen. Seien Sie also auch hier ein Realist: Nehmen Sie jede aus Menschlichkeit gebotene Hilfe dankbar an, doch verlassen Sie sich nicht von vornherein restlos auf sie.

Suchen Sie immer nach gemeinschaftlichen Interessen

Die Unterstützung, die Sie brauchen, die also am wertvollsten und zuverlässigsten ist, beruht ausschließlich auf der *Interessengemeinschaft echter Bundesgenossen.* Eine solche Grundlage ist nur selten von vornherein gegeben, sondern *muß erst geschaffen werden.* Diese Form der Zusammenarbeit bezeichnen wir von jetzt ab zum Unterschied zu allen anderen Formen als »Interessengemeinschaft«.
Eine solchermaßen begründete Zusammenarbeit ist freier, aufrichtiger, einsatzbereiter und dauerhafter als eine auf Sympathie, Mitleid, Angst, Kriecherei, Verpflichtungen oder purer Eigensucht beruhende Unterstützung. Wert und Zuverlässigkeit einer solchen Mithilfe hängen nicht davon ab, ob die Gemeinschaftlichkeit der Interessen bereits vorher gegeben war oder erst geschaffen werden mußte.
So selten diese Voraussetzung bereits besteht, so einfach ist sie zu schaffen: Behandeln Sie die anderen einfach als Verbündete und geben Sie ihnen die Möglichkeit, sich als Bundesgenossen zu bewähren.

Vermeiden Sie überflüssige Anordnungen und möglichst jeden Befehlston

Die meisten werden freudig jede Gelegenheit ergreifen, sich mit Ihnen zu verbünden. Auch die anfänglich Zaudernden lassen sich mit ein paar kleinen Kunstgriffen in Bundesgenossen verwandeln. Die Bedeutung der hier zielführenden unscheinbaren Tricks darf keinesfalls unterschätzt werden; ihre Mißachtung könnte sogar nachteilig sein!
Erste Voraussetzung für eine erfolgreiche Werbung von Bundesgenossen ist es, sich aller Handlungen und Äußerungen zu enthalten, die diese möglicherweise abschrecken könnten. Mit einer herrischen Ausdrucksweise, einem scharfen Befehlston oder indem man dem anderen »die Faust in den Nacken setzt«, läßt sich keine Interessengemein-

schaft begründen. Um festzustellen, warum keine befriedigende Zusammenarbeit auf der Grundlage gemeinsamer Interessen zustande kommt, brauchen Sie nur auf Ihre eigene Erfahrung zurückzugreifen und sich zu besinnen, was Sie selbst je veranlaßte, mit Ihrer Unterstützung zurückzuhalten oder diese gänzlich zu verweigern.
Sie kennen ja Ihre eigenen Reaktionen auf herrische Anweisungen, Befehle, »Belehrungen« und ähnliches und wissen auch bereits, wie solchen Zumutungen zu begegnen ist. Nun aber müssen Sie sich völlig darüber klarwerden, daß Ihre Mitmenschen in solchen Fällen genauso reagieren wie Sie selbst. Die Verwirklichung selbst der besten Absichten wird scheitern, sobald in Ihren Worten oder Ihrem Ton auch nur die geringste Spur von Überheblichkeit oder Herrschsucht zu entdecken ist. Vergessen Sie also niemals: *Die Faust im Nacken eines anderen ist und bleibt ein Symbol der Verknechtung, mag der Druck auch noch so leicht und sogar höflich ausgeübt werden, und nimmt dem Betreffenden von vornherein jede Lust, mit Ihnen zusammenzuarbeiten!*
Die erste Regel, echte Unterstützung zu finden, ist also: Geben Sie *niemals überflüssige Anweisungen!* Und die zweite Regel: Ist die Erteilung einer Anordnung unerläßlich, so *vermeiden Sie jeden Befehlston!* Wählen Sie statt dessen eine Formulierung, aus der die Dringlichkeit eines gemeinsamen Interesses hervorgeht, oder kleiden Sie die Anordnung in die Form eines Ersuchens oder einer Aufforderung, eine bestimmte Entscheidung zu treffen.

Die Wir-wollen-Technik

Jede leitende oder überwachende Tätigkeit bringt die tägliche Notwendigkeit mit sich, Anweisungen zu erteilen. Außer bei Unglücksfällen oder anderen Gefahrensituationen ist ein scharfer Befehlston jedoch völlig überflüssig und falsch. In nahezu allen Fällen wird man mit einer geeigneten Ausdrucksweise billigen Gehorsam auch ohne jeden Befehlston erzielen können.
Die meisten Anordnungen, vom barschen Befehl bis zum höflichen Ersuchen, bestehen aus kurzen Sätzen. (»Schließen Sie die Tür!« — »Bringen Sie das heute zur Post!« — »Erhöhen Sie die Temperatur im Trockenraum!« — »Nehmen Sie dafür eine rote Farbe!« — »Halten Sie die Ware noch zurück!« usw.)
Jeder dieser kurzen Sätze kann, wenn er keine direkte Anrede enthält oder eine solche zu vermeiden ist, ganz einfach dadurch in eine Kund-

gebung gemeinschaftlichen Interesses verwandelt werden, daß man mit *»Wir wollen«* einleitet. (Zum Beispiel: »Wir wollen die Tür schließen!« — »Wir wollen dies heute zur Post bringen!« usw.) So unbedeutend diese Änderung erscheinen mag, so wunderbar ist ihre Wirkung. Machen Sie sich dieses »Wir wollen« zur Gewohnheit und Sie werben sich eine Unzahl neuer »Bundesgenossen«. Auch wenn mehrere Anordnungen in einem Satz verbunden sind (»Streichen Sie die Wand fertig und machen Sie dann den Boden sauber!«), setzen Sie ganz einfach die magische Formel »Wir wollen« davor: »Wir wollen die Wand fertigstreichen und dann den Boden saubermachen!«

Ist ein gemeinsames Interesse schwer zu verdeutlichen, so verwenden Sie die Formel »Würden Sie bitte«

Die *Wir-wollen-Technik* (oder ein Ihnen zusagender gleichbedeutender Ersatz) ist überall einsetzbar, abgesehen von den zwei folgenden Ausnahmefällen:

1. Falls die Anordnung eine Selbstverständlichkeit zum Ausdruck bringt (wie im übernächsten Abschnitt näher beschrieben);

2. sobald eine direkte Anrede unvermeidbar ist (zum Beispiel: »Suchen *Sie* die Akten in der Ablage!«)

Bei solchen Sätzen ist es meist besser, auf ein »Wir wollen« zu verzichten und die betreffenden Anweisungen durch Voransetzung von *»Würden Sie bitte«* in ein höfliches Ersuchen umzuwandeln (»Würden Sie bitte die Akten in der Ablage suchen?«).
Insbesondere bei Aussagen, die »mir« oder »für mich« enthalten (»Stellen Sie mir die Verbindung her!« — »Heben Sie das für mich auf!«), haben Sie die Wahl zwischen zwei Möglichkeiten. Sie können entweder »Wir wollen« verwenden und das »mir« bzw. »für mich« fallenlassen (»Wir wollen die Verbindung herstellen!« — »Wir wollen dies aufheben!«) oder statt dessen einfach mit »Würden Sie bitte« einleiten (»Würden Sie mir bitte die Verbindung herstellen?« — »Würden Sie mir das bitte aufheben?«). Die beiden obengenannten Formeln finden also immer dann Verwendung, wenn ein gemeinsames Interesse nicht klar ersichtlich ist oder verdeutlicht werden kann.

Die Sie . . .-wir-Technik

Viele Ihrer Anweisungen beinhalten auch eine Selbstverständlichkeit (»Schalten Sie ab und reparieren Sie die Maschine!« — »Gönnen Sie den Leuten eine Erholungspause!« — »Sorgen Sie dafür, daß die Deckel besser passen!«). In all diesen Fällen ist »Wir wollen« als Einleitung unbrauchbar.
Gerade bei Selbstverständlichkeiten entsteht nämlich leicht der Eindruck, als ob eine mit »Wir wollen« beginnende Aufforderung eine indirekte Kritik an dem Betreffenden darstellt, weil er das offensichtlich Notwendige unterlassen hat (»Wir wollen abschalten und die Maschine reparieren!«). In solchen Fällen ist also eine andere Methode anzuwenden.
Am geeignetsten dazu ist die *Sie . . .-wir-Technik.* Mit ihrer Hilfe wird ein Befehl lediglich durch Voransetzung von »Denken Sie nicht, wir sollten . . .« in eine Aufforderung verwandelt, selbst die entsprechende Entscheidung zu treffen. Da es sich dabei immer um eine offensichtlich notwendige Maßnahme handelt, gehen Sie keinerlei Risiko ein, indem Sie einem anderen die Entscheidung überlassen (»Denken Sie nicht, wir sollten abschalten und die Maschine reparieren?« — »Denken Sie nicht, wir sollten den Leuten eine Erholungspause gönnen?« — »Denken Sie nicht, wir sollten uns darum bemühen, daß die Deckel besser passen?«).

Sorgen Sie für passende Abwechslung

Die Techniken des »Wir wollen«, »Würden Sie bitte« und »Sie . . . wir« wurden hier dargestellt, weil sie am einfachsten und zuverlässigsten sind. Für diese Formeln gibt es jedoch vielfältigen Ersatz, so zum Beispiel: »Wie wär's« — »Sollen wir« — »Könnten wir nicht« — »Vielleicht« und vieles andere. Zwar sind diese Ausdrücke nicht so uneingeschränkt verwendbar wie die obengenannten, aber sie schaffen Abwechslung.
Prüfen Sie aber bei diesen und ähnlichen Ersatzformeln sorgfältig, ob sie auch wirklich passen. So wäre zum Beispiel »Wie wär's, wenn wir die Türe schließen?« oft genauso wirksam wie »Wollen wir die Türe schließen?«; »Wie wär's, wenn wir dies heute zur Post geben?« ist hingegen bei weitem nicht so wirkungsvoll wie »Wollen wir dies heute zur Post geben?«.

Noch eine Warnung: Verwenden Sie niemals das Wort »bitte« als Ersatzformel! Bei direkter Aufforderung ist es zwar durchaus am Platz; aber wollte man es zur Milderung eines Befehls oder zur Umwandlung eines solchen in ein Ersuchen verwenden, so würde es eine Ihrer Absicht genau entgegengesetzte Wirkung hervorrufen. Vor oder hinter einem Befehl betont nämlich das Wort »bitte« den Abstand zwischen Befehlsgeber und Befehlsempfänger (»Bitte, schließen Sie die Tür!« — »Schließen Sie die Tür, bitte!« — »Bitte, geben Sie das heute zur Post!« — »Geben Sie das heute zur Post, bitte!«). Schützen Sie sich also vor dieser unerwünschten Wirkung, indem Sie das Wort »bitte« niemals im Zusammenhang mit einem Befehl verwenden!

Seien Sie nicht gedankenlos, und Sie werden überall echte Unterstützung finden

Wie schon früher gesagt, handelt es sich bei »Wir wollen«, »Sie ... wir« und allen gleichwertigen Ausdrücken nur scheinbar um unwesentliche Kleinigkeiten — denn läßt man sie außer Acht, kann dies großen Schaden verursachen.
Anweisungen müssen nur selten in die Form eines Befehls gekleidet werden. Geschieht dies trotzdem, dann nahezu immer aus Gedankenlosigkeit und fast nie notwendigerweise. Richtig angewendet machen die oben beschriebenen Techniken alle Ihre Mitmenschen zu Ihren Bundesgenossen und sorgen allseits für echte Unterstützung auf der Grundlage gemeinsamer Interessen.

ZUSAMMENFASSUNG

1. Sie sind auf uneingeschränkte Unterstützung angewiesen.
2. Gehorsam oder » Mitmachen « entspringen nur selten echter Hilfsbereitschaft.
3. Schärfen Sie Ihren Blick für unehrliche, vorgetäuschte und eigennützige Hilfsangebote und weisen Sie diese zurück.
4. Sehen Sie in jeder Mitarbeit, die auf Zwang, der Hoffnung auf Belohnung oder einem Gefühl der Verpflichtung beruht, genau das, was sie in Wirklichkeit ist, selbst wenn sie scheinbar » freiwillig « angeboten wird.
5. Denken Sie immer daran: Wert und Zuverlässigkeit jeder Unterstützung hängen von ihren Beweggründen ab.

6. Verlassen Sie sich niemals auf eine »aus Herzensgüte angebotene Hilfsbereitschaft, doch nehmen Sie diese, wenn Sie ihrer bedürfen, dankbar an.

7. Sorgen Sie immer für die Grundlage gemeinsamer Interessen, denn diese verschafft Ihnen die wertvollste und zuverlässigste Mitarbeit.

8. Behandeln Sie Ihre Mitmenschen als Bundesgenossen, und die meisten werden die Gemeinschaft freudig begrüßen.

9. Vermeiden Sie überflüssige Befehle und kleiden Sie unerläßliche Anordnungen in Worte, in denen die Gemeinsamkeit der Interessen zum Ausdruck kommt.

10. Wenden Sie bei allen passenden Gelegenheiten die *Wir-wollen-Technik* oder einen entsprechenden Ersatz an.

11. Machen Sie niemals eine offensichtliche Notwendigkeit zum Gegenstand einer Anordnung, sondern wandeln Sie diese mit Hilfe der *Sie . . . wir-Technik* in eine an den anderen gerichtete Aufforderung um, die betreffende Entscheidung selbst zu fällen.

12. Verwenden Sie niemals »bitte« zur Milderung eines Befehls — er würde dadurch nur verstärkt.

13. Die richtige Verwendung von »Wir wollen« und »Sie . . . wir« bringt Ihnen großen Nutzen, bei falscher Anwendung schaden Sie sich.

KAPITEL 15

Wie man seine Persönlichkeitsmacht verstärkt

Sobald die Persönlichkeitsmacht Grenzen erkennt oder anerkennt, beginnt sie zu schwinden.

Scheinbare Kleinigkeiten stärken Ihre Persönlichkeitsmacht und erweitern sie ins Grenzenlose.

Bewußte Zurschaustellung Ihrer Persönlichkeitsmacht ist das beste Mittel, sie zu stärken.

Die wirksamsten Methoden der Zurschaustellung sind: Umschau halten, reisen und für Abwechslung sorgen.

Je mehr Mittel und Wege Sie finden, Ihre Persönlichkeitsmacht zur Schau zu stellen, desto stärker wird sie.

Wie bei einem Mosaik haben Sie Steinchen um Steinchen zusammengetragen, Eigenschaft an Eigenschaft gereiht, um Ihr Bild als Machtpersönlichkeit zu vervollständigen. Ganz am Anfang mußten Sie um die klare Vorstellung einer echten Machtpersönlichkeit ringen und in den Augen Ihrer Mitmenschen die entsprechende Rolle spielen. Nun aber ist aus dem bloßen Schein wirkliches Sein geworden: Jetzt *sind* Sie eine Machtpersönlichkeit! Aber trotzdem sind Sie noch nicht am Ziel. Viele verwechseln zwar die jetzt erreichte Stufe mit der letzten — Sie aber wissen: Es gilt voranzukommen, die kleinen Machtpersönlichkeiten hinter sich zu lassen und Vollendung zu erreichen.

Stetige Übung stärkt Ihre Persönlichkeitsmacht und schützt sie vor Stillstand und Verkümmerung

Ihre Persönlichkeitsmacht erreicht mit jedem Tag einen höheren Wirkungsgrad. Täglich wächst auch die Geschicklichkeit, mit der Sie sich die vielen notwendigen Voraussetzungen aneignen und die großen und kleinen Schwierigkeiten meistern; dies wieder bewirkt die ständige Ausdehnung Ihrer Macht, Ihres Einflusses und Ihrer Herrschaft über alle, mit denen Sie beruflich und privat in Berührung kommen. Sie fühlen und wissen es: »Meine Macht ist heute größer, als sie noch gestern war — und morgen wird sie noch größer sein!« Bald aber wird Ihre Persönlichkeitsmacht in den Kreisen, in denen Sie sich jetzt bewegen, ihre höchstmögliche Wirkung entfaltet haben. Was dann?

Die erste Antwort darauf ist: Für Sie gibt es keine Grenze, kein Maximum und kein Optimum. *Jedes Maximum ist ein Endpunkt, und Ihre Persönlichkeitsmacht darf niemals einen solchen Endpunkt erreichen!* Denn einmal an einer solch unwiderruflichen Grenze angelangt, würde sie, wie alles andere, stillstehen oder gar verkümmern.

Die zweite Antwort: Mit einer im Stillstand befindlichen oder allmählich verkümmernden Persönlichkeitsmacht können Sie niemals Ihre Ziele verwirklichen. *Sie dürfen also nie müde werden, Ihre Persönlichkeitsmacht auszubauen und zu stärken, so daß sie über jede ihr scheinbar gesetzte Beschränkung und Grenze hinauswächst.* Sie vermögen auch dies — und brauchen dazu einzig die bereits von Ihnen erworbene Persönlichkeitsmacht.

Bewegen Sie sich außerhalb Ihrer gewohnten Kreise, und Ihre Persönlichkeitsmacht wird niemals schwinden

Zwei Kraftquellen speisen Ihre Persönlichkeitsmacht: Die Stärke Ihrer persönlichen Ausstrahlung und die Anzahl derer, die Ihre Persönlichkeitsmacht sehen, fühlen oder ihre Wirkung an sich selbst erfahren.

Die täglich wachsende Meisterschaft in der Anwendung der verschiedenen Machttechniken hat Ihre Strahlkraft als Machtpersönlichkeit zunehmend verstärkt. Andererseits aber ist Ihr täglicher Umgang mehr oder weniger auf immer denselben Personenkreis begrenzt, und somit unterliegt ihre optische, emotionelle und praktische Wirkung einer zahlenmäßigen Beschränkung.

Eben diese quantitative Begrenzung stellt Ihr eigentliches Problem dar. Denn sobald Ihre Persönlichkeitsmacht innerhalb dieser stets gleichbleibenden Gruppe ihren höchsten Grad erreicht hat, beginnt die Wirkungskurve abzusinken — es sei denn, die Menschen Ihrer Umwelt sind sich bewußt, daß Ihre Persönlichkeitsmacht in Bereiche hinausstrahlt, die sich dem eigenen begrenzten Gesichtskreis entziehen. Daraus ergibt sich für Sie die unbedingte Notwendigkeit, *Ihre Einflußsphäre auf eine immer größere Anzahl von Menschen auszudehnen,* gleichgültig, ob diese im Augenblick nach Dutzenden oder Tausenden zählen.

Die ständige Vermehrung der menschlichen Kontakte bietet hier die einzige Lösung

Wer die Leiter des Erfolgs erklimmen will (sei dies im Geschäftsleben, in der Politik oder irgendeinem anderen Bereich), entdeckt früher oder später die Notwendigkeit, auch außerhalb seiner gewohnten Sphäre Beachtung und Wertschätzung zu finden. Eine solche Zielsetzung entspricht aber nicht ganz Ihren Bedürfnissen.

Für Sie genügen nämlich Beachtung und Wertschätzung keineswegs. Ihre Persönlichkeitsmacht müssen auch diejenigen sehen, fühlen und an sich selbst verspüren, die anderen als den alltäglichen Gruppen und Sphären angehören.

Vielen würde sich hier »Publicity« als Lösung anbieten, für Sie aber kommt dieses Mittel nicht in Frage. Publicity ist ja dem Wortsinn nach eine Methode, für etwas zu werben, was andernfalls vielleicht unbeachtet bliebe. Für Sie wäre dies aber unzureichend, *denn die Mitmenschen müssen Ihre Persönlichkeitsmacht selbst sehen, hören und persönlich ihre Wirkung kennenlernen — sie also nicht nur vom Hörensagen kennen!*

Für Ihr Problem gibt es demnach nur eine einzige Lösung: Sie müssen unablässig die Anzahl Ihrer persönlichen menschlichen Kontakte vermehren. Die Methoden der Publicity würden Ihnen dabei aber nicht helfen; Sie müssen die verschiedenen Techniken der *Zurschaustellung* einsetzen.

Die Mittel der Zurschaustellung

Dutzende von Mitteln dienen diesem Zweck, aber viele davon sind nur unter ganz bestimmten Voraussetzungen anwendbar, während andere gänzlich auf gewisse gesellschaftliche oder wirtschaftliche Situationen beschränkt sind. Drei Techniken jedoch sind jederzeit und unter allen Umständen wirksam.

Diese der Zurschaustellung Ihrer Persönlichkeitsmacht dienenden *Allzweck-Methoden* sind: Umschau halten, reisen und für Abwechslung sorgen. Halten Sie sich stets ihre Wichtigkeit und ihre Voraussetzungen vor Augen, und Ihre Persönlichkeitsmacht wird immer mehr erstarken und niemals an Wirkungskraft verlieren.

Sorgen Sie für Abwechslung in Ihrem täglichen Umgang

Ob Geschäftsmann, Akademiker oder Politiker — jede Tätigkeit bringt eine Anzahl täglicher und unveränderlicher menschlicher Kontakte mit sich. Dazu zählen Ihre Familienangehörigen, Berufskollegen, Kunden, Klienten, Gesinnungsgenossen, Glaubensbrüder und viele andere Gruppen dieser Art. Es gibt darunter aber auch menschliche Beziehungen, die sich ändern oder variieren lassen, weil sie nur auf der eigenen täglichen Gewohnheit oder derjenigen eines anderen beruhen.

Jedermann kennt die Vorteile, die damit verbunden sind, dort einzukaufen, zu essen, sein Glas Wein oder Bier zu trinken, wo man bekannt ist. Gewohnheitsmäßig oder aus einer bestimmten Vorliebe nehmen Sie Ihr Mittagessen stets im gleichen Restaurant ein und lassen sich dort womöglich auch immer vom selben Ober oder derselben Kellnerin bedienen. Manche von uns haben ihre Stammkneipe, und auch beim Einkauf von Kleidern, Lebensmitteln oder irgendeinem anderen Erzeugnis läßt uns unsere Gewohnheit oder irgendeine Vorliebe immer wieder zu denselben Geschäften zurückkehren. Die gleiche menschliche Neigung führt zur Wahl eines bestimmten Friseurs oder Zeitungsstandes.

In all diesen Fällen haben Gewohnheiten und Vorliebe zur Bildung stets gleichbleibender Kontakte geführt und somit unnötigerweise Ihre Machtsphäre eingeengt. Dies dürfen Sie aber keinesfalls geschehen lassen; Sie müssen vielmehr unbedingt jede Möglichkeit nutzen, Ihre menschlichen Beziehungen zu bereichern und zu erweitern.

Die Stärkung der Persönlichkeitsmacht festigt auch Ihre Persönlichkeit

Geschäfte aufzusuchen, in denen man bekannt ist, bietet zugegebenermaßen im allgemeinen beträchtliche Vorteile — im Fall einer Machtpersönlichkeit jedoch überwiegen die Nachteile. Es ist für Sie wesentlich vorteilhafter, sich einem ständig wachsenden Personenkreis zu zeigen, als sich immer nur in der Ihnen vertrauten Sphäre zu bewegen.

Der erste Schritt zur Stärkung Ihrer Persönlichkeitsmacht besteht also darin, ab sofort größere Abwechslung in Ihr gewohntes Tun zu bringen. Gehen Sie gleich morgen zum Mittagessen in ein Restaurant, in dem Sie noch nie zuvor waren. Wirkt nämlich Ihre Persönlichkeitsmacht so, wie dies nunmehr zu erwarten ist, so werden Sie in diesem neuen Restaurant mit derselben Aufmerksamkeit bedient werden wie in Ihrem Stammlokal. Sollte dies aber nicht zutreffen, so müßte man daraus auf eine unzureichende Beachtung und Beherrschung der Techniken und Methoden schließen, in die Sie bisher eingeweiht wurden. In einem solchen Fall würde die Wirkung Ihrer Machtpersönlichkeit selbstverständlich nicht den in Sie gesetzten Erwartungen entsprechen. Versuchen Sie womöglich noch in dieser Woche Ihr Glück in einem zweiten Ihnen noch unbekannten Restaurant und suchen Sie nächste Woche sogar deren zwei oder drei auf.

Sorgen Sie auch bei Ihren Einkäufen für entsprechende Abwechslung: Falls Sie gerade neue Socken oder eine neue Krawatte brauchen, so gehen Sie in ein neues Geschäft; lassen Sie sich das nächstemal bei einem anderen Friseur die Haare schneiden; besorgen Sie sich Ihre Zeitung woanders; kaufen Sie sich Ihre Zigarren in einem anderen Tabakladen und holen Sie sich Ihr Aspirin in einer anderen Apotheke. Dies sind nur einige Beispiele dafür, wie man aus dem alten Trott herauskommt. Sind Sie es gewohnt, Ihrer Frau bei den Wochenendeinkäufen zu helfen, so führen Sie sie zur Abwechslung einmal in ein Ihnen beiden unbekanntes Geschäft. Auch andere Tankstellen verkaufen Benzin, auch andere chemische Reinigungen nehmen Anzüge und Kleider an, auch in anderen Bäckereien bekommt man frische Brötchen, und Ihre Frau oder Freundin wird sich über die mitgebrachten Blumen oder Pralinen freuen, selbst wenn diese nicht im gewohnten Geschäft gekauft wurden.

Sorgen Sie auf jede erdenkliche Weise für neue Kontakte, denn nur so werden immer mehr Menschen Ihre Persönlichkeitsmacht sehen, fühlen und von ihr beeindruckt werden. In jedem von ihnen wird die Erinnerung an Ihre starke und unverwechselbare Persönlichkeit weiterwirken. Falls Sie die neugeschaffenen Kontakte in gewissen Abständen durch wiederholte Besuche pflegen, wird man bald bewundernde Bemerkungen über Sie austauschen, die früher oder später unfehlbar auch Ihren alten Bekannten zu Ohren kommen werden. *Jede solche Kunde, die sich in Ihrer gewohnten Sphäre verbreitet, stärkt Ihre Persönlichkeits-*

macht; sie beweist nämlich das stetige Anwachsen und die ständige Erweiterung Ihres Einflusses auch in Bereichen, die weit außerhalb des gewohnten Umgangs liegen. Diese Erkenntnis schützt nicht nur Ihre Persönlichkeitsmacht vor jedem Stillstand und Schwinden, sondern verstärkt sie immer mehr und festigt darüber hinaus gleichzeitig Ihre gesamte Persönlichkeit.

Halten Sie außerhalb des gewohnten oder vorgeschriebenen Bereichs Umschau

Die zweite Maßnahme zur Stärkung Ihrer Persönlichkeitsmacht durch erweiterte Zurschaustellung betrifft Ihre festen und unveränderlichen menschlichen Beziehungen, also insbesondere zu Ihren Kollegen, Freunden, Nachbarn, Kunden usw., kurz: zu all jenen, mit denen Sie durch Ihren Beruf, Ihr Privatleben oder örtliche Gegebenheiten ständig und unvermeidlich in Berührung kommen, so daß nur ein völliger Berufs- oder Ortswechsel Abwechslung schaffen könnte.
Da diese Kontakte sowohl ihrer Art und Zahl nach unveränderlich sind und deshalb keinerlei Gelegenheit zur erweiterten Zurschaustellung Ihrer Persönlichkeitsmacht bieten, bleibt Ihnen nur übrig, den gewohnten Bereich als solchen insgesamt auszudehnen, indem Sie »weiter Umschau halten«.

Halten Sie Umschau, aber hofieren Sie niemand

Die Möglichkeiten, gewohnte berufliche Kontakte auszudehnen, hängen weitgehend von der Art Ihrer Tätigkeit ab. Ein Abteilungsleiter, Werkmeister oder Vorarbeiter zum Beispiel müßte als erstes möglichst oft andere Abteilungen und Werkshallen oder Arbeitsplätze aufsuchen, um sich und seine Persönlichkeitsmacht einer vermehrten Personenzahl zu zeigen. Für einen Geschäftsinhaber oder den Leiter eines Unternehmens würde der erste Schritt darin bestehen, jegliche Gelegenheit zum Besuch gleicher oder ähnlicher Geschäfte oder Unternehmen zu nutzen. Ein Geistlicher wiederum würde seine Persönlichkeitsmacht am geeignetsten einem erweiterten Personenkreis vorstellen, indem er sich möglichst oft in den Nachbargemeinden oder -pfarreien sehen läßt.
Grundsätzlich besteht also der erste Schritt darin, möglichst oft in berufsbedingten Nachbar- oder Nebengebieten »Umschau zu halten«.

Denn je mehr Sie sich und Ihre Persönlichkeitsmacht näheren und entfernteren Berufskollegen vorstellen, desto größer und stärker wird sie nicht nur dort, sondern auch in Ihrer gewohnten Umgebung werden. Dies gilt auch für Ihre freundschaftlichen und nachbarlichen Beziehungen. Anstatt also nur mit Ihren unmittelbaren Nachbarn Grüße zu wechseln, sollten Sie auch den entfernteren ein freundliches Nicken und einen höflichen Gruß gönnen. *Vergessen Sie aber niemals: Sie haben sich für Persönlichkeitsmacht und nicht für allgemeine Beliebtheit entschieden; versuchen Sie also keinesfalls, sich bei einem größeren Personenkreis dadurch einzuführen, daß Sie nun allen möglichen Gesellschaften, Clubs oder Vereinigungen beitreten und mehr Einladungen geben oder annehmen als bisher üblich!* Zeigen Sie sich möglichst vielen Menschen als aufgeschlossene Persönlichkeit, hüten Sie sich aber davor, irgend jemanden zu hofieren. Bringen Sie zum Ausdruck, daß Sie freundliches Entgegenkommen zu schätzen wissen, aber überstürzen Sie nichts. Wie einladend sich Ihnen auch die Arme öffnen mögen, vergessen Sie niemals die erste Grundregel: Die anderen müssen den ersten Schritt tun — nicht Sie!

Wählen Sie neue Reiseziele

Reisen bietet vielerlei Nutzen und Vorteile, deren Bedeutung für uns in diesem Zusammenhang aber nur zweitrangig ist. Uns interessiert das Reisen im Augenblick nur als Mittel, unsere Persönlichkeitsmacht einem größeren Publikum vorzustellen.

Ungefähr zehn Jahre nach seiner Wahlniederlage sagte der frühere Präsidentschaftskandidat Alfred E. Smith folgendes über die Bedeutung möglichst umfangreicher menschlicher Kontakte: »Obwohl Vorurteile und viele andere Faktoren bei meiner Niederlage eine Rolle spielten, führe ich diese hauptsächlich auf mangelnden Kontakt zurück. Hätte ich mich all die Jahre vorher in immer neuen Kreisen und Bereichen bewegt, anstatt ausschließlich in meiner gewohnten Sphäre zu bleiben und mich mit dieser zu identifizieren, so wären viele Vorurteile gar nicht erst entstanden, und eine Reihe von Faktoren hätte sich nicht zu meinem Nachteil ausgewirkt!«

Und der frühere Chef einer unserer größten Industriekonzerne kommentierte die Notwendigkeit möglichst weitreichender und vielfältiger menschlicher Beziehungen wie folgt: »Ich wurde niemals zu einer echten

Machtpersönlichkeit, weil ich auf mich selbst nicht dieselben gesunden und vernünftigen Grundsätze anwendete, auf denen ich unsere Verkaufswerbung aufbaute. Ob es sich nun um die eigene Person oder ein Erzeugnis handelt und gleichgültig, welchen Wirkungsgrad, welche guten Eigenschaften und Vorzüge die betreffende Person oder das fragliche Erzeugnis besitzen mögen — nur eines kann ihre Wirksamkeit verstärken: die ständige Erweiterung ihres Wirkungskreises!«

Verwenden Sie also auch Ihre Reise als Mittel, Ihre Persönlichkeitsmacht immer mehr Menschen vorzustellen. Wie groß oder klein das Gebiet auch sein mag, in dem Sie zur Zeit leben, arbeiten und bekannt sind — nützen Sie jede Möglichkeit, sich außerhalb desselben zu bewegen. Dies allein ist aber noch nicht genug: *Sie müssen dabei auch menschliche Kontakte schaffen!*

Fahren Sie also nicht nur durch das betreffende Gebiet — ein Stadtviertel, eine Nachbarstadt oder eine Dorfgemeinde —, sondern halten Sie zwischendurch an und zeigen Sie sich bei jeder Gelegenheit anderen Menschen. Kaufen Sie zum Beispiel Zigaretten, eine Tafel Schokolade, ein Taschentuch, ein paar heiße Würstchen oder sonst irgend etwas, denn all dies bietet Ihnen Gelegenheit, möglichst viele Orte aufzusuchen und Personen kennenzulernen. Dabei werden sich die Betreffenden jedesmal Ihrer Persönlichkeitsmacht bewußt werden, Bemerkungen darüber austauschen und sich — vielleicht sogar Sie selbst — fragen, wer Sie sind. Gleichgültig aber, ob eine derartige Frage gestellt und beantwortet wird oder nicht — *man wird sich an Sie erinnern und Sie früher oder später identifizieren.*

Im Augenblick mag Ihnen dies alles vielleicht als unwichtig und unnötige Zeitverschwendung erscheinen. Bald aber werden Sie bemerken, wie sehr die Anwendung dieser Methode Ihre Persönlichkeitsmacht stärkt. Nehmen Sie sich einen Rat zu Herzen, der die Meinung und Erfahrung einiger hervorragender Machtpersönlichkeiten wiederspiegelt: Das Wichtigste, nachdem Persönlichkeitsmacht einmal geschaffen wurde, ist und bleibt, sie zu stärken! *Verwenden Sie auf die Entfaltung und Stärkung Ihrer Persönlichkeitsmacht zumindest ebensoviel Mühe und Phantasie wie auf Ihr berufliches Fortkommen!*

ZUSAMMENFASSUNG

1. Ihre Persönlichkeitsmacht darf niemals irgendwelche Grenzen erkennen oder anerkennen!

2. Die Ihnen bereits zur Verfügung stehende Persönlichkeitsmacht ist alles, was Sie benötigen, um diese ins Grenzenlose zu steigern.

3. Sobald Sie einmal eine Machtpersönlichkeit sind, hängt die Stärke Ihrer Persönlichkeitsmacht von der Anzahl derer ab, die sie sehen, fühlen oder ihre Wirkung an sich selbst verspüren.

4. Nicht Reklame, sondern » Zurschaustellung « sorgt für die richtige optische und gefühlsmäßige Wirkung Ihrer Persönlichkeitsmacht!

5. Der erste Schritt zur Stärkung dieser Macht besteht darin, daß Sie Abwechslung in ihren gewohnten Umgang bringen.

6. Sorgen Sie überall für Abwechslung, selbst wenn es sich um scheinbar unwichtige Dinge wie den Kauf einer Zeitung oder Haarschneiden handelt!

7. Der zweite Schritt zur Stärkung der Persönlichkeitsmacht: Halten Sie außerhalb des gewohnten Kreises » Umschau «.

8. Der dritte Schritt zur Stärkung der Persönlichkeitsmacht besteht darin, sich in immer neuen Gegenden zu zeigen und neue Reiseziele zu wählen.

9. Halten Sie sich immer vor Augen, daß Sie nur deshalb für Abwechslung sorgen, Umschau halten und reisen, weil Sie andere durch Ihre Persönlichkeitsmacht beeindrucken, aber keineswegs hofieren wollen!

10. Denken Sie immer daran: Sobald Sie Ihre Persönlichkeitsmacht aufgebaut haben, gibt es nichts Wichtigeres, als sie zu stärken!

11. Verwenden Sie ebensoviel Mühe und Phantasie auf die Zurschaustellung Ihrer Persönlichkeitsmacht wie auf Ihr berufliches Fortkommen, denn jeder neue Kontakt stärkt Ihre Macht!

KAPITEL 16

Wie man die größte Machtwirkung entfaltet und aufrechterhält

Je höher Sie emporsteigen, desto mehr Einzelaufgaben müssen Sie anderen übertragen!

Wer einer Persönlichkeitsmacht zur Seite steht, muß ein vollwertiger Mitarbeiter oder Stellvertreter sein, nicht nur eine bezahlte »Kraft«.

Die Fähigkeiten und Kenntnisse der Betreffenden sind nur von zweitrangiger Bedeutung.

Ziehen Sie geeignete Mitarbeiter heran, indem Sie ihnen eine Chance bieten, und nicht, indem Sie sie »kaufen«.

Es gibt richtige und falsche Methoden, eine Chance zu bieten. Die *Zeigen-Sie-mir-Technik* kettet alle, die Ihnen achtungs- und vertrauensvoll verbunden sind, noch fester an Sie.

Mittels der *Zeigen-Sie-mir-Technik* erhalten Sie die volle Wirkung Ihrer Persönlichkeit aufrecht und verhindern jede Einbuße oder Zersetzung Ihrer Macht, Ihres Einflusses und Ihrer Herrschaft.

Der Aufbau und die Ausdehnung Ihrer Persönlichkeitsmacht bilden die wesentliche Voraussetzung für Ihren beruflichen, gesellschaftlichen und menschlichen Aufstieg. Jede neuerklommene Sprosse des Erfolgs bürdet Ihnen aber größere Verantwortung auf und stellt Sie immer wieder vor andere Probleme. Eines davon ist die Frage, wie man die größte Machtwirkung entfalten und aufrechterhalten soll, wenn man gleichzeitig stets neue Arbeitsgebiete und Aufgaben geeigneten Mitarbeitern übertragen muß.

Um die größte Machtwirkung aufrechtzuerhalten, muß man seine vertrauten Mitarbeiter nach neuen Gesichtspunkten auswählen

Auf dem Weg zur Persönlichkeitsmacht mußten Sie bereits mehrmals den nackten Tatsachen ins Gesicht sehen und erkennen, daß eine echte Machtpersönlichkeit nichts mit jenen gemein hat, die nach üblicher Beliebtheit und Anerkennung streben; ebensowenig lassen sich die Methoden der Persönlichkeitsmacht mit all jenen oft gepriesenen, sogenannten «Machttechniken» vergleichen, deren Wirkung in Wahrheit doch nur auf dem Einsatz von Druck- oder Lockmitteln beruht. Sie mußten sich damit abfinden, daß selbst die winzigste Beimischung einer solchen mittelbaren, das heißt: falschen Macht jede echte Persönlichkeitsmacht schwächen und zerstören würde.
Nun müssen Sie wiederum eine Wahrheit hinnehmen: Bei der Suche nach vertrauten Mitarbeitern müssen Sie als Machtpersönlichkeit völlig neue Methoden und andere als die gewohnten Maßstäbe anwenden, um gleichzeitig Ihre größte Machtwirkung entfalten und aufrechterhalten zu können.

Sie können es sich nicht leisten, Hilfskräfte zu »kaufen«

Jeder Aufstieg im Geschäftsleben, in der Politik oder irgendeinem anderen Tätigkeitsbereich bringt (ungeachtet dessen, ob dieser Erfolg auf den Einsatz von Persönlichkeitsmacht oder eines anderen Mittels zurückzuführen ist) die Notwendigkeit mit sich, Mitarbeiter, Stellvertreter, Assistenten oder sonstige Hilfskräfte dieser Art zu verwenden. Denn so sehr Ihre Persönlichkeitsmacht auch anwachsen mag, sie verwandelt Sie niemals in einen Übermenschen: Die von Ihnen ohne Hilfe zu bewältigende Arbeitslast bemißt sich nach der dafür zur Verfügung stehenden Zeit. Daraus ergibt sich die unausweichliche Notwendigkeit, in dem Maße, wie man höherrückt, immer mehr Arbeitsgebiete und Aufgaben anderen zu übertragen.
Wer keine Machtpersönlichkeit ist, kann es sich leisten, seine engsten Mitarbeiter nach den für die Anstellung untergeordneter Hilfskräfte maßgebenden Gesichtspunkten zu wählen: »Wer bringt die besten Kenntnisse und Fähigkeiten mit, um eine bestimmte Aufgabe zu erfüllen?« Ist der Betreffende gefunden, so handelt es sich nur darum, ihn zur Übernahme der fraglichen Arbeit zu überreden, das heißt also:

festzustellen, welche Gegenleistung an Geld, Titeln, Vergünstigungen oder sonstigen Entschädigungen er für seine Dienste erwartet.
Sie aber stehen vor einem schwierigeren Problem. Zwar stellen Sie gewöhnliche Untergebene auf dieser Basis ein, aber die Wahl eines vertrauten Mitarbeiters erfordert die Beachtung völlig anderer Gesichtspunkte. Als Machtpersönlichkeit müssen Sie der Tatsache Rechnung tragen, daß Sie für einen bestimmten »Job« Arbeitskräfte »kaufen« und einstellen können, aber auf diese Weise niemals Menschen gewinnen werden, die die nötigen Voraussetzungen für vollwertige Mitarbeiter oder Stellverteter einer Machtpersönlichkeit mitbringen!

Die Lösung Ihres Problems: Bieten Sie eine Chance

Als Machtpersönlichkeit können Sie Ihre engsten Mitarbeiter also nicht auf der Grundlage der besten Kenntnisse und Fähigkeiten aussuchen. Die berufliche Eignung Ihrer unmittelbaren Helfer muß hinter einer anderen Überlegung zurückstehen, und zwar der folgenden: *»Wer ist der Wirkung meiner Persönlichkeitsmacht am stärksten ausgesetzt?«* Dies schafft nämlich die treuesten Verbündeten, die Ihnen und Ihren Interessen den Vorrang vor sich selbst und den eigenen Interessen einräumen, weil Ihr Vorteil auch der eigene ist.
Wir sprechen hier selbstverständlich von echten Bundesgenossen und nicht etwa von Leuten, die Sie zur Verwirklichung eigener Pläne »einspannen« wollen. Sie wurden ja bereits in Kapitel 14 auf die Notwendigkeit hingewiesen, solche Beweggründe sofort zu erkennen und diese Form von »Mitarbeit« zurückzuweisen. Im gleichen Zusammenhang wurden Sie auch davor gewarnt, andere durch das (vielbenützte) Versprechen an sich zu ketten, sie als Belohnung für wirksame Unterstützung unter Ihre schützenden Fittiche zu nehmen.
Sobald Sie die Gruppe von Personen bestimmt haben, die am stärksten unter der Wirkung Ihrer Persönlichkeitsmacht steht, müssen Sie feststellen, wer unter Ihnen, um die gestellte Aufgabe zu meistern, die besten Kenntnisse und Fähigkeiten oder aber *die vielversprechendsten Voraussetzungen und Anlagen zu einer entsprechenden Ausbildung* mitbringt. Ist auch diese Frage eindeutig geklärt, so ist es verhältnismäßig einfach, den Betreffenden zur Mitarbeit zu bewegen. Dazu ist es nämlich nur nötig, ihm in passender Weise eine Chance

zu bieten. Beachten Sie aber unbedingt: *Die Chance darf nicht als eine Art von Bestechung geboten werden!* Schon allein die Aussicht, Ihr Mitarbeiter zu werden, muß genügend Anreiz sein.

Ihr Angebot muß als Kompliment gewertet werden

Es gibt richtige und falsche Methoden, jemandem die Chance zu bieten, Ihr vertrauter Mitarbeiter zu werden. Falsches Vorgehen bringt Ihnen keinerlei Vorteil, denn dabei entsteht seitens der Person Ihrer Wahl der Eindruck, Sie erwiesen mit Ihrem Angebot zwar einen Gefallen, dieser werde aber in Form der gefälligen Annahme Ihres Angebots aufgewogen.

Hier seien nur einige Beispiele der *falschen* Methode genannt:

a) »Ich kann jemanden mit Ihren Fachkenntnissen, Ihrem Ehrgeiz, Ihrem Wissen usw. brauchen. Was würden Sie davon halten, mein Mitarbeiter zu werden?«

b) »Sie sind tüchtig und verdienen die Chance, aufzusteigen. Wollen Sie es einmal als mein Mitarbeiter versuchen?«

c) »Ich brauche einen weiteren Mitarbeiter und suche so jemanden wie Sie. Wollen Sie das übernehmen?«

Diese und vielhundert ähnliche Formulierungen rücken Sie nur in das schiefe Licht eines Menschen, der seine selbstsüchtigen Interessen unter dem fadenscheinigen Deckmantel purer Großzügigkeit verfolgt. Wer ein solches Angebot erhält, fühlt sich dadurch ebensowenig geschmeichelt wie ein Handwerker, Chauffeur, Koch, Gärtner oder Babysitter, dem Sie sagten: »Ich habe einen Job für genau so jemanden wie Sie; wollen Sie ihn haben?« Der Betreffende wird ein derartiges Angebot wohl annehmen — vielleicht sogar mit Freude —, aber er wird gleichzeitig auch überzeugt sein, daß er seine Anstellung nur einem Bedürfnis Ihrerseits und nicht etwa einer schmeichelhaften Großzügigkeit verdankt.

Wenn Sie jemandem eine Chance bieten, so muß es sich dabei um eine *echte und völlig außergewöhnliche Gelegenheit* handeln. Schon allein die Tatsache, daß Sie ihm überhaupt eine solche Möglichkeit bieten, muß dem Betreffenden als Kompliment erscheinen. Er muß sich völlig klar darüber sein, daß selbst umfangreichste Kenntnisse und beste Fähigkeiten ihm keinerlei Anspruch auf den Platz Ihrer Wahl einzuräumen vermögen und seine Berufung eine einmalige Auszeichnung darstellt, die Sie nur einem völlig ergebenen und zuverlässigen Gefolgsmann zuteil werden lassen. Diese Wirkung läßt sich am besten mit der *»Zeigen-Sie-mir-Technik«* erzielen.

Nur der ist ein echter »Helfer«, der Ihnen und Ihren Interessen treu ergeben ist

Die Notwendigkeit, Helfer, also Personen, die für Sie handeln oder sprechen, einzustellen, wird sich unfehlbar früher oder später als Folge Ihres beruflichen Aufstiegs ergeben. Welche Stellung immer Sie nun gerade einnehmen — Vorarbeiter, Abteilungsleiter, Generaldirektor, Gewerkschaftsführer, Politiker oder was auch immer —, für Sie und jedermann gibt es nur eine richtige Methode, vollwertige Mitarbeiter oder Stellvertreter auszuwählen und heranzuziehen.
Für eine solche Vertrauensstellung kommen, um welche Tätigkeit es sich im einzelnen auch handeln mag, nur echte Helfer in Frage, die Ihnen und Ihren Interessen treu ergeben sind, denn — wie schon gesagt — Sie fordern ja mehr von ihnen als von Ihren gewöhnlichen Arbeitskräften. Diese letzteren sollen Sie ja auch, um es noch einmal zu sagen, nach ihren Kenntnissen und Fähigkeiten auswählen — bei Ihren engsten Mitarbeitern dagegen sind unbedingte Zuverlässigkeit und unwandelbare Treue die entscheidenden Voraussetzungen, was somit deren berufliche und fachliche Qualifikationen und Bildungsfähigkeit auf die zweite Stelle verweist.
Eines lernen alle Machtpersönlichkeiten sehr schnell: *Es ist wesentlich besser, auf engste Mitarbeiter und Stellvertreter zu verzichten, als für eine solche Vertrauensstellung einen Menschen zu verwenden, dessen persönliche und sachliche Zuverlässigkeit und Treue nicht über jeden Zweifel erhaben sind.* Kurz gesagt: Befindet sich unter denen, die Sie »verehren und an Sie glauben«, niemand, der zur Übernahme der jeweiligen Aufgabe befähigt ist oder erfolgversprechend dafür ausgebildet werden kann, so verzichten Sie überhaupt darauf, das betreffende Arbeitsgebiet abzutreten. Leiten und beaufsichtigen Sie statt dessen weiterhin persönlich alle, die Ihnen unterstellt sind (ob einzelne Arbeiter, Vorarbeiter, Abteilungsleiter oder andere Führungskräfte), und räumen Sie keinem davon die Stellung eines vertrauten

Mitarbeiters ein. Behandeln Sie also die Betreffenden ganz einfach als Arbeitnehmer, die für für die pflichtgemäße Erfüllung ihrer jeweiligen Aufgaben angestellt und entlohnt werden.

Die Zeigen-Sie-mir-Technik

Sind Sie völlig überzeugt, einen in jeder Hinsicht ergebenen und vertrauenswürdigen Mitarbeiter gefunden zu haben, so bieten Sie ihm seine Chance nicht etwa in Form eines Stellenangebots, sondern als Bewährungsprobe. Sie könnten also ungefähr sagen: »Ich brauche bald einen neuen Mitarbeiter, und zwar einen, der meinen Gedanken folgen kann und alle Entscheidungen und Maßnahmen in meinem Sinne trifft. Das ist nicht einfach, und es gibt auch nicht viele, die fähig und willens sind, ihre eigenen Ideen beiseitezuschieben und sich mit den Gedankengängen und Entscheidungen eines anderen zu identifizieren — aber ich glaube, Sie brächten das vielleicht zustande!«
Viele Machtpersönlichkeiten verwenden diese Formulierung wortwörtlich. Andere variieren sie etwas, ohne dabei aber von den Grundzügen abzuweichen. In knappster Form kommt dadurch nämlich zum Ausdruck:

a) Hier bietet sich eine außergewöhnliche Gelegenheit;

b) die Aufgabe stellt höchste menschliche und sachliche Anforderungen;

c) den Auserwählten erwarten bestimmte und klar umrissene Verpflichtungen;

d) es handelt sich um einen ehrenvollen Posten;

e) es ist für den Betreffenden ein Kompliment, für eine solche Auszeichnung überhaupt in Betracht gezogen zu werden;

f) die Chance wird nicht etwa von vornherein gewährt, sondern nur in Aussicht gestellt, so daß der andere darum nachsuchen muß;

g) es ist deutlich zu entnehmen: »Falls Sie sich für geeignet und fähig halten, den außerordentlich hohen Anforderungen gerecht zu werden, so *zeigen Sie es mir!*«

Die *Zeigen-Sie-mir-Technik* weist nicht nur keine jener schädlichen Nebenwirkungen auf, wie sie beim Versuch, einen Mitarbeiter zu

»kaufen« oder mit fadenscheiniger Großzügigkeit für die eigenen Interessen auszunützen, unvermeidbar sind, sondern bietet außer den oben aufgezählten Wirkungen noch eine Reihe verborgener, wichtiger Vorzüge:

Zunächst einmal wird hier dem Betreffenden eine Chance geboten, *nicht aber eine Stellung.* Nimmt er also die ihm gebotene Gelegenheit nicht wahr, so hat er Ihnen damit nicht etwa eine Abfuhr erteilt, sondern vielmehr offen eingestanden: »Meine Kenntnisse und Fähigkeiten gestatten mir nicht, mich für eine Bewährungsprobe zu bewerben.«

Zweitens wird hier der Verzicht auf eigenes Wollen und Handeln unmißverständlich zur Bedingung gemacht. Der Bewerber weiß somit ein für allemal, daß er — völlig unabhängig von seinen sonstigen Kenntnissen, Fähigkeiten und Leistungen — nur so lange seine Stellung als Ihr persönlicher Mitarbeiter und Stellvertreter behaupten kann, als er seine eigenen Vorstellungen beiseite schiebt und die ihm zugewiesenen Aufgaben ausschließlich in Ihrem Sinne löst.

Der Trick der Zeigen-Sie-mir-Technik

Der Trick dieser Methode besteht also darin, die dem Betreffenden gebotene Chance als schmeichelhafte Bewährungsprobe erscheinen zu lassen (». . . nicht viele sind dazu fähig — aber ich denke, Sie bringen das wohl zustande . . .«). Hier ist jedes einzelne Wort wichtig, die Grundzüge der eben genannten Formulierungen jedoch sind ausschlaggebend für die erfolgreiche Anwendung.

Im übrigen beruht die Wirkung dieser Technik auf der Knappheit des Ausdrucks. Sollten Sie es vorziehen, anstelle der bereits von vielen Machtpersönlichkeiten erprobten Formulierungen Ihre eigenen zu wählen, so sorgen Sie unbedingt dafür, daß Ihre Ausdrucksweise genauso knapp, klar und wirkungsvoll ist, und beachten Sie unbedingt die sieben unerläßlichen Bestandteile; Ihren Worten muß folgendes zu entnehmen sein:

1. Art der gebotenen Chance,
2. das Höchstmaß an menschlichen und fachlichen Anforderungen,
3. die damit verbundenen Verpflichtungen,

4. wie ehrenvoll eine derartige Berufung ist,
5. die Auszeichnung, die schon allein darin liegt, den Betreffenden überhaupt in Betracht zu ziehen,
6. daß der Betreffende um die Gelegenheit zu dieser Bewährungsprobe nachsuchen kann und muß und schließlich
7. die Aufforderung, sich der gebotenen Chance würdig zu erweisen, das heißt: »Zeigen Sie es mir!«

Nur mit Hilfe der Zeigen-Sie-mir-Technik kann der höchste Wirkungsgrad von Persönlichkeitsmacht aufrechterhalten werden

Die richtige Anwendung dieser Technik bei der Auswahl Ihrer vertrauten Mitarbeiter und Stellvertreter bewahrt Sie trotz zunehmender Ausdehnung Ihrer Einflußsphäre über immer weitere Gebiete davor, daß Ihre Macht allmählich unterhöhlt wird.

Die *unerläßliche* Voraussetzung für die Anwendung dieser Methode besteht darin, überhaupt nur Personen in Betracht zu ziehen, die Sie verehren, an Sie glauben — und davon überzeugt sind, den eigenen Interessen am besten dadurch zu dienen, daß sie Ihren Interessen immer und unter allen Umständen den Vorrang geben. Wenn Sie die Auswahl Ihrer Mitarbeiter und Stellvertreter ausschließlich auf diese Gruppe beschränken und den Betreffenden die gebotene Chance unter Verwendung der *Zeigen-Sie-mir-Technik* einräumen, wird die Übertragung von Zuständigkeiten und Aufgabenbereichen auf andere niemals zu einer Schwächung oder Einbuße Ihrer Macht, Ihres Einflusses und Ihrer Herrschaft führen, vielmehr werden deren Wirkungsgrad und Stärke unvermindert erhalten bleiben.

Die stets wachsende Ausdehnung Ihrer Einflußsphäre ist aber nicht der einzige Gesichtspunkt, dem Sie Beachtung schenken müssen. Wie schon am Anfang dieses Kapitels gesagt, stellt Sie jede neuerklommene Sprosse der Erfolgsleiter vor andere zusätzliche Probleme. Das erste bestand darin, den höchsten Wirkungsgrad von Persönlichkeitsmacht zu erzielen; und obwohl die *Zeigen-Sie-mir-Technik auf jeder Stufe* eine einwandfreie Lösung bietet, kommt als zweites Problem die Notwendigkeit dazu, *die persönliche und menschliche Entwicklung dem beruflichen Aufstieg nicht nachhinken zu lassen.*

Nutzen Sie also die im folgenden Kapitel erteilten Ratschläge, um sich in den »neueroberten Welten« heimisch zu machen, denn nur so können Sie die volle Wirkung Ihrer *Persönlichkeitsmacht auch auf höchster Ebene erhalten und entfalten.*

ZUSAMMENFASSUNG

1. Die Wahl vollwertiger Mitarbeiter oder Stellvertreter erfordert andere Maßstäbe als die Einstellung untergeordneter Hilfskräfte.
2. Sie müssen Ihre Helfer unter denen wählen, die der Wirkung Ihrer Macht am stärksten ausgesetzt sind.
3. Es ist weit besser, auf Mitarbeiter und Stellvertreter überhaupt zu verzichten, als einen solchen Vertrauensposten irgendeinem Menschen zu übertragen, der Ihnen und Ihren Interessen nicht mit uneingeschränkter und unwandelbarer Treue ergeben ist.
4. Versuchen Sie niemals, engste Mitarbeiter zu »kaufen«!
5. Haben Sie Ihre Wahl getroffen, so bieten Sie die Chance nicht in Form eines Stellenangebotes an, sondern als Gelegenheit zu einer Bewährungsprobe.
6. Verwenden Sie die *Zeigen-Sie-mir-Technik* und achten Sie auf ihre sieben unerläßlichen Bestandteile!
7. Ihre Worte müssen die gebotene Gelegenheit als ebenso schwierige wie schmeichelhafte Aufgabe erscheinen lassen!
8. Der Erfolg der Technik hängt wesentlich von der Knappheit der Ausdrucksweise ab.
9. Zwei Sätze können, wie weiter oben gezeigt wurde, die sieben wesentlichen Gesichtspunkte wirkungsvoll zum Ausdruck bringen.
10. Die strenge Beachtung der *Zeigen-Sie-mir-Technik* bei der Wahl Ihrer persönlichen Mitarbeiter garantiert die völlige Wahrung Ihrer Macht, Ihres Einflusses und Ihrer Herrschaft, auch wenn Sie noch so viele Aufgabengebiete abtreten und Ihre Einflußsphären noch so sehr ausweiten.

KAPITEL 17

Wie man sich in neuen Welten heimisch macht

> Ihre Macht, Ihr Einfluß und Ihre Herrschaft entfalten ihre volle Wirkung nur bei denen, die Sie voll anerkennen.
>
> Persönlichkeitsmacht erobert neue »Welten«, um dort aber als heimisch anerkannt zu werden, bedarf es mehr.
>
> Nur wer sich jeder neuen Umwelt anpaßt, wird dort für voll genommen.
>
> Was als unpassend empfunden wird, beeinträchtigt Ihre gesellschaftliche Anerkennung und die Wirkung Ihrer Persönlichkeitsmacht.
>
> Die *Erkundungstechnik* ist das sicherste Mittel, sich in einer neuen Umgebung zurechtzufinden und in ihr heimisch zu machen.

Ihre Persönlichkeitsmacht trägt Sie schnell empor. Gleichzeitig aber lassen Sie Menschen, Gewohnheiten, Gebräuche, Ausdrucksweisen, gesellschaftliche Regeln und vieles andere, was Ihnen lange Zeit vertraut war, immer weiter hinter sich liegen. Und zugleich werden Sie in Lebensbereiche und Gesellschaftsklassen emporgetragen, in denen Ihre bisherigen Gewohnheiten und Verhaltensweisen mehr oder weniger fehl am Platze sind. Um also mit der Höherentwicklung Ihrer Persönlichkeitsmacht Schritt zu halten und ihre volle Wirkung zu bewahren, müssen Sie sich in den neuen Welten, die Sie mit Ihrer Hilfe erobern, heimisch machen.

Jede neue Umwelt erfordert entsprechende Anpassung

Nehmen Sie sich jetzt die Zeit zu einer ebenso ehrlichen wie kritischen Prüfung Ihrer eigenen Person und Ihrer Persönlichkeitsmacht — sie wird zu drei klaren Erkenntnissen führen:

1. Sie haben Ihren bisherigen raschen Aufstieg nur in sehr beschränktem Umfang der bloßen Tatsache zu verdanken, daß Sie Persönlichkeitsmacht besitzen. Nicht diese, sondern die *konsequente Anwendung und dauernde Wiederholung* all der Methoden, mit denen man Persönlichkeitsmacht erwirbt und aufrechterhält, bildete die Triebfeder Ihres Erfolgs. Wohl hat Sie diese Macht und ihre Anwendung mit beglückender und atemberaubender Geschwindigkeit zu ungeahnten Höhen emporgeführt — doch sie allein genügt nicht, um Sie dort auch zu halten!

2. Unabhängig davon, wie groß Ihre Persönlichkeitsmacht ist und wie vielen Menschen sie auffällt — ihre überwältigende Wirkung *übt sie nur auf die aus, die in Ihnen einen Angehörigen derselben oder einer übergeordneten Schicht sehen!*

3. Die beiden eben genannten Erkenntnisse vermitteln zusammen folgende Einsicht. Je größere Fortschritte Sie durch Ihre Persönlichkeitsmacht erzielen, desto dringender wird die Notwendigkeit, mit Ihrer *persönlichen Entwicklung* Schritt zu halten! Entsprechen Ihr Wesen und Ihr Verhalten nämlich nicht den Anforderungen der höheren Lebensbereiche, zu denen Ihre Persönlichkeitsmacht Ihnen Zugang verschafft hat, so wird diese schnell zerrinnen.

Die Wirksamkeit Ihrer Persönlichkeitsmacht hängt also — neben vielen anderen Faktoren — auch von Ihrer Fähigkeit ab, sich in einer neuen Umwelt zurechtzufinden und einzuleben.

Wirklich »dazugehören« erfordert eine bewußte Umstellung

Als Sie beschlossen, sich zu einer Machtpersönlichkeit heranzubilden, gehörten Sie einer ganz bestimmten privaten, beruflichen und weltanschaulichen Sphäre an. Sie fühlten sich dieser Gruppe verbunden, und zwar durch eine Reihe von Gemeinsamkeiten in Ausdrucksweise, gesellschaftlichen Gepflogenheiten, Höhe des Einkommens, Interessen und Lebenseinstellung.

Da Sie sich in Ihrer eigenen Welt bewegten, waren Sie auch mit ihren Gewohnheiten, Bräuchen, Gesprächsthemen, Umgangsformen, Verhaltensweisen, Maßstäben und Gesichtspunkten aufs beste bekannt. Diese und ähnliche Faktoren bestimmten weitgehend Ihre damalige Umwelt, und Sie fühlten sich in ihr völlig sicher und zu Hause. Als jedoch Ihre Wandlung zur Machtpersönlichkeit einsetzte, wuchsen Sie ganz von selbst über diesen begrenzten Lebensbereich und alle, die ihm angehörten, hinaus — und fanden sich in einer völlig neuen, ungewohnten Umgebung wieder.

Mittlerweile hat Sie die Wirkung Ihrer Persönlichkeitsmacht in immer neue, höhergestellte Kreise auf privater, geschäftlicher oder politischer Ebene geführt. Und jede neue Stufe der Ihnen bekanntgewordenen Gesellschaftskreise unterschied sich in ihren Gewohnheiten, Gebräuchen, Gesprächsthemen, Umgangsformen, Verhaltensweisen, Wertmaßstäben und Anschauungen stärker von dem, was Ihnen früher vertraut war. Selbst als Machtpersönlichkeit fühlten Sie sich deshalb zunächst in höheren Kreisen manchmal nicht ganz »zu Hause« — *Sie bewegten sich auf fremdem Gebiet.*

Um in diesen neuen Bereichen heimisch zu werden und Ihrer Persönlichkeitsmacht volle Geltung zu verschaffen, mußten Sie sich innerlich und äußerlich anpassen. Leugnen Sie es nicht: Sie mußten darauf verzichten, »Sie selbst« zu sein, und sich umstellen. Insbesondere fanden Sie es immer wieder nötig, sich in Ihren Umgangsformen, Verhaltensweisen und Gesprächsstoffen auf die Gepflogenheiten Ihrer neuen Umgebung einzustellen!

Damit machten Sie den ersten kleinen Schritt, um Ihre persönliche Entwicklung dem Aufstieg Ihrer Persönlichkeitsmacht anzupassen. Sie sind damit zwar auf dem richtigen Weg, aber noch weit davon entfernt, in anspruchsvolleren Kreisen als wirklich »dazugehörig« betrachtet zu werden. Hierzu ist mehr nötig als jene kleinen Anpassungen, die jeder Mensch ganz von selbst vornimmt.

Gesellschaftliche Anerkennung beruht auf der Gleichheit der Lebensformen und Wertmaßstäbe und nicht so sehr auf menschlichen Qualitäten

Manche, die sich zu Machtpersönlichkeiten heranbilden, sind zutiefst entrüstet über die Forderung, ihr Wesen und Verhalten zu ändern, um sich in höheren Lebensbereichen gleichberechtigt bewegen und mit Erfolg durchsetzen zu können; sie deuten dies so, als wolle man ihnen sagen, sie seien nicht gut genug, um in höheren Gesellschaftsschichten Anerkennung zu finden. Falls Sie auch dieser Meinung sind, *so müssen Sie entweder sofort Ihre Einstellung ändern oder für alle Zukunft eine unvollendete Machtpersönlichkeit bleiben, deren Wirkung auf die eigene Sphäre und untergeordnete Schichten beschränkt bleibt.*

Kürzlich war ich zwei Stunden lang Zeuge, wie ein neuer Gesangsstar in gesellschaftliche Umgangsformen und geschäftliche Gepflogenheiten eingeweiht wurde. Der unerwartet große Erfolg zweier Schallplatten hatten seinen Namen im ganzen Land bekanntgemacht, und nun versuchten sein Manager und ein paar andere Fachleute, ihn auf einige wichtige Veranstaltungen, eine Tournee und das Treffen mit mehreren einflußreichen Persönlichkeiten vorzubereiten. Zweimal hörte ich den Betreffenden sagen: »Aber warum kann ich denn nicht ganz einfach ich selbst sein?« Und beide Male erhielt er die Antwort: »Weil Sie dann sofort wieder da wären und für immer dort bleiben würden, wo Sie angefangen haben!«

Um die richtige Einstellung zu gewinnen, müssen Sie folgende Überlegungen anstellen: Gleichgültig, welcher Schicht oder Gruppe nach geschäftlichen, politischen, wirtschaftlichen oder gesellschaftlichen Gesichtspunkten Sie im Augenblick angehören, es gibt immer andere, die Ihrem Status gleichrangig, über- oder untergeordnet sind. Sie würden sicher niemals in Abrede stellen, daß Sie manches an den Gewohnheiten, den Umgangsformen, der Ausdrucksweise und der Lebenseinstellung primitiver Menschen auszusetzen haben. Und es wäre reine Heuchelei, wollten Sie leugnen, daß eben solche Wesenszüge und Verhaltensweisen die volle gesellschaftliche Anerkennung Ihrer eigenen Gesellschaftsschicht erschweren oder völlig ausschließen würden. Aus denselben Gründen (und nicht etwa, weil die anderen »etwas Besseres« sind) müssen Sie sich eingestehen, daß die Angehörigen einer der Ihren übergeordneten Schicht Sie so lange nicht als »einen der ihren« betrachten können, als Ihr Wesen und Ihre Verhaltensweisen störend wirken.

Genaue Beobachtung der neuen Umwelt ist die vernünftigste Vorsichtsmaßnahme

Sie sehen nunmehr die Notwendigkeit einer Umstellung und Anpassung Ihres Wesens und Verhaltens sicher in einem neuen — und richtigen — Licht. Was ist aber dazu nötig? Nun, in erster Linie gespannteste Aufmerksamkeit und schärfste Beobachtung. Um sich nämlich an die Gepflogenheiten des zu erschließenden Gesellschaftskreises anpassen zu können, müssen Sie diese zuerst einmal kennenlernen. Sie müssen also als allererstes *die »Landkarte« der eroberten Welt studieren!* Das Leben einer bekannten Machtpersönlichkeit liefert ein passendes Beispiel: Als er noch klein war, zog seine Familie des öfteren um, und zwar jeweils in bessere Wohnviertel. Seine Mutter erwartete keineswegs, daß man die Familie von vornherein als »dazugehörig« betrachten würde, und traf deshalb die entsprechenden Vorkehrungen. Nach dem Einzug in die neue Wohnung mußten ihre Söhne und Töchter zuerst zwei oder drei Tage lang die anderen Kinder vom Fenster aus beobachten, ehe sie ihnen gestattete, hinauszugehen und mitzuspielen. Beim ersten und zweiten Kirchenbesuch in der neuen Gemeinde wies sie ihnen Plätze in den hintersten Bänken zu; und erhielten sie die erste Einladung zum Mittag- oder Abendessen, so schärfte sie ihnen ein, die Augen offenzuhalten und erst in zweiter Linie ans Sattwerden zu denken.

Rückblickend sagt der erfolgreiche Geschäftsmann heute: »Auf diese Weise zwang sie uns Kinder, durch größte Aufmerksamkeit und schärfste Beobachtung einer neuen Umwelt selbst den geringfügigsten Fehler zu vermeiden, der uns als Außenstehende verraten hätte. Selbstverständlich betrachteten wir Jungen es als Härte, vorübergehend von vielen Dingen ausgeschlossen zu werden, doch die Gewohnheit scharfer Beobachtung, zu der meine Mutter den Grund legte, hat mich schon oft vor peinlichen Mißgriffen bewahrt. Ihr habe ich es auch zu verdanken, daß ich auf meinem Weg von der Werkstatt zum Direktionsbüro niemals und nirgends angeeckt bin. Für meine Mutter war die vorsichtige Sondierung einer neuen Umwelt einfach *eine vernünftige Vorsichtsmaßnahme* — eine Art Spähtrupp-Unternehmen.«

Die Erkundungstechnik

Die Grundzüge dieser Methode sind bereits aus dem vorangeführten Beispiel erkennbar. Bei der *Erkundungstechnik* handelt es sich um eine »vorsichtige Sondierung unbekannten Terrains«, also — wie ebenfalls bereits gesagt wurde — um eine Vorsichtsmaßnahme, die schon allein der gesunde Menschenverstand gebietet.

Sobald sich Ihnen also der Zugang zu einem neuen Lebensbereich (örtlicher, menschlicher, geschäftlicher, gesellschaftlicher oder welcher Art auch immer) bietet, folgen Sie dem Beispiel jener Mutter. Die Umstände, die Sie in die neue Umgebung geführt haben, sind gleichgültig; selbst wenn Sie ein Ehrengast oder der Mittelpunkt der Veranstaltung sind — *tun Sie nichts* (außer zu lächeln und freundlich zu nicken), bis Sie sich mit den dort herrschenden Gewohnheiten vollkommen vertraut gemacht haben. Ihre erste Berührung mit einem fremden Lebensbereich muß einem Spähtrupp-Unternehmen gleichen, bei dem jede — auch die geringste — Abweichung vom Gewohnten zu registrieren ist. Zerbrechen Sie sich nicht den Kopf über wesentliche Unterschiede in Umgangsformen, Verhaltensweisen, Sitten und Bräuchen, denn diese springen ja förmlich ins Auge. Wie jeder feinfühlige Mensch, stellen auch Sie sich ganz von selbst darauf ein. *Auf die kleinen Dinge kommt es an,* deren Nichtbeachtung so großen Schaden verursachen kann!

Bei diesen scheinbaren Nebensächlichkeiten kann es sich zum Beispiel um die Art und Weise handeln, wie (und ob) man sich die Hand gibt, sich an einen Konferenz- oder Mittagstisch setzt, wann man sich erhebt und in welchem Ton die Unterhaltung geführt wird. Auch was man zu welcher Gelegenheit anzieht, ob man Schmuck trägt — und wenn, welchen und wieviel —, sind nur wenige Beispiele für die vielen Überlegungen, die hier eine wichtige Rolle spielen. Niemand, nicht einmal das umfangreichste Anstandsbuch, kann Ihnen hier erschöpfende Auskunft geben, denn was hier oder dort und in einem bestimmten Milieu als vollendete Form gilt, ist anderswo völlig fehl am Platz. Deshalb bietet nur die *Erkundungstechnik* sicheren Schutz vor peinlichen Fehlern.

Der Trick der Erkundungstechnik

Die erfolgreiche Anwendung dieser Methode — und somit Ihr zielstrebiger Aufstieg in immer höhere Kreise — hängt von der genauen Beachtung zweier Regeln ab, die allen Menschen und Machtpersönlichkeiten ganz besonders Schwierigkeiten machen. Aus eben diesen beiden Verhaltensregeln besteht aber der eigentliche Trick der *Erkundungstechnik.*

Eine Regel wurde ja bereits erwähnt: Bei Ihrer ersten Berührung mit irgendeinem neuen Lebensbereich dürfen Sie, außer dem Allernotwendigsten und direkt von Ihnen Geforderten, *nichts sagen und nichts tun!* Der erste Kontakt dient ausschließlich der genauen Erkundung

aller Abweichungen in Umgangsformen, Verhaltensweisen, Sitten, Bräuchen, Ausdrucksweise, Tonart usw.
Die Befolgung der zweiten Regel geht zwar Hand in Hand mit der ersten, fällt aber den meisten Menschen noch schwerer. Sie verlangt nämlich von Ihnen, sich in allem und jedem zurückzuhalten. Zuerst müssen sich die anderen setzen oder erheben, essen oder trinken, jemanden willkommen heißen oder das Zeichen zum Aufbruch geben. Lassen Sie also *grundsätzlich den anderen den Vortritt* und warten Sie auch ab, welche Themen angeschnitten und was für Standpunkte vertreten werden, ehe Sie selbst auch nur das Geringste tun oder sagen. Unternehmen Sie nichts als erster, selbst wenn es sich nur darum handelte, eine Frage zu stellen, einer Meinung Ausdruck zu verleihen, einen Cocktail anzunehmen, zu rauchen, die Serviette zu entfalten oder irgend etwas, woran Sie sonst keinen Gedanken verschwenden würden, von sich aus zu tun.

Einfluß, Macht und Herrschaft haben Sie nur gegenüber jenen, die in Ihnen einwandfrei einen der ihren sehen

Es wäre ein völliges Mißverständnis, das eben Gesagte als eine Aufforderung zu deuten, in irgendeiner Weise darauf zu verzichten, Ihre Persönlichkeitsmacht zur Geltung zu bringen. Sie sind und bleiben eine Machtpersönlichkeit — nur müssen Sie während Ihrer »Erkundungszüge« die Rolle einer handelnden mit der einer beobachtenden Machtpersönlichkeit vertauschen. Nichts darf Sie veranlassen, von sich aus tätig zu werden, und die Beachtung dieser Regel ist um so entscheidender, wenn Sie als Ehrengast oder aus irgendeinem anderen Grund den Mittelpunkt des Interesses bilden. Denn gerade dabei ruhen viele kritische Blicke auf Ihnen, denen nichts entgehen würde, was Sie als Außenstehenden brandmarkt.
Auch wenn Sie sich die Notwendigkeit, Ihre Persönlichkeitsentwicklung dem sonstigen Aufstieg anzupassen, nicht in vollem Umfang eingestehen wollen, so dürfen Sie doch nicht vor ihrer Dringlichkeit die Augen verschließen. Um es noch einmal zu betonen: Es geht nicht darum, ob Sie sich genauso gut dünken wie jeder andere, sondern der entscheidende Punkt ist, sich einer neuen Umgebung so anzupassen, daß Sie von dem betreffenden Personenkreis *einzig und allein nach dem Wert Ihrer Persönlichkeit und der Vollkommenheit Ihrer Persönlich-*

keitsmacht beurteilt werden und nicht etwa aufgrund peinlicher Fehler den guten Eindruck zerstören.
Ihre Persönlichkeitsmacht kann Sie zu ungeahnten Höhen emporführen und Ihnen bei den exklusivsten Gruppen Zugang verschaffen. Für sich allein genügt aber selbst eine bis zur höchsten Vollkommenheit ausgebildete Persönlichkeitsmacht nicht, um Ihnen in den neueroberten Welten volle Anerkennung zu verschaffen. Je klarer Sie sich diese Tatsache vor Augen halten und je sorgfältiger Sie die *Erkundungstechnik* anwenden, desto schneller wird man Sie als dazugehörig betrachten und desto stärker werden Ihre Macht, Ihr Einfluß und Ihre Herrschaft auf die Angehörigen aller Schichten und Kreise wirken.
Manche Menschen lernen nur aus ihren Fehlern. Dies ist aber eine sehr gefährliche Methode, denn nur allzu oft ziehen wir erst dann aus der Erfahrung eine Lehre, wenn es bereits zu spät ist. Ehe Sie nicht in Wahrheit von sich sagen können, Sie haben alle Bereiche des Lebens durchmessen und kennengelernt, müssen Sie die Augen offenhalten und sich voll und ganz eingestehen: Nur auf *die* Menschen haben Sie wirklich Einfluß, nur über die haben Sie echte Macht und volle Herrschaft, die Sie als einen der ihren betrachten!

ZUSAMMENFASSUNG

1. Die volle Erhaltung Ihrer Persönlichkeitsmacht, vor allem auf den höchsten Stufen, erfordert eine entsprechende Höherentwicklung Ihres Wesens und Verhaltens.
2. Nur bei denen entfaltet Ihre Persönlichkeitsmacht ihre volle Wirkung, die in Ihnen einen Gleichberechtigten oder Übergeordneten sehen.
3. Jede Umwelt hat ihre eigenen Regeln und Gesetze; sie lassen sich nicht übertragen. Immer erneute Anpassung ist erforderlich!
4. Nur genaue Beobachtung macht Sie uneingeschränkt und zuverlässig mit den Sitten, Gebräuchen, Umgangsformen, den üblichen Verhaltens- und Ausdrucksweisen und anderen Besonderheiten der betreffenden Umgebung vertraut.
5. Die erste Berührung mit jedem neuen Lebensbereich, mit jeder unbekannten Gruppe oder Gesellschaftsschicht muß ausschließlich der Erkundung dienen.
6. Verwenden Sie die *Erkundungstechnik*, um die peinlichen Fehler eines »Außenstehenden« zu vermeiden.

7. Ehe Sie nicht aufs sorgfältigste die Sitten, Gebräuche, Umgangsformen, Ausdrucksweisen usw. der neuen Umwelt beobachtet und registriert haben, tun und sagen Sie nichts außer dem unbedingt Notwendigen und direkt von Ihnen Geforderten!

8. Lassen Sie bis dahin die anderen Anwesenden immer und unter allen Umständen den ersten Schritt tun und die Unterhaltung führen!

9. Bringen Sie Ihre Persönlichkeitsmacht unvermindert zur Geltung, doch begnügen Sie sich vorerst mit der Rolle des Zuschauers!

KAPITEL 18

Wie man eine Machtprobe gewinnt

Unechte »Machtpersönlichkeiten« üben nur eine mittelbare Macht aus und fühlen sich deshalb unterlegen und unsicher.

Unechte Machtpersönlichkeiten sehen in Ihnen und allen anderen echten Machtpersönlichkeiten eine Kraft und Gefahr, die sie bekämpfen müssen.

Die *Zurückhaltungstechnik* entwaffnet alle, die es auf eine Machtprobe ankommen lassen.

Die *Gummihaut-Technik* schützt vor jedem Angriff von oben. Die *Hundeknochen-Technik* wehrt alle Neider ab.

Druck auszuüben ist die geläufige Methode und die einzige Waffe unechter »Machtpersönlichkeiten«.

Sie stehen nicht allein in Ihrem Bemühen, Einfluß, Macht und Herrschaft über andere zu erringen. Je höher und weiter die Bereiche sind, in die Sie Ihre Persönlichkeitsmacht emporträgt, desto mehr Rivalen werden Sie antreffen. Derartige Begegnungen sind völlig unvermeidlich und führen vielfach — ob Sie es wollen oder nicht — zu einer Herausforderung Ihrer Macht. Da Sie sich einer solchen Machtprobe mit keinem Mittel und unter keinem Vorwand entziehen können, müssen Sie unbedingt dafür sorgen, daß Sie diese gewinnen oder zumindest unbesiegt aus ihr hervorgehen.

Lassen Sie Ihre Persönlichkeitsmacht wirken, ohne sie tatsächlich einzusetzen

Im großen und ganzen werden nur unechte »Machtpersönlichkeiten« (von denen ja früher schon ausführlich die Rede war) versuchen, ihre Überlegenheit zu beweisen. Solche Leute geben sich zwar den Anschein

unerschütterlicher Sicherheit und Siegesgewißheit, sind sich dabei aber in ihrem Innern durchaus bewußt, daß sie Macht nur ausüben, nicht aber verkörpern. Deshalb leben sie in ständiger Furcht vor allen echten Machtpersönlichkeiten und sehen in einer solchen, auch wenn sie noch so friedlich und zurückhaltend ist, einen Gegner, der ihre »Macht« bedroht und deshalb sofort anzugreifen ist. Diese angstvollen unechten »Machtpersönlichkeiten« sind die einzigen, bei denen Sie mit Schwierigkeiten zu rechnen haben.
Versucht andererseits eine echte Machtpersönlichkeit, sich Ihnen überlegen zu erweisen, so stellt dies keinerlei Problem dar. Dabei handelt es sich nämlich einzig und allein um solche, die noch nicht voll entwickelt und deshalb weniger selbstsicher sind als Sie. Werden Sie von einer solchen »unterentwickelten« Machtpersönlichkeit herausgefordert, so verrät diese damit nur Neid und erweist sich Ihnen von vornherein als unterlegen.

Die Zurückhaltungstechnik

Im eben Gesagten liegt bereits der erste Schlüssel zum Problem: *Beweisen Sie in einem Machtduell niemals die eigene Überlegenheit.* Lassen Sie Ihre Persönlichkeitsmacht lediglich auf alle Anwesenden wirken, denn dies allein genügt schon, um Ihre Überlegenheit über jeden Angreifer zu beweisen. Je mehr Zurückhaltung Sie zeigen, desto mehr wird dies Ihren Herausforderern und den unbeteiligten Zeugen auffallen und somit einen wesentlich tieferen und dauernderen Eindruck machen als irgendein tatsächlicher Einsatz Ihrer Macht.
Kleinere Machtproben spielen sich ununterbrochen rings um Sie ab. Möglicherweise sind sie Ihnen bisher entgangen. Von nun an aber müssen Sie solche Versuche und Vorfälle unbedingt beachten. Wer sich Ihnen gegenüber zum Beispiel des besonderen Diensteifers rühmt, den Handwerker, Geschäftsleute, Angestellte oder andere Personengruppen ihm gegenüber an den Tag legen, will Sie damit zu einem Machtduell reizen. Begegnen Sie dieser Herausforderung einfach damit, daß Sie weiterhin völlig ungestört Ihre Persönlichkeitsmacht zur Schau stellen und sie somit zur vollen Wirkung kommen lassen.
Das ist die ganze *Zurückhaltungstechnik*. Obwohl aber diese Methode denkbar einfach ist und lediglich darin besteht, daß man nichts tut, fällt sie den meisten Menschen schwer — und zwar nur, weil sie der

Versuchung nicht widerstehen können, den Fehdehandschuh aufzunehmen. Falls Sie selbst in solchen Fällen dazu neigen, Ihrerseits aufzutrumpfen, so legen Sie diese Gewohnheit sofort ab! Keine Herausforderung verdient es, angenommen zu werden, da dies zur Einbuße der eigenen Persönlichkeitsmacht führt.

Nur der Persönlichkeitsmacht bringen die Menschen wirkliche Achtung und Ehrerbietung entgegen

Machtproben (zwischen echten und unechten Machtpersönlichkeiten) haben schon immer in der Geschichte und Mythologie sowie auf dem Gebiet des religiösen und erzieherischen Schrifttums eine große Rolle gespielt. Zahlreiche Beispiele finden sich in der Bibel, im Koran, in der Zend-Avesta, den Veden und allen anderen heiligen Schriften, aber auch in Volkssagen und -erzählungen, im Volksglauben und in den Legenden aller Länder und Rassen. Eine ähnlich wichtige Rolle spielen sie auch in den Lebensbeschreibungen bedeutender Männer wie zum Beispiel von Lincoln, Napoleon oder Schwab. Nahezu ausnahmslos gehört es zu den Wesenszügen all dieser Helden der Geschichte, Dichtung oder Legende, daß sie zu Machtproben herausgefordert wurden und dabei als Sieger über alle Vertreter unechter Macht hervorgingen. Diese Tatsache ist schon deshalb interessant, weil sie beweist, daß die eigentlichen Grundzüge und Eigenschaften echter Machtpersönlichkeiten schon seit drei- bis viertausend Jahren bekannt sind. Für Sie aber ist dieser Umstand von besonderer Bedeutung. Sie erkennen nämlich daraus: In allen Kulturkreisen und durch die Jahrhunderte hindurch hat die Menschheit echter Persönlichkeitsmacht aufrichtige Ehrerbietung erwiesen und ist jeglicher anderen Form von Macht mit einem Achselzucken begegnet.

Die Machtproben geschichtlicher und legendärer Gestalten geben uns wertvolle Hinweise

Diese Begegnungen nehmen anscheinend ausnahmslos denselben Verlauf: Die unechte Machtpersönlichkeit versucht die echte zur Ausübung ihrer Macht zu verleiten (um diese zu schwächen), erlebt aber eine völlige Niederlage, weil der Vertreter der wahren Macht diese unbeirrt weiterhin aus sich selbst heraus wirken läßt, ohne sich zu einer tatsäch-

lichen Anwendung seiner Macht hinreißen zu lassen. Genauso läuft ein Machtduell auch in Wirklichkeit ab: Der Vertreter der mittelbaren Macht, der seine Überlegenheit beweisen will, wird in jedem Fall versuchen, Sie zu einer tatsächlichen Ausübung Ihrer Macht zu reizen. *Gelingt ihm das, so stellen Sie keine Verkörperung der Macht mehr dar, sondern werden genauso zu einem Werkzeug der Macht wie Ihr Gegner.* Aus einem solchen Kampf können Sie nur dann siegreich hervorgehen, wenn Sie jedem Angriff mit unerschütterlicher Ruhe und selbstbewußter Gelassenheit begegnen.
Auch wenn Sie früher den geschichtlichen und legendären Machtproben keine besondere Aufmerksamkeit geschenkt haben, sollten Sie in Zukunft jedes Beispiel, das Ihnen begegnet, mit größter Aufmerksamkeit prüfen. Einer jeden solchen Begebenheit können Sie nämlich eine Reihe nützlicher Hinweise entnehmen, wie sich andere vor Ihnen siegreich gegen die Angriffe unechter Machtpersönlichkeiten behauptet haben.

Unechte Machtpersönlichkeiten sehen sich immer in einer hoffnungslosen Lage

Zu Machtproben kommt es — obwohl auch andere Umstände eine untergeordnete Bedeutung spielen mögen — nur aus einem einzigen Grund: *Die gegnerische »Macht« weiß, daß sie auf dem Höhepunkt ihrer Entwicklung angekommen ist und niemals über sie hinauswachsen kann, und versucht deshalb, Sie herunterzusetzen, um wenigstens auf diese Weise einen Sieg davonzutragen!*
Die Psychologen finden eine Reihe von Erklärungen für die Handlungsweise der unechten »Machtpersönlichkeiten«; am anschaulichsten aber treten die Motive solcher Leute in einem Vergleich hervor, den der deutsche Kaiser Wilhelm II. vor mehr als einem halben Jahrhundert fand. Er sagte nämlich im wesentlichen folgendes:
Wer nur unechte, also mittelbare Macht besitzt, gleicht einem hoch oben auf einer Felsplatte befindlichen Mann ohne Arme. Daß er dort oben ist, hat er nicht seiner eigenen Kraft, sondern der Vermittlung anderer zu verdanken. Ohne fremde Hilfe wäre er niemals so weit aufgestiegen, und da er einsieht, daß er niemals weiterkommen wird, haßt er alle, die aus eigener Kraft immer weiter emporklimmen. Deshalb versucht er mit allen Mitteln, einen jeden daran zu hindern, seine Felsplatte zu erreichen und noch höher zu klettern. Sobald ein Rivale

an dem vorspringenden Felssims nach Halt sucht, tritt er ihm auf die Hand. Gelingt es diesem dennoch, sich auf die Platte emporzuschwingen, so versucht er, ihn wieder hinunterzustoßen; und klettert der Konkurrent trotzdem unbeirrt weiter, so versucht er ihn daran zu hindern, indem er ihm in den Rücken fällt oder sich in seine Fersen verbeißt! Ob er nun List oder Gewalt anwendet, er stellt das schlimmste Hindernis für jeden tüchtigen und erfolgreichen »Kletterer« dar — und man kommt nur mit einem Schutzpanzer an ihm vorbei, der stark genug ist, jeder Tücke und jedem Schlag zu widerstehen!
Kaiser Wilhelm II. fügte hinzu, ein solcher Schutzpanzer dürfe nicht dem einer Schildkröte oder Muschel gleichen, sondern müsse beschaffen sein wie der eines Krebses, weil dieser seinem Träger Sicherheit verleiht, ohne die Bewegungsfreiheit zu vermindern.

Die Niedertracht verzweifelter Inhaber falscher Macht kennt keine Grenzen

Bei den Rivalen, die in dem obigen Vergleich charakterisiert werden, handelt es sich nicht mehr nur um Leute, die Sie zu einer Machtprobe herausfordern. Es sind Feinde, die Sie und Ihre Macht tatsächlich und unmittelbar angreifen, die »vor nichts zurückschrecken«, um Sie daran zu hindern, dieselbe Stufe zu erreichen oder eine noch höhere zu erklimmen. Sie haben es hier, mit anderen Worten, nicht mehr mit gleichrangigen Konkurrenten zu tun (die Sie gegebenenfalls nur zu einer Machtprobe herausfordern würden), sondern mit Leuten, die im Augenblick noch höher sind und erst von Ihnen eingeholt und überholt werden müssen.
Betrachten wir uns diese Angreifer einmal genauer. Es könnte zum Beispiel ein Vorgesetzter sein, der sein Selbstvertrauen verloren oder ein solches nie besessen hat und erkennt, daß er am Ende seiner Karriere angekommen ist. Es könnte sich dabei aber auch um einen Politiker handeln, dem die Zügel zu entgleiten drohen, oder um einen Erzieher, eine Dame der Gesellschaft, einen Schauspieler — kurz: um irgend jemanden, der sich vor jeder — auch nur vermeintlichen — Konkurrenz fürchtet.
Ist Ihr Angreifer von dieser Art, so wird er durch die Hoffnungslosigkeit seiner Lage zu Verzweiflungstaten getrieben. Ein Vorgesetzter zum Beispiel würde in einem solchen Fall Vorwände finden, selbst

eine tadellose Leistung seines Untergebenen zu bemängeln, oder dessen Anordnungen widerrufen, selbst wenn diese nur weitergegeben wurden und ursprünglich von ihm selbst stammten. Höchstwahrscheinlich würde er auch hinter dem Rücken des Betreffenden falsche Anschuldigungen erheben oder schädliche Gerüchte verbreiten. Ein solcher Feind wird zu den niederträchtigsten Mitteln greifen, um sich Ihrer (und jedes anderen) zu entledigen, der ihm gleichzukommen oder ihn gar zu überrunden droht.

Wollte man sich vor solchen Angriffen ducken oder zurückgehen, so würde der Angreifer triumphieren. Auch aktiver Widerstand würde nur dem Gegner Trümpfe in die Hand spielen, denn als Höhergestellter ist er von vornherein im Vorteil und wird meist Mittel und Wege finden, Ihnen die Schuld an den bestehenden Spannungen in die Schuhe zu schieben. Die sicherste Methode, diesen Kampf siegreich zu bestehen, ist die *Gummihaut-Technik*.

Die Gummihaut-Technik

Im Fall einer mittelbaren oder unmittelbaren Herausforderung zur Machtprobe bietet die *Zurückhaltungstechnik* hinreichend Schutz. Begnügt sich Ihr Gegner aber nicht damit, Sie nur zu reizen, und geht tatsächlich zum Angriff über, so genügt Zurückhaltung allein nicht mehr. Sie dürfen keinen Fußbreit zurückweichen und müssen dabei alle Angriffe von sich abprallen lassen, wie wenn Sie von einer Gummihaut geschützt würden.

Nichts in Ihrer Haltung und Verhaltensweise darf also darauf hindeuten, daß Sie sich durch die Angriffe auch nur im mindesten betroffen fühlen. Dies bedeutet aber nicht etwa, Sie müßten sich mit einem rein passiven Widerstand begnügen. Macht man Ihnen zum Beispiel einen unberechtigten Vorwurf, so versetzen Sie darauf völlig gelassen und ohne die geringste Feindseligkeit: »Nun, ganz wie Sie wünschen. Aber Sie wissen genauso gut wie ich, daß Sie im Unrecht sind!« Widerruft der Betreffende irgendwelche von Ihnen — und von ihm — erteilte Anordnungen, so sagen Sie ihm furchtlos ins Gesicht: »Wenn Sie Ihre eigenen Anweisungen zurücknehmen, untergraben Sie nur Ihre Autorität!« Sobald Ihnen irgendwelche von Ihrem Gegner verbreiteten falschen Anschuldigungen oder Gerüchte zu Ohren kommen, so konfrontieren Sie Ihren Vertrauensmann sofort mit dem Urheber der Ver-

leumdung und fordern Sie diesen in aller Ruhe auf: »Gestehen Sie diesem Mann, daß Sie ein Lügner sind!«
Die Angriffe prallen somit zugegebenerweise mit großer Gewalt auf den Angreifer zurück, doch eine mildere Form der Abwehr würde eine Niederlage für Sie bedeuten.

Lassen Sie sich nie verleiten, zu den Waffen Ihres Gegners zu greifen

Mit einer genügend dicken Gummihaut — das heißt: mit dem unbeirrbaren Willen, unter allen Umständen eine echte Machtpersönlichkeit zu bleiben — verfügen Sie bereits über die einzige Waffe, die Sie aus jedem Machtkampf als Sieger hervorgehen läßt.
Sie müssen sich immer des ungeheuren Unterschiedes bewußt sein, den Ihre Umwelt zwischen Ihnen als echter Machtpersönlichkeit und jedem Vertreter unechter Macht sieht. Diese Einschätzung stärkt Ihre Position ungemein. Jede mittelbare Macht, selbst wenn sie nur in Form von »Kaufkraft« erscheint, stellt nämlich ein Druckmittel dar, das den anderen (mittelbar oder unmittelbar) zum Gehorsam, zur Mithilfe oder zu irgendeinem anderen Verhalten *zwingt.* Von echter Persönlichkeitsmacht andererseits geht niemals eine solche Druckwirkung aus, sondern sie hebt sowohl den, der sie verkörpert, als auch seine Bundesgenossen immer höher empor. Kein Wunder also, daß Persönlichkeitsmacht zu einem wahren Anziehungspunkt wird und von allen Seiten Unterstützung findet.
Ein Träger unechter Macht wird die Stärke des Drucks, den er auf andere ausüben kann, als Beweismittel für seine Überlegenheit gebrauchen und versuchen, Sie zu einem gleichen Vorgehen zu verleiten. Druck ist die einzige Waffe, über die er verfügt. Lassen Sie ihn diese ruhig einsetzen, denn je mehr er von ihr Gebrauch macht, desto mehr Menschen treibt er auf Ihre Seite!
Jede Bemühung Ihres Gegners, den von ihm angezettelten Machtkampf zu gewinnen, vergrößert nur seine Niederlage — vorausgesetzt, Sie lassen sich nicht verleiten, mit gleichen Waffen zu antworten, sondern bewahren statt dessen die unerschütterliche Gelassenheit der wahren Machtpersönlichkeit.

Verstärken Sie die Strahlkraft Ihrer Persönlichkeitsmacht

Was hier über Machtproben und Machtkämpfe gesagt wurde, erklärt auch, warum in der Politik Machtpersönlichkeiten seltener sind als in anderen Lebensbereichen. Politiker glauben nur in den seltensten Fällen, etwas ignorieren zu dürfen. Es gibt kaum ein Ereignis, das ihnen nicht als eine Herausforderung erscheint, der durch Gegenmaßnahmen, Gegenbeschuldigungen oder Rechtfertigungen entgegenzutreten ist.

Ein jedes solches Vorgehen bedeutet ganz automatisch eine Einbuße Ihrer Persönlichkeitsmacht. Nur indem Sie alle Anstrengungen und Maßnahmen denen überlassen, die ihre Überlegenheit beweisen wollen, können Sie ein Machtduell gewinnen. Dabei dürfen Sie sich aber auch nicht in die Defensive drängen lassen, sondern alle Angriffe müssen elastisch auf den Angreifer zurückprallen. Rufen Sie sich immer wieder ins Gedächtnis: *Ihre einzige Gegenwehr besteht in der unbeirrten Aufrechterhaltung Ihrer Persönlichkeitsmacht, der Bewahrung einer entsprechenden Haltung und der Anwendung der geeigneten Techniken.* (Handelt es sich nicht um wirkliche Machtkämpfe, sondern nur um den Versuch, Sie in die Defensive zu drängen, so wissen Sie ja bereits aus früheren Kapiteln, was dagegen zu tun ist.)

Das siegreiche Bestehen einer Machtprobe oder eines Machtkampfes beruht also auf der entsprechenden Anwendung der folgenden vier Taktiken:

1. Ignorieren Sie weder den Angreifer noch seine Absichten, sondern behalten Sie beide scharf im Auge.

2. Lassen Sie sich weder durch List noch durch Gewalt dazu verleiten, Ihrerseits irgendein Druckmittel einzusetzen.

3. *Weichen Sie auch nicht um Haaresbreite von der Haltung einer echten Machtpersönlichkeit ab,* sondern verdoppeln Sie statt dessen Ihr Bemühen, dem Idealbild einer solchen zu entsprechen!

4. Sehen Sie in Ihrer Verkörperung von Persönlichkeitsmacht Ihre wirksamste Waffe, der Ihr Angreifer nichts Gleichwertiges entgegenzusetzen hat. Seien Sie überzeugt, daß er aus eben diesem Grunde versucht, Sie durch List oder Gewalt zur Aufgabe eben dieser echten Macht zu verleiten.

Neider sind überall: Behandeln Sie jede Eifersüchtelei wie eine Herausforderung zur Machtprobe

Zu einem echten Machtduell kommt es, sobald ein Gleich- oder Höhergestellter, der denselben Weg verfolgt wie Sie, seine »überlegene Macht« einzusetzen versucht, um Ihre Stellung und Ihr Ansehen zu untergraben. Bei Neidern ist die Lage insofern etwas anders geartet, weil diese nicht aus unmittelbaren Konkurrenzgründen, sondern aus Eifersucht auf Ihre Macht versuchen, diese zu verringern.
In einer gewissen Garnison gab es zum Beispiel während des letzten Krieges einige hervorragende Machtpersönlichkeiten, die es aber ablehnten, Offizier zu werden. Die Betreffenden waren allseits geachtet und beliebt, auch bei den Offizieren, mit Ausnahme des kommandierenden Generals. Dieser letztere — ein typischer Vertreter unechter, d. h. mittelbarer Macht — war vom ersten Tag an auf die echte Persönlichkeitsmacht dieser Männer eifersüchtig. Sie bedrohten seine Stellung nicht im geringsten und hatten nicht einmal das leiseste Interesse an einer militärischen Karriere; er jedoch ersann aus reinem Neid auf diese wahren Persönlichkeiten eine Anzahl kleinlicher Schikanen, nur um ihr Ansehen zu schmälern.
Neidern dieses Schlages begegnet man überall. So kann durchaus ein Politiker oder Wissenschaftler auf einen Geschäftsmann eifersüchtig sein, nur weil dieser echte Persönlichkeitsmacht besitzt. Neid und Mißgunst sind eben allgegenwärtig.

Die Hundeknochen-Technik

Geraten Sie tatsächlich in eine solche Lage, so gestehen Sie sich dies auch ein und machen Sie nicht den unsinnigen Versuch, den Kopf in den Sand zu stecken. Ignorieren Sie aber jeden Versuch Ihres Neiders, sich als Ihnen überlegen zu beweisen, und verkörpern Sie weiterhin unbeirrt eben dieselbe Persönlichkeitsmacht, die seine Mißgunst erregt hat. Verhalten Sie sich also wie bei einer Machtprobe, und Ihr Angreifer wird sich bald lächerlich machen. Im äußersten Notfall (wenn es sich also nicht mehr um Eifersüchteleien, sondern um niederträchtige Angriffe handelt) verwenden Sie die *Hundeknochen-Technik.*
Der Name dieser Methode sagt bereits, worin sie besteht: Man wirft eben einem bissigen Hund einen Knochen hin. Dieser Trick wird mit

besonderer Vorliebe von bewährten Machtpersönlichkeiten eingesetzt. Was jeweils als »Knochen« benutzt wird, ergibt sich aus den näheren Umständen. Meistens wird eine Einladung zum Essen genügen oder zu irgendeiner anderen privaten Veranstaltung, bei der zum Beispiel in einem kleinen geladenen Kreis ein neues Erzeugnis vorgestellt wird oder ähnliches.

Der Erfolg dieser Technik beruht auf zwei kleinen, aber wichtigen Details. Erstens einmal muß die Einladung (oder was sonst als »Knochen« dient) völlig gerade heraus ausgesprochen werden. Zweitens muß es sich bei der betreffenden Veranstaltung um eine private Angelegenheit handeln. Eben dies ist nämlich von ausschlaggebender Bedeutung: Eine Einladung, die an einen großen Kreis ergeht, würde niemals den gewünschten Zweck erfüllen, sondern (selbst wenn sie angenommen würde) als billiger Ersatz verachtet werden und somit selbstverständlich ihren Sinn verfehlen.

Ihr »Gummipanzer« und Ihre Persönlichkeitsmacht sind die einzigen Waffen, deren Sie bedürfen

Eine echte Machtpersönlichkeit wie Sie hat von Herausforderern und Neidern ihrer Macht niemals auch nur das Geringste zu befürchten. Ganz offen gesagt: Die hier empfohlenen Verhaltensweisen sind für Sie nur so lange von Bedeutung, wie Sie sich noch zu einer echten Machtpersönlichkeit heranbilden. *Sobald Sie einmal zur vollendeten Machtpersönlichkeit geworden sind und jene Selbstsicherheit gewonnen haben, die nur echten Machtpersönlichkeiten zu eigen ist, wird nichts mehr Ihre ruhige Gelassenheit stören können.* Ihr »Gummipanzer« ist dann eben genauso Bestandteil Ihrer Persönlichkeitsmacht wie alle anderen Eigenschaften und Wesenszüge auch.

Zum Schluß noch ein kleiner Hinweis: Versuchen Sie nicht, Ihren Herausforderern und Neidern mit irgendwelchen »faulen« Kunstgriffen (die von den in diesem Buch behandelten Techniken streng zu unterscheiden sind) zu begegnen, wie dies schon manche unvollkommene Machtpersönlichkeiten getan haben. Auf solche Mittel sind Sie nicht angewiesen, und außerdem würden sie sich nur zu Ihrem Schaden auswirken. Ihr »Gummipanzer«, Ihre Persönlichkeitsmacht und die drei einfachen Techniken, um beide zur größtmöglichen Wirkung zu bringen, sind die einzigen Waffen, die Sie brauchen. Mit ihnen können

Sie jeden Machtkampf gewinnen und jeder wie immer gearteten Mißgunst begegnen.

ZUSAMMENFASSUNG

1. Nur unechte »Machtpersönlichkeiten« stellen ein Problem für Sie dar.
2. Begegnen Sie jeder Herausforderung zu einer Machtprobe mit der *Zurückhaltungstechnik!*
3. Eine Fülle überwältigender Beweise zeigt, daß echte Persönlichkeitsmacht von allen geachtet wird und jede falsche Macht auf Geringschätzung stößt.
4. Druck ist die einzige Waffe der Vertreter falscher Macht.
5. Je mehr Druck die Vertreter mittelbarer Macht ausüben, desto mehr Menschen treiben sie auf Ihre Seite.
6. Vertreter unechter Macht sind für Sie ganz einfach auf eine hohe Felsplatte emporgehobene Menschen ohne Arme.
7. Begegnen Sie den Verzweiflungsangriffen unechter »Machtpersönlichkeiten« mit der *Gummihaut-Technik.*
8. Lassen Sie sich niemals dazu verleiten, zu den Waffen mittelbarer Macht zu greifen!
9. Halten Sie die Augen offen angesichts von Neid und Eifersucht und unterschätzen Sie niemals die Gefahr, die Ihnen daraus erwachsen kann! Stecken Sie auch nicht den Kopf in den Sand!
10. Setzen Sie die *Hundeknochen-Technik* gegen eifersüchtige und neidische Angreifer ein!
11. Ihre Persönlichkeitsmacht ist eine wirkungsvolle Waffe, der die anderen nichts Gleichwertiges entgegenzusetzen haben.
12. Dank Ihres Gummipanzers und Ihrer Persönlichkeitsmacht sowie mit Hilfe der drei einfachen Techniken, die die Wirkung Ihrer Persönlichkeitsmacht und Ihres Schutzpanzers entfalten, werden Sie jeden Machtkampf siegreich bestehen und sich jedem Neider überlegen erweisen.

KAPITEL 19

Wie man mit schwierigen Leuten fertig wird

Die unangenehmsten Menschen sind jene, die ein grausames Vergnügen darin finden, andere zu erniedrigen.

Zu den schlimmsten Vertretern dieser Gattung gehören Vorgesetzte, die die menschliche Würde ihrer Untergebenen mit Füßen treten. Schon den ersten derartigen Versuch müssen Sie mit schärfstem Nachdruck zurückweisen.

Fremde und Bekannte, die Ihre Hilfsbereitschaft und Ihr Entgegenkommen nur dazu mißbrauchen, Sie zu erniedrigen, begegnen jedem Beweis menschlicher Güte mit Verachtung und verdienen eine deutliche Abfuhr.

Ob solche Menschen versuchen, Sie herumzukommandieren, oder die verschiedenen Tricks des »Fallenlassens«, »Verlierens« oder »Hilflosseins« anwenden — die Absicht ist immer die gleiche: Sie als zu nachgiebig und schwach hinzustellen.

Die Absichten jener Ehrabschneider, die versuchen, Sie hintenherum anzuschwärzen und zu verleumden, können und müssen vereitelt werden.

Um mit schwierigen Leuten fertig zu werden, ist meist nur eines nötig: Mut.

Von Kapitel 8 an wurde Ihnen mit jeder neuen Seite deutlicher, daß zwar eine Machtpersönlichkeit immer mehr Menschen in ihren Bann zieht, aber gleichzeitig auch die Schar der Neider entsprechend zunimmt. Meistens machen letztere den Versuch, sich Ihnen in kleinen oder großen Dingen ebenbürtig oder überlegen zu zeigen — eine Absicht, die Sie mittlerweile wirksam zu durchkreuzen gelernt haben. Wesentlich unangenehmer jedoch und eine weitaus ernstere Bedrohung

Ihrer Persönlichkeitsmacht stellen jene dar, die Ihnen (und allen anderen) absichtlich Schwierigkeiten machen und ihre Mitmenschen zu erniedrigen suchen, nur weil ihnen dies Freude macht. Zwar versuchen sie, einen jeden herunterzumachen, besonders aber alle jene, die beliebt und angesehen sind. Solche Leute können das größte Unheil stiften.

Die schwierigen Mitmenschen

Diese Gattung kann in drei Gruppen unterteilt werden. Zunächst sind all jene Zeitgenossen angesprochen, die ihre Rechte mit voller Absicht überschreiten und mißbrauchen, um Sie zu erniedrigen. Die zweite Gruppe bilden jene Typen, die die gleiche niederträchtige Absicht dadurch zu verwirklichen suchen, daß sie Ihre Güte, Hilfsbereitschaft und Höflichkeit als Schwäche hinstellen. Die dritte Gruppe besteht aus Ehrabschneidern, die einzeln oder organisiert auftreten und Ihr Ansehen durch Gerüchte und Verleumdungen erschüttern wollen.
Vom Standpunkt einer Machtpersönlichkeit aus ist schwer zu entscheiden, welche dieser Gruppen die widerwärtigste und schädlichste ist. Alle zusammen sind sie Schädlinge der menschlichen Gesellschaft, und die verabscheuungswürdigsten unter ihnen sind jene, die sich unschuldig, höflich und sanftmütig stellen, um ihre niedrigen Absichten zu verwirklichen. Als Beispiel hierfür könnte die Handlungsweise eines Geschäftsführers gelten, der seinem Stellvertreter eine Münze hinwirft mit den Worten: »Besorgen Sie mir eine Packung Zigaretten, ja?« Er tut dabei so, als ob ein solches Ansinnen die natürlichste Sache der Welt wäre, ist sich aber wohl bewußt, daß ein solcher Auftrag den Betreffenden in den Augen der Kollegen und Kunden zum Laufburschen erniedrigt.
Ihre Verachtung für diesen Menschentyp und Ihr Ekel vor seiner Handlungsweise mögen noch so groß sein: *Sie werden unvermeidlich mit ihm in Berührung kommen.* Vertreter dieser Gattung finden sich in nahezu jeder Gruppe: unter Geschäftsleuten, im Gesellschaftsleben, in der Kirchengemeinde oder in der Politik. Leute dieses Schlages müssen sofort im offenen Kampf gestellt und ausgeschaltet werden.

Stoppen Sie den »Boss«

Der eben erwähnte Geschäftsführer ist ein typisches Beispiel für eine Gattung, die man dutzendweise antrifft. Eine persönliche Bekanntschaft mit ihm bleibt höchstens dem erspart, der sein eigener Herr oder freiberuflich tätig ist und deshalb noch nie einen Vorgesetzten hatte. Aus den vielen Tausenden von Fällen, von denen werdende Machtpersönlichkeiten berichteten, seien nur einige als Beispiel genannt:

a) Ein Vorgesetzter wirft Ihnen seine Autoschlüssel zu und sagt: »Mein Wagen steht vor einer Parkuhr; fahren Sie ihn doch woanders hin, ehe ich einen Strafzettel bekomme!« Oder, noch schlimmer, er gibt Ihnen Kleingeld und sagt: »Besorgen Sie mir eine Tasse Kaffee und kaufen Sie sich auch eine!« Um seiner Absicht, Sie zu erniedrigen, die Krone aufzusetzen, könnte er auch in Ihrer Gegenwart seine Sekretärin auffordern, Ihnen Geld zu geben und Sie dann in die nächste Parfümerie zu schicken, um seiner Frau einen Lippenstift zu kaufen.

b) Bei einer von Ihnen geleiteten Versammlung unterbricht Sie der »Boss« und sagt: »So versteht das ja niemand. Ich werde es selbst erklären!« Und wenn er auf diese Weise das Wort an sich gerissen hat, wird er möglicherweise versuchen, Sie in den Augen der Anwesenden noch mehr herunterzusetzen, indem er Sie auffordert, irgendwelche Hilfsdienste zu übernehmen.

c) Ein anderer »Boss« tritt hinzu, während Sie mit einem Kunden oder Klienten verhandeln, und sagt: »Sobald Sie mit den einfachen Formalitäten fertig sind, bringen Sie mir die Unterlagen. Ich werde die entscheidenden Punkte selbst mit dem Herrn besprechen!« Oder der betreffende Vorgesetzte wartet, bis Sie den Kunden zum Abschluß bewegt haben, und stellt sich diesem dann mit den Worten vor: »Sie gehören zu den Kunden, denen ich mich grundsätzlich persönlich widme. Wenn Sie mit in mein Büro kommen wollen, werde ich ...«

Diese wenigen Beispiele sind typisch für die Taktik des »Boss« und haben in Ihnen sicherlich die Erinnerung an Dutzende ähnlicher Vorkommnisse wachgerufen, an denen Sie mittelbar oder unmittelbar beteiligt waren. Möglicherweise veranlaßt Sie Ihr Großmut dazu, das schlechte Verhalten Ihres Gegenübers als reine Gedankenlosigkeit und nicht etwa als böße Absicht zu betrachten. *Nichts gegen Toleranz — in Ihrem eigenen Interesse aber dürfen Sie sich eine derartige Behandlung niemals gefallen lassen.* Ist es nämlich einem »Boss« dieses Schlages auch nur einmal gelungen, Sie vor Zeugen herunterzusetzen, so wird er bei nächster Gelegenheit auf einen verspäteten Abwehrversuch Ihrerseits nur mit verdoppelten Anstrengungen antworten, Ihr Ansehen zu untergraben. *Nur das erstemal ist es leicht, einen »Boss« in seine Schranken zu verweisen.*

Erteilen Sie die verdiente Abfuhr in aller Ruhe

Wendet ein »Boss« die in Beispiel a) erwähnte Taktik an, so bietet man ihm am besten Einhalt, indem man sagt: »Ich werde das durch jemanden erledigen lassen!« Hatte sich Ihr Gegenüber tatsächlich nur aus Gedankenlosigkeit im Ton vergriffen, so werden ihn diese Worte sofort auf seinen Fehler aufmerksam machen und er wird sich entweder entschuldigen und selbst eine geeignete Person beauftragen oder Ihr Angebot, dies für ihn zu tun, mit Dank annehmen. In den meisten Fällen aber wird Ihre Äußerung eine völlig andere Reaktion hervorrufen, die die böse Absicht des Betreffenden erweist.
Meist wird er die ihm dermaßen deutlich erteilte Abfuhr stillschweigend übergehen. Andere verteidigen ihre erschütterte Befehlsgewalt, indem sie statt Ihrer selbst den »Jemand« bestimmen. Die schärfste Gegenreaktion des somit Bloßgestellten könnte sich allerdings auch in die Worte kleiden: »Ich habe gesagt, *Sie* sollen das tun!« Ein solches Ansinnen enthüllt die eindeutige Absicht, Ihre menschliche Würde mit Füßen zu treten und Ihr Ansehen völlig zu vernichten. Ist es einmal so weit gekommen, so haben Sie nichts mehr zu befürchten und zu verlieren und können deshalb mit völliger Gelassenheit entgegnen: »Und da ich nicht Ihr Laufbursche bin, werde ich Ihren Auftrag an den Botenjungen weitergeben!« Entweder wird daraufhin der »Boss« aufgeben oder Sie entlassen— jedenfalls aber, wenn auch widerwillig, wird er Achtung vor Ihnen haben. Der Betreffende wird es übrigens kaum wagen, eine solche Abfuhr zum Anlaß einer Kündigung zu machen; dies könnte sich — abgesehen von anderen Rücksichten — nur allenfalls der Inhaber der Firma leisten. Doch selbst die sofortige Entlassung wäre einem würdelosen Verbleiben unbedingt vorzuziehen.
Greift der »Boss« zu der in Beispiel b) dargestellten Taktik, um Sie vor den Augen derer zu erniedrigen, die Ihnen unterstellt sind, so werden Sie eine Gelegenheit abwarten, ihm Ihrerseits das Wort wieder abzunehmen. In der oben geschilderten Situation könnten Sie zum Bei-

spiel den Herausforderer nach einer Weile mit den höflichen Worten unterbrechen: »Ich glaube, es wäre besser, wir erklärten die Lage auf andere Weise; darf ich Ihnen zeigen, wie?« Sind Sie somit wieder zu Wort gekommen, so bitten Sie den anderen freundlich, die Tafel abzuwischen, Ihnen die Kreide zu reichen usw. Vielleicht wird er sich weigern — sicher aber wird er nie wieder diese Taktik bei Ihnen versuchen.

Versucht Ihr Gegner, die unter c) geschilderte Methode anzuwenden, um Ihr Ansehen zu schmälern, so kehren Sie am besten den Stiel um. Erwidern Sie also zum Beispiel: »Wir haben selbstverständlich die entscheidenden Punkte zuerst besprochen und bereits geklärt. Wollen Sie vielleicht aber das Ganze noch einmal mit uns durchgehen, ehe wir die einfachen Formalitäten erledigen?» der abgeblitzte »Boss« wird daraufhin keinesfalls auf seiner ursprünglichen Absicht beharren. In dem zweiten oben beschriebenen Fall begegnen Sie der unerwünschten Einmischung dadurch, daß Sie den Störenfried unterbrechen und zu dem Kunden sagen: »Gehen Sie ruhig mit, wenn Sie Zeit haben. Alles Wichtige ist ja bereits besprochen, und ich möchte Sie deshalb nicht länger aufhalten!« Sowohl der Kunde als auch der Vorgesetzte werden das gesunde Selbstbewußtsein empfinden, das hinter diesen Worten steht, und dies wird Sie in beider Achtung höhersteigen lassen.

Möglicherweise erscheinen Ihnen diese Methoden etwas rauh, sie stellen aber nur eine durchaus milde Reaktion auf schwere und bösartige Angriffe dar. Bedenken Sie auch immer: *Die Wirkung dieser und ähnlicher Abwehrmaßnahmen ist um so größer, desto ruhiger und gelassener Sie bleiben!* Der eigentliche Trick besteht also darin, dem »Boss« ohne das geringste Anzeichen von Erregung die verdiente Abfuhr zu erteilen.

Rezepte der Niederträchtigen, die Güte ausnützen und verachten

Diese Menschen gehören zur selben Gattung wie der »Boss«. Im Gegensatz zu diesem nehmen sie aber keine Vorrangstellung ein und meinen deshalb, den Mangel an Macht durch Aufdringlichkeit oder unverblümte Überheblichkeit ausgleichen zu müssen, um Sie wenigstens auf diese Weise zu erniedrigen.

Auch dieser Typ wendet bestimmte Taktiken an. Handelt es sich dabei um einen »Freund«, einen Arbeitskollegen, einen Bekannten, ein Mitglied desselben Clubs oder dergleichen, so wird er meistens zu der unter a) beschriebenen für den »Boss« kennzeichnenden Taktik greifen, um Sie zum Laufburschen zu degradieren. Es gibt da eine Unzahl von Spielarten: »Tragen Sie doch die Golfschläger zum Wagen hinaus, ja?« — »Besorgen Sie uns doch etwas zum Trinken, ja?« — »Hier wird es etwas eng; könnten Sie nicht ein paar Stühle besorgen?« usw. Begegnet Ihnen diese Gattung Mensch in der Gestalt eines Fremden, so wird dieser entweder in ähnlicher Weise vorgehen oder aber — in den meisten Fällen — mit großem Geschick versuchen, Sie zu einem Akt der Höflichkeit zu veranlassen, der dann von ihm in einer Weise hingenommen wird, daß er den unbeteiligten Zeugen als die Dienstleistung eines Untergeordneten erscheinen muß.

Diejenigen, die ihre Absicht mit Hilfe irgendwelcher fauler Tricks zu verwirklichen suchen, sind meist weniger aufdringlich als jene anderen, die sich als Höherstehende aufspielen. Im folgenden beschreiben wir einige weitverbreitete Kniffe, die täglich Anwendung finden:

d) *Der Trick, »etwas fallen zu lassen«.* Dieser ist der älteste aller Kniffe und wird meistens von Frauen benutzt, doch gelegentlich bedienen sich seiner auch Männer. Als zum Beispiel eine in weiten Kreisen bekannte Machtpersönlichkeit gerade ihren Namen in das Gästebuch eines Hotels eintrug, eilte ein teuer gekleidetes und wichtigtuerisches weibliches Wesen sofort zum Empfang, wühlte in ihrer Handtasche und verstreute dabei absichtlich deren Inhalt. In einem anderen Fall belud sich ein männlicher Vertreter dieses Typs mit Büchern und Akten, kreuzte absichtlich den Weg einer berühmten Persönlichkeit und ließ unmittelbar vor ihr sehr geschickt einen Teil seiner Last zu Boden fallen. Zwar spielen bei dieser Taktik die Handtasche und überladene Arme eine große Rolle, doch bedienen sich Leute dieser Art so ziemlich jedes Gegenstandes, von der Sicherheitsnadel bis zum Schmuckstück.

e) *Der Trick, »etwas zu verlieren«.* Dieser Kniff wird mit besonderer Vorliebe dann angewendet, wenn Sie gerade irgendwo sitzen oder stehen (im Zug, im Restaurant, im Wohnzimmer oder an Ihrem Schreibtisch). Der »Verlust« ist natürlich entweder bewußt herbeigeführt oder eine reine Erfindung. Meist wird der Betreffende seine Suche in Ihrer unmittelbaren Nähe beginnen. Erregt dies nicht die gewünschte Aufmerksamkeit, so wird er sich direkt an Sie wenden und sagen: »Sehen Sie ›es‹ irgendwo?« Meist handelt es sich bei diesem »verlorenen Es« um einen Ohrring, eine Brieftasche, einen Handschuh, einen Manschettenknopf usw.

f) *Der Kunstgriff der »Hilflosigkeit«.* Auch er gehört zu den allerältesten Methoden, doch taucht er selbst heute noch in immer neuen Varianten auf. Die Männer und Frauen, die ihn anwenden, verstehen es meisterhaft, den Anschein völliger Hilflosigkeit zu erwecken, ob sie nun gerade eine Konservendose öffnen oder einen Schirm zusammenklappen müssen. Grundsätzlich tun die Betreffenden so, als hätten sie Ihre Anwesenheit gar nicht bemerkt. Falls Sie jedoch nicht in gewünschter Weise reagieren, wendet man sich in gespielter Verzweiflung an Sie als »Retter in der Not«.

g) *Der Trick der »Unpäßlichkeit«.* Zu diesem Mittel greift der Herausforderer, wenn alle anderen versagt haben oder unbrauchbar erscheinen. Ein »Schwächeanfall«, eine »Ohnmacht«, ein »verstauchter Fuß« und viele andere »plötzlich auftretende« Unpäßlichkeiten und Leiden dienen als Vorwand, Sie zum Dienstboten zu erniedrigen.

Zwar werden die hier dargestellten Tricks am häufigsten angewandt, doch muß man mit der unerschöpflichen Phantasie dieser Leute rechnen und sich auf alle möglichen Überraschungen gefaßt machen. Manche spielen ihre Rolle so geschickt, daß es schwerfällt, das Unechte vom Echten zu unterscheiden. Doch gilt hier das Wort einer der größten und erfahrensten Machtpersönlichkeiten: *»Besitzt man die Reife und Welterfahrung der echten Machtpersönlichkeit, ist es ein leichtes, wahre Hilfsbedürftigkeit von einer nur gespielten zu unterscheiden!«*

So naiv und unschuldig ein Gegner dieser Art auch auftreten mag, er verfolgt dabei nur die niederträchtige Absicht, Sie »weichzumachen«. Hilfsbereitschaft und Güte, Höflichkeit und Entgegenkommen legen solche Menschen nur als Schwäche aus. Ob Mann oder Frau, für sie ist jede ihnen gewährte Hilfeleistung nur ein Beweis der eigenen Überlegenheit und schuldiger Tribut. *Dieser niederträchtige Menschentyp verachtet ein gutes Herz, und mit derselben Geringschätzung betrachtet er auch Sie selbst beim ersten Zeichen freundlichen Entgegenkommens.*

Wer sich nicht abweisen läßt, wird »am Boden zerstört«

Spielt sich ein Herausforderer als »Boss« auf und versucht, Sie herumzukommandieren, so behandeln Sie ihn entweder 1. (wo dies möglich ist) wie einen »Boss« oder 2. stellen Sie sich taub und blind oder 3. entgegnen Sie ihm: »Das können Sie sicher selbst viel besser!« Sie dürfen allerdings keinen Zweifel darüber lassen, daß dies Ihr letztes Wort ist, sonst wird Ihr Gegner alle Überredungskünste aufwenden und Sie in eine Lage manövrieren, wo Sie entweder nachgeben oder außerordentlich grob werden müssen.

Läßt Ihr Herausforderer etwas fallen oder greift er zu einem anderen Trick dieser Art, so ist es immer am besten, ihn zu ignorieren. Wo dies nicht möglich ist, ist das zweitbeste Mittel, ihn »am Boden zu zerstören«. Zum Beispiel:

In dem unter d) beschriebenen Vorfall versuchte die Dame, die Aufmerksamkeit des bewußten Herrn auf sich zu ziehen, indem sie den Inhalt ihrer Handtasche verstreute und sich dann selbst wegen ihrer Ungeschicklichkeit schalt. Anstatt ihr zu antworten oder zu helfen, wandte sich der so Angesprochene an den Empfangschef und sagte: »Entweder braucht die Dame einen Gepäckträger oder mehr Übung!«

Als am Ende eines Interviews mit einem berühmten Wissenschaftler jemand versuchte, ihn um Mithilfe bei der Suche nach einem »verlorenen« Gegenstand zu bitten, ignorierte er diese Bitte und sagte: »Der Hausmeister ist für Fundgegenstände zuständig. Meine Sekretärin zeigt Ihnen den Weg!«

Ein anderes Mal versuchte eine Dame, einen berühmten Politiker mit ihrer »Hilflosigkeit« zu beeindrucken. Als er vor dem Haus auf seinen Wagen wartete, trat sie in seine Nähe und gab vorbeifahrenden Taxis möglichst hilflos anmutende Zeichen, die diese unmöglich bemerken konnten. Nach einer Weile wandte sie sich an den Politiker und sagte: »Ich kann einfach keine Taxis anhalten; ich brauche eine Pfeife!« Als auch dies keinerlei Eindruck auf ihn machte, fügte sie deutlicher hinzu: »Wenn Sie nicht für mich pfeifen, werde ich niemals ein Taxi bekommen!« Ohne den Kopf zu wenden, versetzte der Betreffende darauf: »Zeigen Sie Ihre Beine, dann wird bestimmt einer pfeifen und halten!«

Begeben Sie sich mitten unter Ihre Verleumder

Ehrabschneider stellen Sie vor ein völlig anderes Problem als die beiden vorher genannten Menschentypen. Diese versuchen nämlich, Sie persönlich zu erniedrigen, während Verleumder ihr Gift hinter Ihrem Rücken verspritzen und sich einzuschmeicheln versuchen, wenn sie Ihnen von Angesicht zu Angesicht gegenüberstehen. Verleumder machen keineswegs den Versuch, Sie in Gegenwart anderer zum Dienstboten abzustempeln, sondern verbreiten Klatsch und Gerüchte, um Ihren Ruf zu schädigen oder Ihre Leistungen und Fähigkeiten herabzusetzen.
Da Ehrabschneider ihr schmutziges Geschäft meist in der Verborgenheit treiben, fühlen sie sich ziemlich sicher vor Entdeckung; sie wissen, daß sie von Ihnen nicht zur Rechenschaft gezogen werden können und jeder Versuch Ihrerseits, sich gegen die vorgebrachten Anschuldigungen zu verteidigen, nur noch größeren Schaden stiften würde.
Hier gibt es nur eine Möglichkeit: Anstatt Ehrabschneidern und Verleumdern aus dem Weg zu gehen, muß man sich in ihre Mitte begeben. Nichts stürzt sie nämlich in größere Verwirrung und könnte ihre Absichten wirksamer durchkreuzen, als wenn Sie ganz bewußt Begegnungen herbeiführen. Wo immer Sie auch auf diesen Typ treffen — ob er nun von einem Herrn oder einer Dame der Gesellschaft verkörpert wird oder von einem Geschäftsmann, einem Angehörigen Ihrer Pfarrei, einem Kunden im Supermarkt —, gehen Sie direkt auf die Betreffenden zu, denn ein solches Vorgehen erscheint diesen Menschen so unverständlich und unheimlich, daß sie sich bald bemühen werden, Ihnen aus dem Weg zu gehen.

Um mit Herausforderern fertig zu werden, braucht man nur eines: Mut

Es gibt, wie jede Machtpersönlichkeit bestätigen wird, viele Leute, die ihren Mitmenschen absichtlich Schwierigkeiten machen, insbesondere wenn es sich dabei um erfolgreiche Persönlichkeiten handelt. Gleichzeitig aber wachsen auch Ihre Selbstsicherheit und Menschenkenntnis, so daß es Ihnen ein leichtes ist, mit »schwierigen« Zeitgenossen fertig zu werden. Eine bekannte Machtpersönlichkeit beantwortete die Frage nach der unangenehmen Menschen gegenüber angebrachten Methode mit einem einzigen Wort: »Mut!«

Dies ist in der Tat die wichtigste und einzige Voraussetzung. Dieses eine Wort »Mut« müssen Sie sich unvergeßlich einprägen und stets vor Augen halten. Denn es bedeutet: *Haben Sie den Mut, jedem »Boss« entschieden entgegenzutreten und lieber eine Entlassung auf sich zu nehmen, als sich entwürdigen zu lassen! Haben Sie den Mut, Herausforderer, die es mit List und Tücke versuchen, entweder völlig zu ignorieren oder sie »am Boden zu zerstören« und das Risiko auf sich zu nehmen, sich bei ihnen unbeliebt zu machen! Haben Sie den Mut, sich in die Mitte Ihrer Verleumder zu begeben, auch wenn Ihnen diese »Ratten« noch so unangenehm sind!*

Falls Sie den Mut aufbringen, all dies zu tun, so wird die Größe Ihrer Persönlichkeit ein Ausmaß erreichen, das Sie weit über jeden nur möglichen persönlichen Angriff erhebt. Eben dies wollen Sie ja auch erreichen, denn sonst hätten Sie nie den Plan gefaßt, eine Machtpersönlichkeit zu werden.

Nach welchen Zielen Sie auch immer streben mögen, Sie müssen Ihre Mitmenschen richtig behandeln, wenn Sie Einfluß, Macht und Herrschaft über sie gewinnen wollen. In jedem Fall aber, bei Freund und Feind, liegt das ganze Geheimnis richtiger Menschenbehandlung in dem einen Wort: Mut!

ZUSAMMENFASSUNG

1. Einem »Boß« nachzugeben, ist gefährlicher, als ihm Einhalt zu gebieten!
2. Am einfachsten und sichersten ist es, einen derartigen Versuch schon beim erstenmal im Keim zu ersticken.
3. Der eigentliche Trick, mit einem »Boß« fertigzuwerden, liegt darin, die Ruhe zu bewahren und ihm ohne jedes Anzeichen von Erregung die verdiente Abfuhr zu erteilen.
4. Es gibt Männer und Frauen, die auf Güte nur mit Verachtung reagieren und Hilfsbereitschaft als Schwäche auslegen.
5. Wenn solche Typen etwas fallen lassen, »verlieren«, »hilflos« oder »unpäßlich« sind, handelt es sich immer um einen faulen Trick. Mit der Reife und Welterfahrung einer echten Machtpersönlichkeit erkennen Sie auf den ersten Blick, ob es sich um echte Hilfsbedürftigkeit oder um einen Vorwand handelt.
6. Behandeln Sie solche Menschen mit der Härte, die sie verdienen. Lassen sie sich nicht abweisen, so »zerstören Sie sie am Boden«!

7. Am besten begegnet man Verleumdungen damit, daß man sich mitten unter die Ehrabschneider begibt.

8. Haben Sie den Mut, jedem »Boß« entschieden entgegenzutreten und lieber eine Entlassung auf sich zu nehmen, als sich entwürdigen zu lassen! Haben Sie den Mut, Herausforderer, die es mit List und Tücke versuchen, entweder völlig zu ignorieren oder sie entschieden zu entlarven und das Risiko auf sich zu nehmen, sich bei ihnen unbeliebt zu machen! Haben Sie den Mut, sich in die Mitte Ihrer Verleumder zu begeben, auch wenn Ihnen diese »Ratten« noch so unangenehm sind.

9. Halten Sie sich immer vor Augen: Das ganze Geheimnis richtiger Menschenbehandlung liegt in dem einen Wort: Mut!

KAPITEL 20

Wie man durch Einfluß, Macht und Herrschaft sein Leben erfolgreich gestaltet

Einfluß, Macht und Herrschaft bestimmen den Erfolg. Inwieweit Sie Ihr Erfolgsstreben verwirklichen können, hängt vom Grad der Vollkommenheit Ihrer Persönlichkeitsmacht ab. Der Erfolg hat viele Gesichter: Ihre heutigen Ziele sind nur eine Vorstufe derer, die Sie morgen verfolgen.

Nur wenn Sie sich an der Leistung an sich berauschen oder einen unwiderstehlichen und grenzenlosen Drang zum Erfolg in sich verspüren, haben Sie Aussicht, Außergewöhnliches zu leisten und zu erreichen.

Die Vervollkommnung Ihrer Persönlichkeitsmacht führt zu schnellerem und leichterem Erfolg.

Sie bringen bessere Voraussetzungen mit und haben vielversprechendere Aussichten, erfolgreich zu werden, als all jene, die es vor Ihnen versucht haben.

Sie kennen nunmehr alle Voraussetzungen echter Persönlichkeitsmacht und sind im Besitz aller erforderlichen Techniken und Methoden, um eine erfolgreiche Machtpersönlichkeit zu werden. Niemand, der vor Ihnen dieses Ziel erreichte, war besser gerüstet, und viele hatten bei weitem keine so günstige Ausgangsposition. Die Größe Ihrer Persönlichkeitsmacht und Ihres Erfolges hängt nun einzig davon ab, ob Sie die in diesem letzten Kapitel unseres Buches entwickelten Gesichtspunkte bereits als endgültige Vollendung Ihrer Entwicklung betrachten oder vielmehr nur als die ergänzungsbedürftige Grundlage für Ihr weiteres Streben nach Vollkommenheit.

Die Unermüdlichkeit Ihres Strebens bestimmt den Umfang Ihres Erfolgs

Vor vielen Jahren prägte man mir ein: »Erfolg und Vollendung sind unzertrennlich. Sobald Sie einmal am Ziel Ihres Erfolgstrebens oder Ihrer Entwicklung zu sein glauben, erlahmen Energie und Wille, nach höheren Zielen und nach größerer Vollendung zu streben!«

Diese zwei Sätze enthalten — sagen wir einmal — ungefähr die Hälfte aller menschlichen Weisheit und Philosophie; doch werden sie hier nur zitiert, um darzulegen, daß Sie — und nur Sie allein — den Endpunkt jeder Entwicklung, auch den Ihrer Persönlichkeitsmacht, bestimmen!

Erfolg und Vollkommenheit sind, wie in allen anderen Dingen und Bereichen dieses Lebens, auch auf dem Gebiet der Persönlichkeitsmacht relativ. So vollkommen diese auch sein mag, ist sie doch immer einer noch größeren Vollendung fähig, und kein Erfolg ist so groß, als daß er nicht noch gesteigert werden könnte. Zwar verdanken Sie es Ihrer Kenntnis und der Anwendung aller Techniken und Grundsätze der Persönlichkeitsmacht, daß Sie nunmehr eine Machtpersönlichkeit sind; der Grad der Vollkommenheit und die Größe Ihres Erfolges als Machtpersönlichkeit jedoch hängen letztlich davon ab, *welche Mühe Sie auf den weiteren Ausbau Ihrer Persönlichkeitsmacht und deren immer wirkungsvolleren Einsatz verwenden.*

Kein Mensch treibt Sie an, einen höheren Grad der Vollendung anzustreben. Sie können jederzeit einhalten und sich mit dem jeweils erreichten Erfolg und dem einmal erzielten Grad Ihrer Vollkommenheit zufrieden geben. Denken Sie dann aber daran: Nichts und niemand hat Ihnen Einhalt geboten! Sie selber haben sich zur Ruhe gesetzt! Und gestehen Sie sich dann auch ein, daß Sie von anderen überholt werden — nicht etwa weil diese bessere Voraussetzungen als Sie mitbrachten, sondern einzig und allein deshalb, weil diese anderen sich mit dem jeweils erreichten Ausmaß an Vollendung und Erfolg nicht zufriedengeben.

Persönlichkeitsmacht kennt keine Rast und keine Ruhe

In eben derselben Weise, wie Persönlichkeitsmacht Ihnen Einfluß, Macht und Herrschaft über Ihre Mitmenschen verleiht, verschafft sie Ihnen auch Einfluß, Macht und Herrschaft in Ihrem Erfolgsstreben.

Hierfür gibt es nämlich nur einen Maßstab: die Vollkommenheit, mit der Sie Ihre Ziele verwirklichen — und diese wiederum hängt ausschließlich von der Vollendung ab, mit der Sie Ihre Persönlichkeitsmacht einzusetzen wissen.

Sie machten sich auf die Suche nach Persönlichkeitsmacht, weil Sie gewisse Ziele, Hoffnungen, Wünsche und Absichten hatten, deren Verwirklichung nur einer echten Machtpersönlichkeit möglich ist. Sie glaubten damals, einen vollen Erfolg für sich verbuchen zu können, sobald diese Ziele erreicht wären. Jetzt aber — da die Erfüllung Ihrer Wünsche in greifbare Nähe gerückt ist — weitet sich Ihr Blick, und Sie erkennen, daß es sich nur um eine Vorstufe des erstrebenswerten Erfolgs handelt. Denn bis zu dem Zeitpunkt, an dem das Leben Ihnen keine lohnenden Aufgaben mehr bieten kann und Sie sich mit Ihrem materiellen und geistigen Status zufriedengeben, werden sich immer neue, noch größere Ziele abzeichnen, die durch ihre Verwirklichung jeweils zu noch bedeutenderen Erfolgen führen — und die den Einsatz immer noch stärkerer Persönlichkeitsmacht erfordern.

Wollen Sie Ihr Erfolgsstreben verwirklichen, so müssen Sie Einfluß und Herrschaft gewinnen; und dies ist nur möglich, wenn Sie die eigentliche Triebkraft des Erfolgs, nämlich Persönlichkeitsmacht, besitzen. Der Grad der Beherrschung dieser Persönlichkeitsmacht hängt zum Teil jedoch davon ab, wie sehr Ihnen ihre ausschlaggebende Bedeutung bewußt ist.

Haben Sie diese entscheidende Bedeutung aber einmal erfaßt, so werden Sie Ihre Persönlichkeitsmacht niemals mehr ruhen lassen, denn *Persönlichkeitsmacht kennt keinen »Urlaub«*. Sie werden stets auch ihren kleinsten Erfordernissen und Voraussetzungen genaueste Aufmerksamkeit schenken und nach immer größerer Vollkommenheit in der Beherrschung dieses einzigartigen Instruments streben. Vor allem aber werden Sie niemals die von Ihnen erreichte Stufe der Persönlichkeitsmacht als die letzte und endgültige betrachten. Ganz im Gegenteil — Sie werden den Weg, der zu ihr führt, immer wieder von neuem beschreiten, und dabei wird Ihnen jeder der zwanzig in den Kapiteln dieses Buches vorgezeichneten Schritte die Augen öffnen für Tatsachen und Umstände, die Ihnen zunächst entgangen waren.

Wenn Ihre gegenwärtigen Ziele keinen Einsatz von Persönlichkeitsmacht erfordern, so wenden Sie sich größeren Zielen zu

Als ich vor einigen Jahren die hier beschriebenen zwanzig Schritte mit einer der bedeutendsten Machtpersönlichkeiten unter den amerikanischen Industriellen besprach, fragte ich unter anderem: »Jeder Mensch wünscht sich, durch Einfluß, Macht und Herrschaft erfolgreich zu sein. Was kann man aber noch tun, um ihn anzuspornen, überdurchschnittliche und größte Erfolge zu erzielen, sobald man ihm alle Werkzeuge, Techniken und Anleitungen gegeben hat, um sich zu einer Machtpersönlichkeit heranzubilden?« — Jeder, der nach Persönlichkeitsmacht und Erfolg strebt, sollte sich die Antwort dieses Mannes mit größter Sorgfalt einprägen:

»Kein Mensch kann mehr für den Betreffenden tun, als ihn individuell zu beraten und anzuspornen, über alles Durchschnittliche emporzustreben! Ein wirksamer Ansporn«, so fuhr er fort, »ist die einzige Triebkraft, die einen Menschen zu außergewöhnlichen Leistungen befähigt, sei dies in seinen Taten oder Werken oder in seiner persönlichen Entwicklung und seinem Erfolg. Sieht der Betreffende keine besondere Veranlassung, mehr und besser zu arbeiten, ein besserer Mensch zu sein oder größere Erfolge zu erzielen als andere, so ist eine entsprechende Anstrengung von ihm keinesfalls zu erwarten.«

Und prägen Sie sich ein, was mir diese überragende Persönlichkeit ferner sagte: »Alle möglichen Beweggründe — wie zum Beispiel die Familie, gesellschaftliche, wirtschaftliche oder andere Notwendigkeiten, ja selbst reiner Ehrgeiz — können einen Menschen veranlassen, gewisse Mühen auf sich zu nehmen und nach Erfolg oder gesellschaftlicher Anerkennung zu streben. All diese Faktoren stellen aber eine Art äußerlichen Zwangs dar und werden den Betreffenden nur so lange vorantreiben, bis er das einmal gesetzte Ziel erreicht hat. Ein echter Ansporn jedoch, selbst wenn dieser nur inferioren Motiven (z. B. der Gier oder der Rache) entspringt, wird einen Menschen nie ruhen lassen. Wer einen solchen Antrieb in sich verspürt, wird weiter und weiter streben, bis er stirbt — oder bis irgendein Ereignis die Triebfeder zerstört.

Es gibt natürlich Ausnahmemenschen, die dieses inneren Antriebs nicht bedürfen und nur deshalb mehr und Besseres leisten, weil ihnen die Leistung als solche volle Befriedigung gewährt. Man könnte sie mit jenen seltenen Rennpferden vergleichen, die immer schneller galoppieren, weil sie sich an der Geschwindigkeit berauschen. Diese Menschen bedürfen keines äußeren Antriebs, und obwohl sie sich über eine Belohnung oder Anerkennung ihrer Leistungen freuen, würden sie es als Beleidigung empfinden, wollte man ihnen diese durch materielle Vorteile abgelten.

Somit bleibt auf die gestellte Frage nur eine einzige Antwort: Bietet einem Menschen Leistung als solche volle Befriedigung oder wird er von unersättlichem Tätigkeitsdrang vorangetrieben, so bedarf er keiner weiteren Hilfe, um sich zu einer immer vollkommneren Machtpersönlichkeit zu entwickeln. Gilt aber weder das eine noch das andere, so kann man dem Betreffenden nur raten, sich selbst immer neue und größere Ziele zu setzen. Wahrscheinlich trifft dieser Ratschlag bei ihm auf taube Ohren, handelt er aber tatsächlich danach, so wird er früher oder später irgend etwas entdecken, das er zu besitzen wünscht, weil es sein Leben schöner oder sinnvoller macht. Dann aber hat er das, was Sie ihm geben wollen und nicht geben können — einen wirkungsvollen Ansporn!«

Stärke und Festigkeit sind die Grundlagen Ihrer Persönlichkeitsmacht

Auch Sie verkörpern einen der drei Typen von Machthungrigen, die der obenerwähnte Industrielle in seiner Antwort kennzeichnete. Gehören Sie zur dritten und letzten Gruppe, dann können wir nichts mehr tun, als Ihnen die Befolgung seines Ratschlags aufs wärmste ans Herz zu legen. Stellen Sie jedoch einen Vertreter der ersten beiden Gruppen dar, so brauchen Sie keinen Rat und sollten sich auch nicht irgendwelche Ratschläge erteilen lassen. Sie besitzen nämlich eine Kraft, über die andere nicht verfügen, und ein Schwächerer würde höchstens versuchen, Sie zur Zurückhaltung und nicht etwa zum Einsatz Ihrer Macht zu überreden.

Um sich die ausschlaggebende Bedeutung Ihrer Kraft und Ihrer Stärke vor Augen zu führen, sollten Sie noch einmal die am Anfang dieses Buches geschilderten vier *Geheimnisse echter Persönlichkeitsmacht durchdenken.* Alle weiteren Schritte hatten nämlich nur den einen Zweck, ihre Kraft und Stärke weiter auszubauen. Denn ohne diese Kraft wären Sie keine Machtpersönlichkeit, weil Ihr Einfluß, Ihre Macht und Ihre Herrschaft über andere von der Stärke des unmittelbaren Eindrucks abhängen, den Sie auf andere machen, und von der Stärke des im anderen erweckten Wunsches, sich Ihnen zu beugen, sich vor Ihnen zu bewähren und Ihre Gesellschaft zu suchen.

Um sich die Richtigkeit Ihrer Kraft und Stärke noch eindringlicher vor Augen zu führen, sollten Sie auch den in Kapitel 2 dargelegten Vergleich zwischen echter und falscher Macht sorgfältig ein zweites Mal durchlesen. Überzeugen Sie sich noch einmal davon, daß echte Kraft und Stärke nur echter Macht entstammt und daß die einzige echte Macht eben die Persönlichkeitsmacht ist — jene *Macht, die einzig und allein den Eigenschaften und Vorzügen Ihrer Persönlichkeit entspringt.*

Wenn Ihre Macht stark sein soll, dürfen Sie nicht weich sein. Je mehr Persönlichkeitsmacht Sie erwerben, desto besser werden Sie den richtigen Unterschied zwischen Festigkeit und Härte erkennen. Jemand hat einmal die Kraft und Stärke einer Persönlichkeitsmacht mit Butter verglichen: zu große Wärme macht weich, zu große Kälte hart; in der Mitte zwischen diesen beiden Extremen aber liegt eben jene Festigkeit, die Ihre Mitmenschen zu schätzen wissen.

Bewahren Sie sich Ihren Sinn und Ihr Gefühl für Persönlichkeitsmacht

Die in Kapitel 3 dargelegten fünf *Grundsteine richtiger Menschenbehandlung bilden auch die Grundlage Ihrer Persönlichkeitsmacht* — eine Tatsache, der Sie sich immer voll bewußt sein müssen.

Weder »frischgebackene« noch alte und erfahrene Machtpersönlichkeiten können es sich leisten, sich diese Faktoren nicht immer wieder vor Augen zu halten. Ob Sie sich als Machtpersönlichkeit behaupten, hängt in allererster Linie von der Art Ihrer Beziehungen zu den Mitmenschen ab, Ihrem Verhalten nicht nur den Fremden gegenüber, denen Sie jeden Tag begegnen, sondern auch von Ihrer Behandlung derer, über die Sie bereits Einfluß, Macht und Herrschaft ausüben. Sobald jene fünf Grundsteine der Persönlichkeitsmacht ins Wanken kommen, stürzt auch diese in sich zusammen.

Tag für Tag und bei jeder Begegnung, insbesondere mit Fremden, müssen Sie darauf achten, ob Ihre Persönlichkeitsmacht ihre volle Wirkung entfaltet und aller Augen auf Sie zieht. Beim geringsten negativen Zeichen müssen Sie der Beherrschung der Grundtechniken, denen Sie Ihren Sinn und Ihr Gefühl für Persönlichkeitsmacht verdanken, sofort wieder erneute und vermehrte Aufmerksamkeit schenken. Meist handelt es sich nicht um ein wirkliches Nachlassen Ihrer Persönlichkeitsmacht, sondern um Ihre Nachlässigkeit in der Anwendung ihrer Grundsätze. Die Erfahrung anderer Machtpersönlichkeiten lehrt uns: Bewahrt man sich das Gefühl und den Sinn für Persönlichkeitsmacht, so wird jede Nachlässigkeit in der Anwendung ihrer Techniken ziemlich unwahrscheinlich.

Je vollendeter Sie die zwanzig Schritte beherrschen, desto schneller und überwältigender stellt sich der Erfolg ein

Da die notwendigen zwanzig Schritte hier kapitelweise in einer Art dargestellt wurden, die eine jederzeitige Überprüfung und Wiederholung Ihres Wissens erleichtert, ist eine Zusammenfassung nicht nötig. Am Anfang und Ende jedes der zwanzig Kapitel sind die wichtigsten Punkte und Tatsachen noch einmal klar herausgestellt. Auf diese Weise findet sich der Leser auch schnell zurecht, wenn er eine bestimmte Einzelheit nachschlagen will.

Die zwanzig Schritte, die Sie zur Machtpersönlichkeit heranbilden und Ihnen den gewünschten Einfluß, die Macht und die Herrschaft über andere verleihen, wurden lebenswahr, rückhaltlos und rein praktisch dargestellt. Die Kapitelüberschriften führen eindringlich vor Augen, worin der jeweilige Schritt besteht. Die folgende Übersicht erlaubt es, sie alle mit einem Blick zu erfassen, und unterstreicht die Rangordnung ihrer Wichtigkeit:

1. Die Geheimnisse echter Persönlichkeitsmacht
2. Wert und Ziele der Macht
3. Die Selbsterzeugung der Macht
4. Ziehen Sie aller Augen auf sich
5. Jeder sucht Ihre Bekanntschaft
6. Wie man die Herzen gewinnt
7. Wie man sich Freunde macht
8. Auch Zuhören ist eine Waffe

9. Wie man andere ködert und in die Tasche steckt
10. Wie man angreift, ohne zu verletzen
11. Wie man die Wirkung seiner Persönlichkeit verstärkt
12. Wie man die Ausstrahlung einer starken Persönlichkeit erwirbt
13. Wie man andere zur eigenen Meinung bekehrt
14. Wie man volle Unterstützung findet
15. Wie man seine Persönlichkeitsmacht stärkt
16. Wie man die größte Machtwirkung entfaltet und aufrechterhält
17. Wie man sich in der neuen Welt heimisch macht
18. Wie man eine Machtprobe gewinnt
19. Wie man mit schwierigen Leuten fertig wird
20. Wie man durch Einfluß, Macht und Herrschaft sein Leben erfolgreich gestaltet

Am schwersten fällt den meisten nach Persönlichkeitsmacht strebenden Menschen die Einsicht, daß sie nicht irgendwelche ihnen besonders zusagende Schritte herausgreifen und als Bausteine verwenden können. Auch der wird keine echte Machtpersönlichkeit werden, der nur den Techniken Aufmerksamkeit schenkt, die »in einer bestimmten Situation anzuwenden sind«. *Persönlichkeitsmacht und jeder mit ihrer Hilfe angestrebte Erfolg sind unerreichbar, falls nicht alle Gesichtspunkte jederzeit beachtet werden!*

Will man Persönlichkeitsmacht in wahrer Vollendung einsetzen, so muß man *kapitelweise Schritt für Schritt vorgehen* und den jeweils neuen mit dem vorhergehenden und dem nachfolgenden verbinden. Falls Sie sich nicht an diese Vorschrift halten und so die einzelnen Schritte zu einer festen Einheit verschmelzen, werden Ihr Einfluß, Ihre Macht und Ihre Herrschaft über andere stets schwach und unvollkommen bleiben.

Zwei weitere Erkenntnisse haben wir den Erfahrungen anderer Machtpersönlichkeiten zu verdanken, nämlich: Erstens sind Ihnen beim ersten Studium der zwanzig Schritte eine Reihe von Feinheiten entgangen, die für die Vervollkommnung und den letzten Schliff Ihrer

Persönlichkeitsmacht unerläßlich sind, und zweitens haben Sie sich als Neuling vorwiegend auf die Techniken als solche konzentriert und ihren Erfordernissen und Zwecken zu wenig Beachtung geschenkt.
Kein Mensch wiederholt gern, was er eben erst gelernt hat. Doch wenn Sie einen für Ihr Weiterkommen notwendigen Gegenstand verloren haben, wäre es doch auch unsinnig, weiterzugehen, ohne zuerst den eben zurückgelegten Weg noch einmal zurückzuverfolgen, um das Verlorene wiederzufinden. In unserem Fall wird die *sorgfältige Wiederholung und Überprüfung* der hier gegebenen Erläuterungen nicht nur zur Entdeckung wichtiger Einzelheiten führen, die Ihnen zunächst entgingen, sondern Ihnen auch eine bedeutende Zeitersparnis einbringen, um eben jenen Erfolg zu erzielen, der Ihnen wichtiger als alles andere erscheint.

Sie sind eine Machtpersönlichkeit nur für die, die Sie anerkennen

Unter den hier geschilderten zwanzig Schritten findet Kapitel 17, das eine entsprechende Höherentwicklung Ihrer Persönlichkeit fordert, meist nur wenig Beachtung. Gerade der Mensch, der nach Persönlichkeitsmacht strebt, hat einen im Verhältnis zu anderen schärferen Blick dafür, daß viele nicht auf seinem Niveau stehen und in seiner Welt zu Hause sind — aber er weigert sich trotzdem einzugestehen, daß es Gesellschaftsschichten oder Lebensbereiche gibt, in denen er selbst der Außenstehende ist. Deshalb ignoriert er die Anleitungen, Ermahnungen und Techniken, die den siebzehnten Schritt ausmachen, und begeht unnötige Fehler.
Für die Niederlage einer Machtpersönlichkeit gibt es keinerlei Entschuldigung. Wem eine solche widerfährt, der hat einem oder mehreren Bestandteilen seiner Persönlichkeitsmacht nicht die gebührende Aufmerksamkeit geschenkt. Am wenigsten entschuldbar ist es jedoch, wenn eine Machtpersönlichkeit es unterläßt, sich höher zu entwickeln. Meist ist das allerdings auch am schwersten.
Wie in dem genannten Kapitel bereits ausführlich erläutert wurde, bedarf es im Grunde genommen nur der Befolgung aller vernünftigen Vorsichtsmaßnahmen. In einem letzten Wort über Persönlichkeitsmacht muß noch einmal mit vollem Nachdruck folgendes gesagt werden: *Schon der gesunde Menschenverstand macht klar, daß selbst die größte Machtpersönlichkeit dort versagen muß, wo sie nicht als ebenbürtig anerkannt wird!*

Sie haben begründete Aussicht, größere Persönlichkeitsmacht und bedeutendere Erfolge zu erzielen als alle Ihre Vorgänger

Wie auch Ihre Lebenseinstellung, Ihre Ziele und Ihr Verhalten den Mitmenschen gegenüber gewesen sein mögen — die Lektüre dieses Buches hat sicher Ihre Auffassung wie auch Ihre Persönlichkeit stark verändert. Mit großer Wahrscheinlichkeit betrachten Sie nun die Menschen und ihre Verhaltensweise mit einem klareren und praktischeren Blick als vorher.

Dies ist die erste Darstellung der Persönlichkeitsmacht in deutscher Sprache. Zum erstenmal finden Sie hier all die Erfahrungen, Regeln und Techniken zusammengefaßt, die sich Ihre Vorgänger stückweise und unter manchen Fehlschlägen sammeln und erkaufen mußten. Niemand, der je nach Macht und Erfolg strebte, hatte daher eine günstigere Ausgangsbasis als Sie, und die meisten hatten es wesentlich schwerer. Sie haben begründete Aussicht, eine größere Machtpersönlichkeit zu werden und bedeutendere Erfolge zu erzielen als alle Ihre Vorgänger.

ZUSAMMENFASSUNG

1. Sich mit dem erreichten Grad von Erfolg und Vollkommenheit zufriedenzugeben, stellt einen unnötigen Verzicht auf noch größere Erfolge und Vollendung dar.

2. Ihr Erfolg hängt von Ihrer Persönlichkeitsmacht ab — lassen Sie diese also niemals ruhen. Persönlichkeitsmacht kennt keinen Urlaub!

3. Geben Sie sich niemals der Täuschung hin, Ihre Persönlichkeitsmacht habe die höchste Stufe der Vollendung bereits erreicht!

4. Wollen Sie alles Durchschnittliche hinter sich lassen, so setzen Sie Ihrem Ehrgeiz keine Grenzen — und der Erfolg wird sich von selbst einstellen!

5. Als Machtpersönlichkeit können Sie es sich nicht leisten, zu weich zu sein. Andererseits dürfen Sie auch niemals Härte zeigen; nur mit Festigkeit gewinnen Sie die Achtung und Wertschätzung Ihrer Mitmenschen.

6. Die genaue Beachtung der Grundforderungen und der Grundlage jeder Persönlichkeitsmacht wird Ihren Sinn und Ihr Gefühl für diese Macht niemals verkümmern lassen.

7. Persönlichkeitsmacht und der ihr zuwachsende Erfolg werden sich niemals einstellen, wenn Sie nicht jederzeit allen zwanzig Schritten Ihre uneingeschränkte Beachtung schenken!

8. Sorgen Sie vor allem dafür, daß Ihre Persönlichkeitsentwicklung mit Ihren Erfolgen Schritt hält! Es gibt keinen weniger entschuldbaren Rückschlag als den, der sich aus den vermeidbaren Mißgriffen des »Außenstehenden« ergibt.

9. Zum erstenmal haben Sie einen realistischen und praktischen Einblick in die Methoden der richtigen Menschenbehandlung gewonnen. Sie sind nun besser gerüstet, Macht und Erfolg zu ernten, als alle Ihre Vorgänger.